主编

浙江文史记忆

越城卷

李永鑫·著

中共绍兴市越城区委宣传部

《浙江文史记忆》丛书编委会

《浙江文史记忆·越城卷》编委会

总　序

袁家军

习近平总书记高度重视文化的力量，强调文化是民族的灵魂，是维系国家统一和民族团结的精神纽带，是民族生命力、创造力和凝聚力的集中体现。浙江是中华文明的重要发祥地之一，浙江文化在中华文化长河中留下了浓墨重彩的一笔。

浙江有悠久的历史文化。距今一百万年的长兴七里亭遗址，将古人类在浙江境内劳动、生息的历史追溯至旧石器早期；八千年前跨湖桥的一只独木舟，重新标记了我国舟船文化的发端；七千年前河姆渡的干栏式建筑，印证了长江流域同样存在灿烂绚丽的新石器文明；六千年前的马家浜文化与其后的崧泽文化、良渚文化一脉相承，被称为“江南文化的源头”；良渚古城遗址更是实证了中华五千年的文明。浙江有丰富的经典文化。“和合文化”中“贵和尚中、善解能容，厚德载物、和而不同”的宽容品格，成为中华民族所追求的一种文化理念；唐代四百多位诗人在“浙东唐诗之路”留下传世佳句；南宋建都临安留下了风雅宋韵；阳明心学成为明中叶后中国思想界的重要潮流；浙东学派在当时史学界乃至整个古代史学发展史上都有举足轻重的地位。浙江还诞生了独特的红色文化。100多年前，中国共产党在南湖红船诞生，这是“红色根脉”的源头坐标，南湖红船成为见证建党“开天辟地的大事变”的红色符号，“红船精神”成为中国革命精神之源。同时，浙江是习近平新时代中国特色社会主义思想重要萌发地，这是“红色根脉”的新时代标识。博大璀璨的浙江文化，滋润着一代又一代浙江人民，培育出文明智慧、勤劳勇敢的人文精神。

习近平总书记在浙江工作期间，作出了“八八战略”重大决策部署，明确要求进一步发挥浙江的人文优势，积极推进科教兴省、人才强省，加快建设文化大省，启动实施文化建设“八项工程”，推动浙江社会主义文化大发展大繁荣。党的十八大以来，以习近平同志为核心的党中央以高度的文化自觉和文化自信，不断深化对新时代中国特色社会主义文化建设规律的认识，深刻阐明了文化的战略地位、根本属性、根本功能、实践路径，把坚持社会主义核心价值体系作为新时代坚持和发展中国特色社会主义的十四条基本方略之一，把“坚持共同的理想信念、价值理念、道德观念，弘扬中华优秀传统文化、革命文化、社会主义先进文化，促进全体人民在思想上精神上紧密团结在一起”作为中国特色社会主义制度和国家治理体系的13个显著优势之一，明确了坚定文化自信、推动社会主义文化繁荣兴盛的方向举措，对坚持和完善繁荣发展社会主义先进文化的制度、巩固全体人民团结奋斗的共同思想基础作出了部署安排，为推动社会主义文化繁荣兴盛、建设社会主义文化强国提供了根本遵循。

这些年来，历届浙江省委坚定不移沿着习近平总书记指引的道路奋勇前进，特别是最近几年来围绕“文化强省、提升浙江软实力，文化树人、引领社会新风尚”这一总目标，大力推动在共同富裕中实现精神富有，在现代化先行中实现文化先行，走出了一条具有中国特色、时代特征、浙江特点的文化发展之路。我们深入研究习近平新时代中国特色社会主义思想在浙江的萌发与实践、习近平科学的思维方法在浙江的探索与实践，大力弘扬“红船精神”、浙江精神，立起思想理论的主心骨；深入实施浙江文化研究工程，加快之江文化中心等重大文化设施建设步伐，以26个山区县为重点，在全省实施百城万村文化惠民工程，不断完善基层公共文化设施网络；大力实施数字化改革，推进大数据、人工智能与文化发展有机融合，培育流媒体、电子竞技、视频点播、数字文娱等文化产业新业态，做强做长数字文化产业链；实施“宋韵文化传世工程”，形成宋韵文化挖掘、保护、提升、研究、传承的工作体系，让千年宋韵在新时代“流动”起来、“传承”下去；做大做强大运河文化带、之江文化产业带，加快打造浙东唐诗之路、大运河诗路、钱塘江诗路、瓯江山水诗路等“四条诗路”，推进横店影视文化产业集聚区等重大平台建设，点亮国家版本馆杭州分馆、中国美院等散落在之江两岸的“艺术明珠”，形成璀璨夺目的“艺术星河”；实施公民道德建设工程、时代新人培育工程、文明好习惯养成工程，深化信用浙江建设，培育“浙江有礼”省域品牌，加快推进以人为核心的现代化。

历史观照现实、远观未来，文化浸润时代、推动进步。浙江省文史研究馆牵头编纂的《浙江文史记忆》丛书，以大历史观的视角，重点讲好浙江历史上的文史记忆故事，生动叙述重要历史演进、重要历史任务、重大历史事件和重要历史文脉，多视角展示了浙江历史文脉、浙江文化风采、浙江精神风骨，充分体现了中华文化的基本属性和浙江文化的独特魅力，具有浓厚的中国气派、浙江韵味，是新时代文化浙江建设的重要成果。特别是这套丛书较好地突出了“八八战略”对浙江新时代发展的引领作用，记述了改革开放以来尤其是进入新世纪、新时代以来浙江发展的重大成就，为读者从整体上把握习近平总书记指引浙江文化大省建设的发展历程和实践成果提供了有益参考。

当前，我们已经踏上第二个百年新征程，正在扎实推动高质量发展建设共同富裕示范区。在这个历史进程中，文化不仅是软实力，也是硬实力；是支撑力，也是变革力。浙江将坚持以习近平新时代中国特色社会主义思想为指导，深入落实习近平总书记为浙江擘画的文化大省建设宏伟蓝图，站在赓续中华文脉的高度，传承好深深烙印在浙江人身上的“文化基因”，加快建设文化强省，打造新时代文化高地，深化文化建设“八项工程”，深入推进新时代文化浙江工程，着力打造思想理论高地、精神力量高地、文明和谐高地、文艺精品高地、文化创新高地，培育浙江文化新标识，构建文化建设大平台，打造更多浙江文化“金名片”，努力以“文化密码”破解高质量发展难题、以文化建设构筑共同富裕新格局，以实际行动坚决拥护“两个确立”、坚决做到“两个维护”。

《浙江文史记忆》导论

浙江历史悠久、文化璀璨，在中华文明发展史上具有重要地位。“浙江”为钱塘江古称，因江流曲折而得名。它地处中国东南沿海，陆域面积10.55万平方千米，其中山地丘陵约占70%，其余基本为平原河湖，故有“七山一水二分田”之说，同时也是全国海岸线较长和岛屿最多的省份。古往今来，浙江有丝绸之府、鱼米之乡、文物之邦和“诗画江南，山水浙江”的盛誉，令人流连忘返，美不胜收。

悠久的历史文化是我们的根和灵魂，任何时代的人们都只能在前人的基础上前行。今天的浙江，要实现社会主义现代化，推进物质富足、精神富有全面进步的共同富裕，创造美好生活，建设美丽浙江，就需要我们深入挖掘阐述、传承光大灿烂厚重的浙江历史文化，讲好浙江历史上的人文故事。为此，浙江省文史研究馆从2017年开始调研、酝酿并组织全省范围内《浙江文史记忆》丛书的编撰工作，力求从文史视角比较系统地介绍浙江历史上的重要文明演进、重要文化人物和重大文史事件，期望以生动的叙述方式多视角地展示浙江的历史文脉、文化风采和精神风骨，阐发浙江文化的独特魅力和历史传承发展的基本脉络。这样做，无论就其视角、风格还是省域范围讲，都是一件极富创新性和文化价值的大事。经五年左右、数百名专家学者的共同努力，《浙江文史记忆》丛书首批分册即将出版。在导论中，我们将对各重大历史阶段的国家概貌、浙江概况特别是浙江文史特点，作“三点一线”式提纲挈领的介绍，便于广大读者了解各个时期在全国宏观发展背景下，浙江历史文化发展的主要轮廓、脉络和重点、特点，同时把这一过程（从史前到2021年即中国共产党成立100周年）划分为以下十个阶段。

史前浙江的历史与文化

中华文明是人类最古老的文明之一。文字出现以前，学术界一般称之为史前社会即原始社会，具体又可分为旧石器时代和新石器时代两个阶段。

浙江是中国古代文明的发祥地之一，约100万年前境内就有人类活动。进入新石器时代后，距今约1万年的浦江上山文化、约8000年的萧山跨湖桥文化、约7000年的余姚河姆渡文化和嘉兴马家浜文化、约5000年的余杭良渚文化等如一颗颗串起历史的璀璨明珠，向世人展示了悠久厚重、灿烂辉煌的地域文化。

发展到距今约5000年时，是中华文明和国家从萌生到崛起的时代。其时，黄河、长江流域等地陆续出现了城邑与国家的初始形态——邦国，这是中国早期文明与国家形成的重要标志。起源于浙江境内并主要分布于太湖流域的良渚文化就处于这一时期，它以规模宏大的城址、功能复杂的“环壕聚落”、分等级设立的祭坛和墓地等一系列相关遗址，以及大量由神、人、兽图案“三位一体”组成的玉琮等精致玉器，不仅显示了其集政治、经济、文化和宗教为一体的早期城市特征，同时展示了中国新石器时代晚期区域性国家的雏形。2019年，因在世界文化界具有“人类早期城市文明的杰出范例”和“实证中华五千年文明史的圣地”等重大影响，良渚古城遗址被成功列入《世界遗产名录》。良渚文化与世界各主要文明比肩而立，在多元一体的中华文明起源史上占有十分重要的地位。

先秦时期的浙江历史与文化

秦朝建立之前的时期一般被称为先秦时期。这一时期的夏、商、西周，是中国奴隶社会形成与发展时期。其后的东周（具体分为春秋和战国两个阶段）则是中国社会由奴隶制向封建制转型的社会大动荡、大分化、大变革时代。

先秦初期，与北方中原相比，良渚文化消逝后，由于恶劣的气候、环境等因素，浙江长期处于相对落后状态。到春秋时期，越族在会稽（今绍兴）立国建都，并设立了包括行政机构、军队、刑法、税赋等在内的一整套国家制度和运行机制，这是有文字记载后最早在浙江出现的国家，也是浙江地域文明摆脱弱势、重新崛起的重要标志。其间，发生了历史上具有重要影响的吴越争霸之战。起初，以今江苏苏州为中心的吴国实力强于越国。公元前494年，吴国大败越国，越王勾践不得不赴吴国做苦役。三年后获释回国，勾践又韬光养晦、卧薪尝胆、发愤图强，并大力发展经济、军力。经“十年生聚，十年教训”，终于攻灭吴国，并从此称雄，甚至一度还将国都迁至琅琊（今山东临沂），确立了“四分天下而有之”的霸主地位。

先秦时期也是浙江文化的重要生成期，如生产工具由青铜器替代了新石器，这是具有划时代意义的进步。同时，春秋战国时期又是中国历史上诸子百家“百花齐放、百家争鸣”的辉煌时期，无疑对浙江文化产生了重要影响。在此基础上，越国一带也形成了有独特个性的越文化，例如以范蠡、文种为代表的一批士大夫所持有的“柔而不屈，强而不刚”等治政理念和“因时所宜”“随时以行”的辩证思想，特别是由此显现的自强不息、发愤图强等精神，为浙江精神之先声，对当时和其后浙江文化发展具有重大意义。

秦汉六朝的浙江历史与文化

这一时期既有秦汉大一统的宏伟格局，又有三国、两晋（西晋、东晋）、南北朝等战火不熄的纷争局面。初期，秦王朝通过推行郡县制等措施以扼制地方势力的壮大，在中国首次建立了中央集权统一的多民族国家。西汉前期针对连年战乱和秦朝的统治教训，实行无为而治、与民休息等政策，因而出现了“文景之治”[①]的繁盛景象，这也是中国历史上第一个盛世。进入三国两晋南北朝后，经三四百年的分裂局面，到隋朝时，全国重归统一。

公元前222年，秦军攻占会稽，将吴越合为一郡，统称会稽郡，郡治设于今江苏苏州，其时浙江分属会稽郡、鄣郡、闽中郡。东汉时又以钱塘江为界，以西的乌程、余杭等为吴郡，以东为会稽郡，这也是以钱塘江为界划分行政区的最早记载。到六朝[②]时，浙域已形成较为完备的州、郡、县三级行政体制。这一时期，从西汉时东瓯国在温台地区的短暂立国，到三国时富阳人孙权所建立的东吴，再到长兴人陈霸先所建陈朝的独霸一方……越国故地经历了由盛转衰并再度崛起的重大变迁。在秦至西汉的200多年中，浙江在经济发展等方面远落后于北方。自东汉中后期起，与北方长期战乱相比，浙江因远离中原等原因得以缓慢发展。到西晋末年，由于北方人口向南大规模迁徙，给浙江带来了先进的生产技术，促进了经济发展，如东汉时鉴湖等一批水利工程得以兴修，以青瓷为代表的手工业发展迅速，还陆续出现了山阴（今绍兴）、钱唐（今杭州）、乌程（今湖州）、句章（今宁波慈城）和章安（今台州）等一批重要城镇和港口。到东晋时，浙江已有7郡51县，成为以长江中下游为中心的江南基本经济区的核心区域之一。这标志着我国古代经济区域发生了由北向南扩展的重大变化，为之后隋唐时期经济重心的逐渐南移奠定了基础。

这一时期，是浙江文化在儒家思想一统格局下，在适应中融合、

① 指西汉文帝、景帝统治时期，因重视经济和社会发展并采取了一系列措施，而使国家出现的盛世局面。

② 一般将先后定都于今江苏南京（当时称建业、建康）的东吴、东晋和南朝的宋、齐、梁、陈，并称为“六朝”。

在转换中创新的重要成长期，并先后呈现出两个阶段性的重要特点：

一方面，经历了越国由强势到衰落的边缘化变迁。大规模人口南迁，使越文化逐渐变为一种边缘文化，被“定于一尊”的儒学则逐渐占据了区域文化的主导地位。但浙江的思想文化界并未消沉，最典型的便是上虞人王充。王充一生历经四朝，对已居主流的儒家文化，既未全盘接受，也未一概排斥，而是通过《论衡》等论著，对流行的天人感应、谶纬迷信和鬼神之说等进行了辩驳，并提出了鲜明的“疾虚妄”“崇实知”“重效验”等朴素的唯物主义认识论思想，从而开了浙学求真务实之风，有“浙学开山之祖”之誉。此后，袁康（东汉史学家）、吴平（东汉史学家）所编撰的并有“一方之志，始于《越绝》”之称的《越绝书》，赵晔（东汉史学家）记载吴越两国兴亡始末的《吴越春秋》，以及“博学洽闻”的虞翻（三国时东吴经学家）在易学领域的重要成就等，都从不同侧面对记录浙江历史、传承地域文化产生了重要影响。

另一方面，六朝开创了浙江文学艺术领域的第一个高潮期。东晋以前，与中原相比，浙江的文学艺术多显寂寞而无生机。伴随着一系列历史重大变化，特别是“永嘉之乱”、晋室“衣冠南渡”[①]后，一度沉寂的地域文化在中原文化的冲击下被重新激活。再加之浙江始于春秋战国时的“尚武”之习已逐渐转向“崇文”之风，儒学在民间逐渐普及，以及受晋室门阀士族所带来的“清谈”“玄学”之风的熏陶浸染，使得以自然山水风光为主要创作对象的诗歌、绘画和书法等文学艺术，呈现出前所未有的兴盛状态和南北交融的多元格局。无论是在书法界具有至高无上地位的“书圣”王羲之和为“百工所范”的山水

① 晋武帝去世后，西晋皇族为争夺政权，爆发了长达十六年的“八王之乱”，严重破坏了社会经济。匈奴贵族刘渊趁机起兵反晋，建立政权，国号汉。永嘉五年（311），汉军在宁平城之战中歼灭晋军主力，并攻破洛阳，俘获晋怀帝，杀王公士民三万余人，史称“永嘉之乱”。建兴四年（316），汉军攻破长安，西晋灭亡。为此中原士族相继南逃，并在南方建立东晋政权。因“衣冠”泛指官僚士大夫，故史称“衣冠南渡”。

画先驱戴逵（东晋画家），还是“中国山水诗鼻祖”谢灵运和将所创“永明体”自诩为“入神之作”的沈约（南朝文学家）等，他们既在不同程度上受到“清谈”“玄学”环境的熏陶浸染，又显现了崇儒尚文的柔平之风和各树一帜的创新意蕴，并对后世的文学艺术产生了重要影响。

隋唐五代的浙江历史与文化

这是一个全国由大一统到再度陷入大分裂的重要时期。首先是隋朝结束了自汉末以来除西晋短暂统一外长达近400年的分裂局面，再建统一的多民族国家。特别是唐朝经“贞观之治”，经济社会持续繁荣，进入了“开元盛世”[①]的鼎盛期。但随着时代推移，阶级矛盾、社会问题又日趋激化。“安史之乱”[②]后，由于朋党相争、宦官专权尤其是藩镇割据，同时裘甫（唐末浙东农民起义军领袖）、黄巢等领导的农民起义的沉重打击，唐朝最终覆灭，中国进入了五代十国战乱不休的割据局面。

隋唐五代是浙江在各种矛盾交汇融合过程中持续发展的时代。隋朝曾实行州县、郡县两种行政管理体制。唐朝又先后推行了改郡为州、以州领县和道、州、县三级区划等不同体制，其时“浙江”作为行政区的名称正式出现，全境分为浙东、浙西两“道”，此后历代按此格局发展并基本不变。

隋朝复归统一后，随着隋初合钱唐四县初置“杭州”，以及开凿“自京口（今江苏镇江）至余杭，八百余里，广十余丈”的江南运河，以向京城输送粮食为主的繁忙漕运，使浙江与中央的关系日趋紧密，同时也使杭州地位、影响日增。随着全国经济中心日趋南移，南方经济在相对稳定的社会环境下快速发展并逐渐超过了北方。唐朝全国人

① 唐初贞观年间，唐太宗李世民为促进国家发展采取了一系列措施，出现了政治清明、经济复苏、文化繁荣的局面，史称“贞观之治”。其后开元年间，唐玄宗延续了这一局面并使唐朝进入全盛时期，史称“开元盛世”。

② 唐朝将领安禄山、史思明发动的叛乱，历时七年多，对经济社会发展造成了严重破坏，形成了长期的藩镇割据局面，唐朝从此由盛转衰。

口有5000多万，其中浙江就有400多万。其时浙江社会相对稳定，人民生活安定，农牧渔业、手工业等各业兴旺，尤以杭州为中心，经过白居易等良吏善治，尽显“东南名郡，咽喉吴越，势雄江海”的繁华景象。

进入五代十国后，北方中原先后出现了后梁、后唐等五个朝代，南方则分布着南唐、吴越等十个割据政权，其中钱镠所建的吴越国在十国中立国时间最长，前后传三世、历五王，共计72年。吴越国共有14州86县，其控制领域大致包括今浙江和周边江苏、福建和上海的一部分，但实际仍处于中原王朝控制之下，外敌环伺，处境艰难。为此，钱镠以“勿废臣礼”“不兴兵举”等保境安民举措，力求尊奉中原政权并与之和平相处。同时又以修筑捍海塘等方式大兴水利、交通等经济发展之策，并频繁与日本、高丽等国进行交往，因而开“钱塘富庶，由是盛于江南”之先河。北宋王朝建立后，相继除灭割据政权，十国仅存吴越。为此吴越国王钱俶（吴越国末代国王）审时度势，最终以率所属州县“纳土归宋”的实际举措，既使浙地避免了严重的战争创伤，使百姓免遭生灵涂炭，同时又使整个南方归于统一。

隋唐五代是浙江文化发展的繁荣期，其主要特点有：一方面，佛、道两教发展迅速。浙江宗教历史源远流长，早在东汉末年，佛教已传入浙江境内。东晋时著名道学大师葛洪已在江南炼丹。隋朝时，智顗（佛学大师）在浙江创建了中国第一个本土化佛教宗派——天台宗，标志着佛教中国化基本完成。隋唐五代，佛、道两教在浙江已呈鼎盛景象，如唐朝时，全国共有寺院5300多所，浙江就占有总数的17%以上，与隋朝时一样居全国第一。又如本土宗教道教，唐王朝视其为“家教”并倡导道教立国，而浙江又是道教传布地最多的地区。特别是吴越国历代钱王均给予佛教至高无上的地位，并以今杭州为中心积极打造“东南佛国”，境内寺塔林立，仅武肃王钱镠所建寺塔就“倍于九国”。而且隋唐五代的宗教发展还日益显现出儒、释、道三教互补、有机融合的多元格局。天台宗由高僧鉴真传至日本，既体现了浙江文化兼收并蓄的包容，更显现了浙江宗教在全国以至全世界的影响力。

另一方面，以唐朝为标志，隋唐五代浙江的文学艺术独领风骚，成就卓然。在文学界，有将唐诗创作推向高峰的名列“初唐四杰”的骆宾王，有自号“四明狂客”的贺知章，还有以“苦吟诗囚”著称的孟郊等。以400多位诗人笔下1500多首诗作串起的浙东唐诗之路，更是这一领域繁盛的重要标志。同样，在书法领域，笔致典雅、气韵豁达的虞世南，方圆兼具、温雅多方的褚遂良等，无疑是继晋代之后书法艺术的又一高峰。

宋代浙江的历史与文化

北宋、南宋是中国历史又一重要时期，尤其南宋在浙江历史上更具特殊意义。随着吴越国等地方割据政权的相继完结，北宋结束了唐末以来的分裂割据局面，取得了局部统一。1127年“靖康之难”[①]后北宋王朝覆灭，宋高宗赵构在南京（今河南商丘）即位，由此拉开了南宋历时152年的历史帷幕。学术界对两宋特别是南宋的历史地位历来众说纷纭，后期评价则渐趋客观并基本形成共识。如普遍认为：不应仅从军事方面评价南宋，而应从经济、文化、社会等各方面全面衡量。特别应看到，此后中国历史上再未出现过严重分裂局面。同时，继经济重心南移后，南宋还完成了文化重心的南移，从而使江南成为全国经济、文化最为发达的地区。这一结论对客观认识浙江的历史发展具有重要意义。

两宋的全国行政管理区划先后经历了从“州”“道”到“路”的多次变化。997年，全国分为15路，浙江属两浙路（同时还包括今苏南和上海等地，即“江南”地区），治杭州。1138年，南宋正式定都杭州（时称“临安”），浙江处于前所未有的中心区位。经北宋范仲淹、王

① 北宋靖康二年（1127），金兵大举南下，攻取北宋首都东京（今河南开封），并掳走徽、钦二帝，导致北宋灭亡，又称“靖康之乱”等。

安石和苏轼等对杭州、宁波等地的持续治理，浙江的农业水利、手工业、制造业等都在全国首屈一指，两浙路的人口以及向朝廷提供的粮食、布帛、税赋等均居全国首位。另外，自北宋始，以明州为中心并逐步扩展至温州、嘉兴澉浦等地的海上丝绸之路已十分兴盛。为此，当时苏轼等人便有“两浙之富，国用所恃”“国家根本，仰给东南”等评语，整个浙江已呈现出“天上天堂，地下苏杭”和“东南第一州”的繁华景象。尽管南宋军事上始终处于受外敌侵扰的危险境地，但宗泽、李纲、韩世忠和岳飞等一批爱国将领的殊死抵抗，也为南宋的和平发展环境创造了重要条件。

从北宋到南宋，特别是南宋时期，浙江一带不仅经济发展在全国首屈一指，而且文化发展也进入了历史鼎盛期，全域尽显人文渊薮的发展景象和畿辅之区的奢华气派，并成为全国的中心，具备领先之势。

宋代浙江文化的突出成就之一是“浙学”的出现。自北宋起，与全国各地一样，浙江的思想学术也处于从六朝、隋唐的佛道兴盛向儒学复兴的重要转换期。经北宋新儒学的强力推动，发展到南宋，在对朱熹理学、陆九渊心学兼容并包的同时，浙江思想学术界更注重创新发展。其时，各地书院林立，讲学成风，思想活跃，学派纷涌，所谓“宋之南也，浙东儒者极盛”，浙学因此应运而生。浙学主要包括以叶适为代表的永嘉学派，以陈亮为代表的永康学派，以吕祖谦为代表的金华学派和以“甬上四先生”杨简等为代表的四明学派，它们共同构成了注重务实，讲求事功，强调经世致用、农商并行和义利统一的独树一帜的浙派学风，并对后世思想学术发展产生了重大深远的影响。

两宋浙江的文学艺术领域名人荟萃，各显风采。其中有被视为“词家之冠”“后世规范”的北宋词人周邦彦，有以“诗豪”陆游为代表的南宋爱国主义诗人，有画风恬适清丽的“南宋四大家”及南宋画院，有起源于温州并堪称“中国戏曲之祖”的南戏，等等。因此，南宋既是传承历代文化艺术的集大成者，又把这一优势推向了历史发展的新高点。

两宋浙江在科学技术等其他领域，同样成就卓著。如北宋有“中国古代科学史最卓越人物”之称的沈括和其百科全书式并具有里程碑意义的著作《梦溪笔谈》，以及当时杭州书肆工匠毕昇和其被视为“中国古代四大发明”之一的活字印刷术。此外，南宋时期，教育、医学、造船、航海等方面也成就不凡。

元代浙江的历史与文化

元朝是中国历史上第一个由少数民族建立的全国性政权，结束了长达370多年多个政权并立对峙的局面，再度实现了民族大融合。元朝统治者采取各种手段实施高压管控，如将全国居民分为四等，通过实施行省制加强中央对地方的管控，以迅速建立新的统治体系和恢复社会秩序。

元初浙江属江淮行省，治所在杭州。其后名称、治所多有变动，最终定为江浙行省，治所也定于杭州。面对南宋覆亡后再度衰落的严峻考验和错综复杂的民族、社会矛盾，基本处于边缘地位的浙江人，充分利用统治者“必行汉法，乃可长久”的治理理念，顺时应变，积极推动各地经济社会恢复发展。元代浙江经济最具成就的海外贸易延续了两宋时的优势，当时全国7个市舶司中，有4个分别设在杭州、庆元（今宁波）、温州和澉浦，浙江以“东南之利，舶商居第一”的地位而占据对外发展先机，并成为对外文化交流的重镇。除与日本、高丽等国的传统交往外，典型的是以意大利旅行家马可·波罗为代表的一批西方旅行家纷至沓来，他们把杭州视为“世界上最美丽华贵之城”并广泛宣传，从而进一步提升了杭州和浙江在世界的知名度。

元朝在实行严厉的民族政策的同时，在经济社会发展方面也采取了一些安抚措施，同时推行较开放的文化政策，因而此时浙江思想学术领域的成就虽不突出，但文化艺术成就继续居于全国领先地位。如在书画艺术界，有“元画冠冕”和书法“冠绝古今”“全才”之称的一代宗师赵孟頫，有以“神韵超逸，体备众法”知名且以“中国十大传世名画”之一《富春山居图》为代表作的黄公望，以及“元四家”中“出新意于法度之中”的吴镇和“元气磅礴”的王蒙等，正因他们的杰出成就，浙江也成为元代书画创作的高地。与书画艺术交相辉映的是戏剧戏曲创作，其时杭州已成为元曲后期的中心地，名作纷呈、名家辈出，同时还有以“南戏之祖”《琵琶记》和《白兔记》等为标志的经典南戏，从而使传统文化艺术上承宋代之繁盛，下启明清之辉煌。

明代浙江的历史与文化

明代是中国历史上具有社会转型意义的重要时期。明初统治者通过行政区划设置与变革等方式，进一步强化了中央集权。同时自16世纪中叶始，受西方发展等外界因素影响，中国传统社会开始转型，其中既有经济发展中所孕育的商品经济（甚至被学术界视为资本主义）的萌芽，又有伴随这一过程的变革思想的渐趋觉醒。

明初，浙江已逐步改变了以往多头管理并多有变化的行政格局，成为全国13个布政使司之一的单独行政区，同时逐渐确立了以杭州为中心及严州（今建德、桐庐、淳安等地）、嘉兴、湖州、绍兴、宁波（包括今舟山等地）、温州、台州、金华、衢州和处州（今丽水）11府并立的行政格局。南宋覆灭后，经元代重新定位，明代浙江接受了从皇畿到行省、从中央到地方的角色转换。同时，相对稳定的政治社会环境，人口频繁迁徙所带来的生产要素的流动更新，以至出现了“今天下风俗，惟江之南靡而尚华侈”的社会现象，使包括浙江在内的江南地区经济和社会发展水平继续居于全国领先地位。而且此时传统农业已不再一业独大，而是与新兴手工业甚至以商品经济为特征的工商业多业并存、共同繁荣，从而成为社会转型的重要标志。但这种局面并非一帆风顺，例如其时浙江的发展中心基本在杭、嘉、湖和宁、绍等沿海地区，而这也正是倭寇大规模频频袭扰之地。正因为有戚继光和胡宗宪、俞大猷等一批武将文臣，以“廿载平倭，十年抗敌，有进无退，不屈不挠”的精神英勇抗倭，从而维持了浙江数百年相对安稳的和平局面。

与以往一样，政治上的边缘化，并未削减浙江人的文化创造力，相反，地域文化仍持续发展并直追南宋时的辉煌。其时境内名家如林、人才辈出。据统计，明清时期杭州是全国出进士人数最多的府，明代即有进士477人，其中状元2人。同时，此时浙江官、私两学盛行，书院机构众多，藏书出版业红火，如嘉靖年间范钦以“天一生水，地六成之”理念所建成的藏书楼——宁波天一阁，不仅在当时具有重要影响，而且成为中国历史最悠久的私家藏书楼和世界最古老的三大家族图书馆之一，这些都推动了浙江文化事业的进一步发展。

在思想学术领域，有“对中国思想文化史影响最大的浙江思想家”之称的王阳明，在深刻洞察程朱理学的弊端和社会重重危机后，力排众说，以“心即理”“致良知”“知行合一”等一系列思想主张，突破了程朱理学的僵化格局，成为明中叶以后引领中国思想界的主要潮流，并成为中外公认的“立德、立功、立言”“三不朽”人物。其后，阳明心学还逐步传到了日本乃至世界各地，影响广泛而深远。与此同时，被誉为“开国文臣之首”的宋濂，“佐定天下，料事如神”的政治家、军事谋略家刘基，被视为“明之学祖”的方孝孺，以及明末以纠后期王学流弊而创立“蕺山学派”的刘宗周等，都是这一时期对后世产生重要影响的思想大家。

在文学艺术创作领域，明代浙江文人十分抵触积弊深重的专制体制，日渐触及平民社会并注重追求自由闲适等风格，如凌濛初“拍案惊奇”系列白话小说对市井生活描写得入木三分，汤显祖传世之作《牡丹亭》对民间爱情刻画得婉转情深等，都是这一风格的典型代表。明末，受商品经济发展趋势的影响，并反感刻意粉饰太平的“台阁体”[①]等形式，反对复古、张扬个性的创新意识不断增强。如张岱诗文

① 明初上层官僚间形成的一种文风，不仅内容多歌功颂德，且过于追求形式的典雅工丽，风格华靡萎弱。因推倡者多为官居宰辅的“台阁重臣”，故称“台阁体”。

所寄托的对国破家亡的沧桑之悲和“予夺之权，自民主之”的民生情怀，画坛“怪杰”陈洪绶尽显市民意识又故作怪异的画作，以及被视为一代狂士、一代奇人、既才华横溢又命运多舛的徐渭等都十分典型，这同样突出反映了时代的叛逆求变意识和文化创新的转折趋势。

清代浙江的历史与文化

清代是中国历史上最后一个封建王朝。以1840年为界又可分为两个时期，前期曾出现过版图辽阔、经济繁荣、文化昌盛且综合国力居世界前列的“康乾盛世”[①]；后期由于集权专制、闭关锁国等弊端积重难返，加之外敌入侵等因素而日趋衰败没落。因而清代又是中国历史的重大转折期。1840年爆发的中英鸦片战争，使中国开始沦为半殖民地半封建社会，中华民族陷入屡受帝国主义侵略的深重灾难，同时也拉开了中国近代史的帷幕。经全国人民不屈不挠的顽强抗争，1911年由民主革命先行者孙中山领导的辛亥革命，推翻了统治中国长达268年的清王朝。同时以次年年初成立的中华民国为标志，宣告了中国数千年封建专制统治的终结。

顺治年间，“浙江”作为独立的行政区划得以正式命名，同时在督抚制下，又体现为道、府、州厅县等不同的管理层级，基本由4道、11府和78州厅县的行政格局组成。由于江浙一带是清军遭遇抵抗最严重的区域之一，因而清初统治者采取了剃发易服、迁界禁海和“文字狱”等严厉高压管控措施，致使全省各地专制统治日益强化，民族、阶级和社会矛盾错综复杂，发展再受环境制约。其后，清廷又通过实行“摊丁入亩”[②]等改革举措推动经济社会发展，一度出现了“康乾盛

① 清朝康熙、雍正、乾隆三代皇帝统治130多年间，中国经济发展成效显著，疆域辽阔，国力强大，社会相对稳定，是中国封建王朝最后一个盛世，又称“康雍乾盛世”。

② 系清康雍年间将历代相沿的丁银并入田赋征收的一种赋税改革制度，一定程度上减轻了无地少地农民的经济负担，促进了经济和人口增长，又称“摊丁入地”“地丁合一”等。

世”的繁盛景象。这一时期，全省各地农业等经济持续发展，特别是随着人口的频繁迁徙和同向集聚，一大批“半多商贾”“十农五商”即以商品经济为主要特征的中小城镇迅速崛起。

19世纪中叶，内忧外患接踵而至。1840年，英军攻占定海，这成为中国近代史上第一次丧师失地的战事。但浙江军民无所畏惧，殊死抗敌：从葛云飞、王锡朋、郑国鸿“定海三总兵”身先士卒、为国捐躯，到乍浦海防阵地376名官兵未后退一步，全部战死疆场，浙江大地处处呈现英勇抗争的悲壮场景。但最终因朝廷昏庸、军事实力薄弱等原因，浙江人民自此陷入半殖民地半封建社会的深重灾难。此后，以宁波开埠和洋务运动为标志的资本主义经济在矛盾夹缝中艰难发展，同时也孕育了反帝爱国主义运动和资产阶级维新主义思潮；最终，经收回利权、护路拒款、立宪请愿等多次社会运动蓄能造势，势如破竹的辛亥革命敲响了中国数千年封建王朝在浙江统治的最后丧钟。以1840年鸦片战争为节点，清代浙江文化可相对分为前清和晚清两个发展阶段。

从1644年清军入关到1840年共近200年时间。这一时期的思想学术领域，首推“清初三大启蒙思想家”之一的黄宗羲。在对包括阳明学流弊在内的明代学术思想进行系统总结和深刻反思的基础上，以创立浙东经史学派为标志，黄宗羲再举“明经通史，经世致用”之大旗，被视为“清代学派开山之祖”。另外，被视为学术“奇儒”的朱舜水，在梁启超眼里“清代史学盛于浙”“最称首出”的万斯同，慎思明辨的“一代巨匠”全祖望，以及史学理论集大成者章学诚等，共同引领浙江乃至全国思想学术的发展。但是，由于受“文字狱”等专制政策的严厉打压，自清中叶起，大批文人不敢面对现实，转而埋首于训诂、辑佚、辨伪的故纸堆中，遂使考据之风盛行，严重禁锢了思想学术的发展进步。“日之将夕，悲风骤至”，为此以龚自珍“万马齐喑究可哀”“我劝天公重抖擞”的高声呐喊为标志，整个社会充溢着对封建专制的强烈愤懑，更孕育了转型求变的热切期盼。

在文学艺术领域，这一时期的显著特点，是进一步转向关注社会、面对现实，从而呈现出多种流派风格并存的转型之势。如在文学创作上，被誉为独领清代三百年并创“浙西词派”的一代词宗朱彝尊，其词作诗文看似清空新雅，实则反映了他在朝代转换之际的坎坷人生和复杂心境。有“古典浙诗殿军”之誉的袁枚，其诗作尽显高唱“性灵”的通达圆润，然其深处却是追求个性解放的不弃坚守。在戏曲创作上，以“代表清代戏剧最高成就”而著称的洪昇，其描写爱情悲剧的传世不朽之作《长生殿》，同样寄寓了作者自身因仕途艰辛、家多变故而对社会的忧愤之思。这一切都在不同程度上折射出时代变化的深刻印迹。

从1840年鸦片战争爆发到1911年辛亥革命，是中国社会性质发生重大转折，同时也是浙江文化急剧变革的时期。一方面，浙江积淀深厚的地域文化沿着传统轨迹继续传承前行，如书画俱佳的“新浙派”创始人赵之谦，以任伯年等浙人为主体并多居上海的“海上画派”，以及创立于1904年的西泠印社等，都积极推动了文化传承。

更重要的是另一方面，作为共和革命重要策源地之一的浙江，以反帝反封建为主旨的变革之潮风起云涌。特别是面临西方文化的强烈冲击，身处山河破碎、生灵涂炭的危机困局，浙人在被迫调适中反思、在沉沦痛苦中抉择，文化界呈现出前所未有的急速变局。这一过程中，思想学术界仍一马当先：有以“睁眼看世界”“师夷长技以制夷”的睿智谏言开时代变局的思想家魏源，有学术上享“启后承先一巨儒”之誉又为实业救国身体力行的孙诒让，有投身保路运动的晚清名臣汤寿潜，有“志在流血，性分所定，上可以质皇天后土，下可以对四万万人矣”的章太炎，更有为实现民族复兴理想而大义凛然、舍生取义的辛亥革命先烈徐锡麟、秋瑾，等等。他们普遍经历了从幻想君主立宪维新的“知识反抗”（蒋梦麟语），到最终以“社会和政治反抗”（马叙伦语）彻底革命的思想转变，他们的影响和价值绝不仅限于文化领域，而是对整个社会转型和进步都有重要的引领意义。同时，这一时期强烈的变革之风又在民国得以持续蔓延，并最终掀起了时代巨变的狂飙巨浪。

民国浙江的历史与文化

1911年，辛亥革命推翻了清王朝。次年1月，中华民国在南京宣告成立。但革命成果很快落入以袁世凯为代表的北洋军阀手中，中国又开始陷入军阀割据混战的黑暗之中。1919年，面临西方列强通过“巴黎和会”对中国的肆意掠夺，在国家蒙辱、人民蒙难、文明蒙尘的危急关头，中国爆发了反帝反封建的五四运动。之后，中国共产党于1921年宣告成立，成为近代中国发展的关键转折点。1927年，已执掌国民党军政大权的蒋介石，发动了针对中国共产党和进步力量的“四一二”反革命政变，全国又处于一片“白色恐怖”之中。其后，面对国民党反动派的黑暗统治和日本帝国主义的残酷侵略，在中国共产党的领导下，全国人民不屈不挠，前赴后继，先后夺取了土地革命、抗日战争和解放战争的伟大胜利，最终迎来了中华人民共和国的诞生。

民国初期，浙江曾实行省、道、县三级管理体制，1932年起改为省、行政督察区、县三级管理体制。至1948年末，全省以6个行政督察区、78个县为基本行政区划格局。军阀统治早期，浙江曾由力主“浙人治浙”的军政府当政。其间，由于进步与保守的斗争、反动势力各派间的明争暗斗，政治风云起伏多变。国民政府当政期间，全省经济社会虽有所发展，如到1937年抗日战争全面爆发前，全省的工厂数与资本额分别是辛亥革命前夕的26倍和36.7倍，但持续加剧的内忧外患又一步步将浙江拖入战乱的深渊。1921年，中国共产党在嘉兴南湖的一条游船上宣告成立，不仅标志着浙江作为党的诞生地和中国革命红船起航地被载入史册，而且使苦难深重的浙江人民从此找到了出路，看到了希望的曙光。在浙江大地上，涌现了一批以俞秀松、宣中华、张秋人、刘英等为代表的革命先烈。在中国共产党的领导下，全省人民经过艰苦卓绝的顽强斗争，最终赢得了革命胜利。

民国时期的浙江文化，在传承延续传统文化的同时，更呈现为两种文化的激烈交锋和重大转折。一方面，浙江的文化发展与成就在全国仍具有相当影响，而且范围不断扩展。如在教育科技领域，建立了著名的国立浙江大学和一大批师范、中小学等各类学校。其间，蔡元培对“思想自由，兼容并包”理念的坚守、倡导，李叔同学术涵养的博大精深，马一浮传承民族文化的苦心孤诣，夏丏尊传播新文化的矢志不渝，以及竺可桢将浙江大学打造为“东方剑桥”的坚韧毅力，茅以升在钱塘江大桥建而被毁、毁而复建过程中所体现的顽强意志……都是浙江教育、科技等事业艰辛发展的历史缩影。在文学艺术领域，从国立艺术院（今中国美术学院）的创立，到传统越剧艺术的广泛传播，从王国维、徐志摩、戴望舒等炉火纯青的文学佳作，到吴昌硕、黄宾虹、潘天寿、丰子恺等精美绝伦的书画精品，浙江文坛一如既往，名人辈出。他们既注重遵循传统，又善于吸收西学新风，从而使悠久厚重的浙江文脉在艰难环境中，通过变革创新不断赓续传承。

另一方面，以五四新文化运动为历史开端和重要标志，进步和红色文化日益成为引领全省文化发展的主旋律。尽管国民党当局对浙江的思想学术和文化艺术各领域进行高压管控，但先进思想文化的抗争从未停息，也从未放弃引领地位。如被毛泽东誉为“代表中华民族新文化方向”和“民族魂”的鲁迅，便是先进文化的旗手和典型代表。其间，无论是早期经亨颐等进步先贤的觉醒先导，还是以陈望道翻译《共产党宣言》和冯雪峰创建“左联”等为标志的马克思主义思想的坚定引领，以及在不同时期、不同领域为进步文化事业作出杰出贡献的邵飘萍、任光、郁达夫、茅盾、郑振铎、艾青、夏衍等，他们分别以不同形式的文化成果为“匕首”“投枪”和号角，与国民党反动派和日本帝国主义等黑暗势力进行了艰苦卓绝的斗争，有的甚至献出生命，在浙江以至全国文化史上谱写了一部部悲壮诗篇，奏响了一曲曲新文化凯歌，并成为这一发展过程中的鲜红旗帜和先导力量。

中华人民共和国成立以来浙江的历史与文化

1949年10月中华人民共和国成立，使浙江与全国各地一样“换了人间”。之后，全省经历社会主义革命和社会主义建设的艰辛曲折探索，各项事业取得崭新成就。进入20世纪70年代末，改革开放的春潮开始在浙江大地涌动，浙江经济体制改革和运行机制在全国率先进行了创新探索，并迅速推动经济社会快速发展。特别是进入21世纪以来，在“八八战略”和习近平新时代中国特色社会主义思想的指引下，浙江各项事业持续健康发展，现代化建设勇立潮头。

新中国成立初期，浙江的经济基础极为薄弱：全省国民年收入不到15亿元，年人均只有66元；全省城乡年人均消费只有62元，农民年人均收入不到50元……就是在这样几近废墟的基础上，浙江省委带领全省人民开始了社会主义革命和社会主义建设的全新探索。从始于1953年的全省国民经济第一个五年计划，到1956年农业、手工业和资本主义工商业社会主义改造的基本完成，以新中国第一座自行设计、施工的新安江水电站等一批建设项目为标志，勤劳智慧的浙江人民焕发出无限活力，在短短的时间里，在浙江初步建立社会主义基本制度，创造了不平凡的建设业绩，文艺、教育、卫生、体育、科技等各个领域也开始呈现繁荣景象。但始于1966年的“文化大革命”，使浙江与全国各地一样，遭受了新中国成立以来最严重的挫折和损失。

1978年末，中共十一届三中全会胜利召开后，改革开放浪潮迅速席卷全国，浙江人民以巨大热情和干劲全身心投入这一伟大事业，并以显著成就走在全国前列，先后创造了第一批个体工商户、第一批私营企业、第一家股份合作企业、第一批专业市场、第一座农民城、第一批网络市场、第一座特色小镇、第一条民营控股铁路等诸多“全国第一”，形成统筹利用两个市场、两种资源的发展格局，使浙江成为全国体制机制最活、开放程度最高和经济发展最快的省份之一。改革开放以来，浙江注重坚持以发展为第一要务，以开放带动发展，从资源小省逐步发展成为经济大省和经济强省；注重坚持以改革创新为发展动力，从而成为中国民营经济和市场经济发展的先行省份；注重坚持以人民为中心和共享发展为根本目的，从实现人民初步富裕到向全面小康不断迈进，并在建设共同富裕美好社会的进程中，高度重视发挥文化铸魂塑形赋能的强大动能；注重坚持统筹协调发展，以新型工业化、新型城市化为引领，不断提升城乡、区域、海陆一体化发展水平，等等。这一切同时也为下一步发展积累了丰富经验，创造了良好的发展基础。

进入21世纪，作为中国革命红船起航地、改革开放先行地和习近平新时代中国特色社会主义思想重要萌发地，浙江人民又满怀豪情、意气风发地开启了历史新征程。2002年，时任省委书记习近平在经过深入调研后深刻洞察到：浙江发展正处于人均GDP近3000美元的重要"门槛"阶段，很多全国其他地方尚未遇到的问题有可能在浙江会更早地显现出来，因此，浙江要善于扬长避短，发挥优势，并通过深化体制机制改革创造新的优势，继续走在全国发展前列。在2003年7月召开的省委十一届四次全体（扩大）会议上，习近平代表省委提出了浙江面向未来发展的"八八战略"：一是进一步发挥浙江的体制机制优势，大力推动以公有制为主体的多种所有制经济共同发展，不断完善社会主义市场经济体制；二是进一步发挥浙江的区位优势，主动接轨上海、积极参与长江三角洲地区合作与交流，不断提高对内对外开放水平；三是进一步发挥浙江的块状特色产业优势，加快先进制造业基地建设，走新型工业化道路；四是进一步发挥浙江的城乡协调发展优势，加快推进城乡一体化；五是进一步发挥浙江的生态优势，创建生态省，打造"绿色浙江"；六是进一步发挥浙江的山海资源优势，大力发展海洋经济，推动欠发达地区跨越式发展，努力使海洋经济和欠发达地区的发展成为我省经济新的增长点；七是进一步发挥浙江的环境优势，积极推进以"五大百亿"工程为主要内容的重点建设，切实加强法治建设、信用建设和机关效能建设；八是进一步发挥浙江的人文优势，积极推进科教兴省、人才强省，加快建设文化大省。

“八八战略”既体现了中国特色社会主义的本质要求，又抓住了浙江的发展特点，是指引浙江人民“干在实处、走在前列、勇立潮头”的纲领性思想理念，并迅速成为指导浙江经济社会发展的基本战略举措。在“八八战略”的指引下，从经济发展的“腾笼换鸟”“凤凰涅槃”到遍布全省的“绿水青山”，从社会综治的“平安浙江”到现代化治理新格局的“法治浙江”，从文化大省、文化强省建设到全面开启文化浙江建设新征程，从帮助欠发达地区脱贫致富的“山海协作”到高质量建设共同富裕示范区……浙江人民又创造了一个个发展新业绩。同时，作为习近平新时代中国特色社会主义思想重要萌发地，浙江的发展实践对全国各地都产生了重要的示范影响。

人间正道是沧桑。2021年中国共产党建党百年之际，浙江的区域生产总值已达7.35万亿元，经济发展总水平从当初的全国第12位连续多年居第4位，当年全省城乡居民人均收入达5.7万元，同样连续保持了全国各省（区）第一位的水平。2021年7月1日，省委书记袁家军在浙江省庆祝中国共产党成立100周年大会上指出，浙江要守好“红色根脉”、打造“重要窗口”，争创社会主义现代化先行省，高质量发展建设共同富裕示范区，继续为实现人民对美好生活的向往不懈努力。浙江，正站在“两个一百年”的历史交汇点上，为实现第二个百年目标和中华民族伟大复兴的中国梦而不懈奋斗。

结　语

文化是民族的血脉，是人民的精神家园。追昔抚今，从1万年前上山文化的孕育初发，到5000年前良渚文化的文明曙光，从2500年前越国精神的创立彰显，到1000年前宋韵文化的鼎盛辉煌，从1949年新中国的成立，到2021年中国共产党的百年华诞……这一漫长过程无一不显现着地域文化的浸润，体现着精神引导的力量。

2006年，时任浙江省委书记习近平将新时期的浙江精神概括为

"求真务实、诚信和谐、开放图强"，这既是浙江文脉薪火传承的真实写照，也是对浙江人民在历史发展中所呈现的精神品格的科学提炼和深刻总结，更是激励浙江文化发展前行的强劲动力。其中，遵循规律、尊崇科学的"求真"精神是浙江人民始终不渝的真理追求，注重现实、讲求实效的"务实"精神是浙江历史世代传承的风尚精华，诚实立身、守正不渝的"诚信"精神是浙江世人躬身践行的行为准则，天人合一、和美与共的"和谐"精神是浙江发展孜孜以求的至高意境，海纳百川、兼容并蓄的"开放"精神是浙江自然、人文环境有机融合的独特秉性，励志奋进、自强不息的"图强"精神更是浙江古今历久不衰的主题、主体。它们滋育着浙江的生命力，催生着浙江的凝聚力，激发着浙江的创造力，培植着浙江的竞争力，并由此成为引导浙江发展进步的强大动力。同时这也正是《浙江文史记忆》丛书所要呈现给广大读者的浙江发展的主题和主旋律。

《浙江文史记忆》丛书编委会

2022年3月

绪　论

绍兴越城是一座历经数千年而城址未变的古城。2500多年来，至今城址未变，并且仍然是当地政治、经济、文化中心的，唯绍兴越城与苏州两处。在如此漫长的历史时期内，绍兴越城虽历经山川变异、人口迁徙、社会更迭，但文化的传承发展绵延不绝。中国历史上每一重要时期的政治、经济和文化形态都可以在绍兴越城找到其有形痕迹，多个历史时期的代表人物或重大成就也都源于绍兴越城。所以，绍兴众多传统文化的现代承续和古迹留存，足以绘就一幅发展脉络清晰的历史长卷。1982年2月，国务院确定绍兴为全国第一批24座历史文化名城之一时指出："春秋时为越国都城。有著名的兰亭、清末秋瑾烈士故居、近代鲁迅故居和周恩来祖居，是江南水乡风光城市。"绍兴城内"三山万户巷盘曲，百桥千街水纵横"，城外水网众多、湖塘密布，衬托出水乡风光城市靓丽秀美的身姿。绍兴也是"没有围墙的博物馆"，在古城有大禹遗迹、越国古址、秦汉碑刻、唐宋摩崖、明清故宅、多姿古桥等，为古城增添了历史厚重感和浓浓的文化氛围。

今日绍兴古城，亦即越城，始建于越王勾践七年，即公元前490

年。当年勾践结束了到吴国作为人质和俘虏的屈辱生活，回到了故地。为了击败世代为仇的强邻吴国以报仇雪耻，继而实现逐鹿中原的长远目标，同时，作为他“十年生聚、十年教训”的重大战略之一，勾践命大夫范蠡选址建城。范蠡不辱使命，选择今卧龙山东南麓建筑勾践小城，随即又在小城以东建筑山阴大城。

像勾践这样饱经征战的人物，当然十分重视立城建都的选址。山会平原是一个东西狭长的地区，南依会稽山，北濒杭州湾，东西两翼各以曹娥江和浦阳江为屏障，形成了对平原的拱卫之势，今绍兴古城正处于居中的地理位置。早在勾践迁都山麓冲积扇顶部的平阳时，他就已决心要建都山会平原。他的谋士大夫范蠡曾描述择地建都时的想法：“今大王欲国树都，并敌国之境，不处平易之都，据四达之地，将焉立霸王之业。”立城建都，非山会平原不可。地理位置上确实具有攻守两便、进退咸宜的特点，且自然环境对于立城建都也是十分理想的。今绍兴古城，在东西约五里、南北约七里的范围内，冲积层上崛起的大小孤丘达九处之多，其中种山（76米）、蕺山（52米）、怪山（32米）构成三足鼎峙之势。小城以种山为依凭是科学的选择：种山北麓陡峭，东南麓较宽广，可以建造宫室。十倍于小城的山阴大城，地在小城之东，勾践在此建都之前，于越居民已在这些孤丘上建立了许多聚落，并在孤丘附近围堤筑塘、垦殖土地，人口有了相当的规模，农业也有了一定的基础。小城是越国的政治中心和军事堡垒，大城则是越国的经济中心和生产基地。

越国都城由范蠡实施建筑，后人就称该城为蠡城，蠡城是勾践复国称霸的物质基础和精神依托。此后，卧薪尝胆、生聚教训、灭吴称霸的活剧都在这里上演。

蠡城的辉煌时间不长，越王勾践二十五年（公元前472年），为了称霸中原，越国迁都山东琅琊，原来的蠡城顿时从越国的政治、经济、军事中心变为给前线提供服务的后方基地，地位大大削弱。原来的越国都城人口骤然减少，经济顿时萧条，城市很快萎缩。

周显王二十六年（公元前343年），楚威王兴兵攻打越国，杀越王无彊，夺取浙江（今钱塘江）以西土地。越国子民纷纷退回浙东，互相争立，或为王、或为君长，朝服于楚。在楚威王兴兵攻打越国的过程中，越人又一次遭受了流离失所的苦难，大部分越地居民流散各地，南迁到东越、闽越、南越，即今天的浙南地区以及福建、广东等地。国已不国，焉有城市的发展？

秦始皇统一全国后，实行郡县制，以原吴越旧境置会稽郡，但郡治设在吴地（苏州）。蠡城不过是全郡26县中的一个县城而已，城市地位再次被削弱。公元前210年，秦始皇巡视江南，并“上会稽，祭大禹，望于南海，而立石刻颂秦德”，以安抚威慑越人。“东南有天子气，于是东游以厌之”，这才是他游越的真正目的所在。秦始皇采取了威慑越人、收服民心、消除隐患等以巩固秦王朝统治为目的的措施。他推行了强制移民的政策，把越地本已不多的世世代代聚居的居民，迁移到钱塘江以北、以西地区。同时，又将“有罪适吏民”迁到大越，以改变这个地区的民族结构。除此之外，甚至大越的名称也一并予以取消，更名为山阴，这对蠡城城市发展带来的抑制作用是不言而喻的。据《汉书·地理志》所载，当时会稽郡共有“二十二万三千另三十八户”，计“一百另三万二千六百另四人”。其时全郡共26县，每县平均还不到4万人，与越国鼎盛时期的人口数量相差巨大。司马迁曾到越地，他所说的“地广人稀”确实是非常真实的目击记载。由此可见，绍兴城市在秦及西汉这一阶段没有太大发展。

这种政治上被压制的局面，一直到东汉中期即永建四年（129）才得以改变。那年东汉朝廷实行吴、会分治，会稽郡治移置山阴，城市格局才发生了根本性的变化。在当时会稽郡所辖的15个县中，除一个县在今福建省外，其余都在今浙江境内，所辖范围相当于今钱塘江以南的浙江全部和福建的一部分。江北为吴郡，郡治仍在苏州；江南为会稽郡，郡治设在山阴。吴、会分治本质上是地区生产力有所发展的反映，也说明停滞几百年后，山阴作为原越国的都城的地位又一次得到了凸显。会稽郡治的确立，不仅使山阴城重新成为浙东的政治、经济、文化中心，而且为城市的发展提供了新的机遇，注入了新的生机与活力。

值得一提的是，就在吴、会分治10余年后的东汉永和五年（140），会稽郡太守马臻主持了鉴湖围堤工程。这一工程以郡城山阴为中心，筑堤长达127里，使会稽山山麓线以北、郡城以南，形成了一片面积近200平方公里的人工湖泊。它南依会稽山脉，北至人工堤塘，东抵东小江（今曹娥江），西近西小江（今浦阳江），总库容量在4.4亿立方米以上。古鉴湖的筑成，标志着绍兴开发史上的一次重大跃进，它的初衷是在山会平原的南部储蓄淡水以加速对北部平原的开发。这种功能和效益使山会平原北部的沼泽地、盐碱地得到了大面积的改造，形成了9000顷旱涝保收的良田，推动了绍兴平原地区农业生产的发展，又大大方便了水上交通和对外联系。同时，古鉴湖的筑成，还极大地优化和美化了自然地理环境。

经济的繁荣、自然面貌的改观和郡治的确立，也带来了人口的迅速集聚。东汉末年，会稽郡已有123090户，计481196人。在经过了相当长的一段停滞萎缩期以后，山阴城又进入了一个发展时期。

山阴城经东汉、三国、西晋近200年发展，雄风再现，特别是到东晋和南北朝时期实现了快速发展。其时，鉴湖水利工程的效益已得到全面发挥，北部山会平原得到了迅速开发，耕地扩大，农业生产的效益大幅度提高，手工业也随之获得较大发展，会稽郡郡治山阴的经济实力日渐雄厚。可以说那段时间会稽郡经济繁荣、人口增加、社会安定，为山阴城在较长一段时间维持较高的行政中心地位奠定了基础。

恰在当时，北方战乱频仍，朝廷被迫南迁，大量中原望族和军民随之南下，而会稽正是北方移民安家落户的理想之地。从北方迁入会稽郡的名门有琅玡王氏、阳夏谢氏、高阳许氏、高平郗氏、乐安高氏、陈留关氏、谯国戴氏等，王羲之、谢安、孙绰、李充、许询、支遁等显要家族的代表就是在这段时间由北方迁入会稽郡的。越地一时人文荟萃、民物殷阜，商旅往来、城市发展、各行各业等都因骤然增加的大量消费而迅速扩充，出现了“今之会稽，昔之关中”的欣欣向荣的局面。所以当东晋咸和二年（327）首都建康（今南京）发生苏峻之乱时，三吴人士就向朝廷提出过迁都会稽的主张。虽然这个主张最后没有成为现实，但不难看出，在当时江南的都市中，除建康外，会稽郡城已经是首屈一指了。南北朝之初，山阴已经有“海内剧邑”之称。刘宋孝建元年（454），浙东的会稽、东阳、永嘉、临海、新安等五郡置东扬州，州治就设在会稽，从此山阴县城从一郡治成为五郡首府。刘宋大明三年（459），竟一度把扬州州治由原来的建康迁到会稽，会稽行政地位之高可见一斑，也足见当时山阴城市的繁荣和发展。会稽与建康东西相峙，成为当时江南的两大都会。

随着生产力的发展和人口的不断集聚，山阴城市规模不断扩大，政事繁重，使境内逐步出现山阴县、会稽县分治的局面，此事到陈代的558年付之于实践。于是，整个山阴（包括城市和乡间）以城内中心一条纵贯南北的河道为界，自南而北一分为二，西部为山阴县，东部为会稽县，这也是历史上第一次出现会稽这一县名，从此一城二县的历史沿袭上千年。

南北朝以后，尽管隋、唐两代版图不断扩大，国家的政治、经济中心又回迁北方，但是由于会稽已在东晋、南北朝建立了雄厚的经济基础，所以其在国家重心北移的情况下还是获得了不断的发展。并且在隋开皇十一年（591）出现了自从范蠡越国筑城以来又一次有记载的城垣修建，史称“罗城”。主持这次大规模修建的是越国公杨素。“罗城”的本意是要加强防守，在城墙外建造凸出形小城圈。所以此次修筑越城，既有在原来基础上的修葺，又有扩建新筑周城的任务。此次扩建后的“罗城”，就是绍兴古城的大致轮廓，此后这个格局延续了1400年左右。

隋唐时代，越地继续得到发展。农业方面，由于北部杭州湾沿岸的海塘在唐代建筑完成，鉴湖水利枢纽进一步完善，蓄泄能力空前提高，山会平原北部的土地得到有效垦殖，农业总量与效益有了很大提高，手工业生产也随之发展。直接由农业提供原料的丝绸业至此异军突起，名闻海外。在全国范围内显露头角的瓷器制造始于唐代，不少青瓷产品都以越地产为第一。除了盛销国内市场外，越地瓷器还成为当时对外贸易的重要商品。交通运输在这一时期也有较大的发展，特别是沟通甬江和钱塘江的浙东运河的运输不断加强，使居于运河枢纽地位的越地的重要性更为提高。

从隋开皇九年（589）到南宋绍兴元年（1131），这里不仅是山阴、会稽两县的县城，也是吴州、越州的州城。唐贞元三年（787）越州还成为浙江东道的道治所在，可见其行政地位仍居浙东之首。长庆年间（821—824）在越州任刺史的元稹，就曾写诗一再夸耀越州风景的优美、州宅的宏伟、城市的繁华，甚至用“会稽天下本无俦”的诗句来赞誉这个名城。到了唐代末年，由于中央政权削弱，四方纷纷割据。唐乾宁四年（897），吴越王钱镠定杭州为吴越国西府，是吴越国的首都；定越州为吴越国东府，是吴越国的行都。钱镠曾数度驻跸越州，策划经营，建树甚多，进一步促进了这个城市的发展。

宋代，由于金兵南下，南奔的宋高宗赵构于建炎三年（1129）十月，从杭州渡钱塘江来到越州。本想在此凭钱塘江天险稍作安顿，不料北方军事再度吃紧，金兵紧紧尾随，不得已在年底离开越州，继续向东南方向避难，结束了在越州的驻跸。南宋建炎四年初，在浙西韩世忠等人的奋力抵抗下，金兵北撤，钱塘江南岸得以安宁，南宋朝廷于当年四月从温州再度返越，以州治为行宫，越州第二次成为赵构的行都，为时达一年零八个月之久。这一次驻跸，使越州在一年多时间里成为南宋政治、经济中心，为安抚百姓、笼络人心，赵构决定从建炎五年正月起，实行大赦改元。他在赦书中说：“绍奕世之宏休，兴百年之丕绪。”用此意将年号由“建炎”改为“绍兴”。意为承继前世，振兴昌盛。也许因为“绍兴”两字的含义好，到绍兴元年（1131）十月二十六日，因时任越州知州陈汝锡之请，宋高宗同意升越州为绍兴府。从此，已经有几千年文明史的越中大地，有了一个响亮的地名——绍兴。所以绍兴这个地名是先有年号，再有府名，然后再有“绍祚中兴”的题额。

南宋的都城最终没有建在绍兴，是因为宋高宗当时听取大臣意见，以“会稽漕运不济，移跸临安”。当移跸临安时，仍把大理寺和六宫留在绍兴，视绍兴为陪都。在朝廷当时宣布的全国40个“大邑”中，除临安之外，绍兴名列其首。著名诗人陆游曾认为“今天下巨镇，唯金陵与会稽耳，荆、扬、梁、益、潭、广皆莫敢望也”。因为这里不仅经济繁荣，还是当时全国重要的文化中心之一，山水之秀又名于天下，所以南宋一代，除首都临安以外，绍兴仍然与金陵齐名。南宋时任绍兴府佥判的温州籍状元王十朋，面对绍兴城市的繁荣景象，发出了“镇六州而开府”的感叹，“镇六州”指的是当时管辖明州、温州、婺州、台州、处州、衢州。

古今类似，城市发展的显著标志是外来人口大量集聚。中原为金兵所占时，居民大批南迁。据有关史料记载，建炎三年（1129），当时渡江之民溢于道，而偏隅一方的浙江成为四方移民的中心，即所谓“四方之民，云集两浙，百倍常时”。进入绍兴的移民人数更多，特别是来自北方的士大夫和大批王族、官员来绍聚首，绍兴城内顿时热闹非凡，不仅“空第皆给百官寓止”，连寺院庙宇也成为他们的居住地，大有人满为患之势。由于绍兴城市的原有规模较大且地区富庶，朝廷还于建炎四年号召南迁到各地的贫苦百姓到绍兴安置。至绍兴二十六年（1156）外籍居民已超过当地祖居居民人数。人口剧增，客观上为绍兴城市的发展提供了能量。

这期间城市发展的另一个显著标志是紧随人口集聚而来的厢坊的扩容。据《越州图经》所载，北宋大中祥符年间（1008—1016），城区总共32坊。但到嘉泰年间（1201—1204），府城内的厢坊建置已经骤然扩大，全城计有5厢96坊，足足比北宋大中祥符年间大了两倍。

南宋嘉定十六年（1223），随着府城内居住者增多，知府汪纲命人采石，修砌整治城内街巷和河岸，加强了对街坊的建设，使城市道路“经画有条”“坦夷如砥”。在5厢96坊中，又设置了清道桥市、大云市、大云桥西市、龙兴寺前市、江桥市等8个集市，组成较为科学合理的城市内部商业网。除了对罗城和水陆城门作了一番修缮外，对城内的道路、河渠、桥梁等也都作了新的规划和修建，此外还营建了许多客舍、酒肆、书院、公用房舍和仓库等公用建筑。全城街衢整齐、市容繁华，井然有序。经过这一次修建扩容，绍兴城内的厢坊建置、街衢布局、河渠分布等，大体都已定局，到清末以至民国都没有太大的变化。

由于大量人口移入，粮食的需求量空前增加，这首先引发了农业生产的迅速扩大，并且促成了鉴湖围垦。鉴湖围垦始于北宋，至南宋初年，围垦规模迅速扩大，使每年可得米10万斛。最后垦出了湖田2000多顷，这就替山会平原扩大了四分之一的耕地面积，此价值之大是不言而喻的。蚕桑业在这一时期也由于需求量剧增而大步发展，为了提高桑园的利用率，除了春蚕以外，人们开始饲养夏蚕和秋蚕，使一年中育蚕次数增加到3次。水产业作为农业中的另外一个重要部门也得到带动，由于绍兴水面广大、水产资源丰富，水产业在南宋被认为是“越国之宝”，使绍兴成为一个名副其实的鱼米之乡和丝绸之府。

南部会稽山当时已成为全国最著名的茶叶产地，除了名列全国第一的日铸茶外，还有天衣山的丁堄茶、秦望山的小朵茶、东乡的雁路茶、兰亭的花坞茶等，都是当时的名茶。甚至连城内卧龙山上也开辟了茶园，出产著名的瑞龙茶。当时绍兴府内所产茶叶多在平水镇加工，而府城则为出口运销的枢纽。大宗茶叶的外销，对绍兴城市的繁荣发展也具有很大意义。手工业部门中最发达的则是拥有雄厚原料基础的丝绸业，宋代绍兴出产的绸缎不仅种类繁多，而且质量极佳。此外，著名的绍兴酒在南宋时也有了一个快速发展的机遇，绍兴城内达到了“酒满街头”的程度。当时，酒、盐、茶三税居全部税收的十分之八。

经过南宋时期的飞跃式发展，绍兴的城市规模和布局基本上稳定下来。此后，除了1252—1253年间在卧龙山以西另建过新城，把西郊的一部分地域划入城内，使面积有所增加外，历元、明、清三代，再没有结构性的变化。

元、明、清三代，是中国封建社会高度成熟的时期，同时，新的经济因素也逐渐产生并发展起来。经济富庶、文化发达的江南地区，尤其受到这条新脉的触动。其在文化上的表征，便是产生了世俗化的倾向。其时，绍兴相继出现了一批得风气之先和各领风骚的文化大家，如杨维桢、徐渭、张岱等人，他们的文学活动已与商品经济的因素发生了密切的联系。而王阳明、刘宗周等人则力图在哲学与政治思想领域内对传统的意识形态进行改造，开了近代启蒙思想之先河。

鸦片战争以后，中国一步一步沦为半殖民地半封建社会，民族危机日益深重。于是在这片古越大地上，越国时代的胆剑之气又如狂飙突起，涌现出诸如徐锡麟、秋瑾、陶成章等一批壮怀激烈、舍生忘死的革命斗士，蔡元培、鲁迅等人则在文化领域中猛烈掀起新的浪潮。进入新民主主义革命时期以后，绍兴又涌现出如周恩来般杰出的共产主义战士和无产阶级革命家，而竺可桢、陈建功等人则在科技领域内孜孜不倦地追求振兴中华的目标。“鉴湖越台名士乡，忧忡为国痛断肠。剑南歌接秋风吟，一例氤氲入诗囊。”毛泽东的这一评价是对绍兴历史文化精粹而经典的提炼和概括，“名士乡”也是近代绍兴古城最本质的特色。

目·录

第五章 阳明故乡心学城（明朝时期）

第六章 天工开物作坊城（清朝时期）

第一章

雄视八方大越城

先秦时期

浙江文史记忆·越城卷

绍兴地处宁绍平原西部、长江三角洲南翼、浙江省中北部，西接杭州，东连宁波，北濒杭州湾。绍兴倚山面海，南部有会稽山雄踞其地。会稽山麓以北，直至杭州湾，是广阔的平原地带，称为“山会平原”。山会平原东起曹娥江，西至浦阳江，总面积约580平方公里。平原地区土地肥沃，水资源充足，四季分明，气候适宜。这块地方最早被称为越，后来建立的政权就叫越国。

大禹六世孙夏后帝少康封其子无余于会稽，“以奉守禹之祀”，“辟草莱而邑”，建立越人方国，开始进入历史的视野。

无余初封大越，在会稽山北麓的盆地建立都城，经历二十余世后至越王允常，拓土始大，与北方吴国开始了争霸之战。公元前490年，勾践命范蠡在山会平原的中部建城，因是范蠡所筑，后人称为蠡城。公元前473年，勾践灭吴，此后，将都城迁至琅琊，蠡城依然是越国的大本营。周显王三十五年（公元前334年），楚威王打败越国，杀越王无彊，夺取浙江（今钱塘江）以西土地，越诸族子弟退回浙东。公元前222年，越君降秦，越国灭亡。

越国时期，是绍兴历史发展的第一个高峰。越国臣民开垦荒地，兴修水利，种植黍、赤豆、稻、麦、大豆等粮食作物，发展蚕桑业和畜牧业，出现了专业化养殖场，淡水养鱼开全国先河。手工业中的冶炼业、纺织业、酿造业、造船业、建筑业、制陶业，门类齐全，技艺精湛，所铸越剑名闻天下。先进的青铜兵器铸造工艺从越国传至楚国进而至中原。陶瓷业和酿造业，同样在我国历史上具有举足轻重的地位。大越也由原来的荒蛮之地一跃而为富庶之邦。

春秋战国时期，由于越国的兴盛，艺术文化丰富多彩。伴随着社会分工的扩大，青铜冶铸、陶瓷制作、丝麻纺织等手工业技艺日益精湛；为了满足社会上层的需要，音乐舞蹈、建筑雕塑、书法绘画以及工艺美术等都有了长足的发展，并呈现出鲜明的地域和民族特色。几何印纹陶成为越文化最主要的标志。青铜器艺术突出体现于兵器，尤其是越国之剑，闻名全国。在人体装饰艺术上，“文身”之俗颇为流行，成为越人最显著的外部特征之一。越人能歌善舞，史载越王勾践以“五音”“五色”调教乐女，西施、郑旦在被送去吴国之前，曾于土城练习歌舞长达三年。但当时绍兴地域的音乐显然大异于中原，被称为“野音”。越人崇拜鸟类，因此鸟类的形象在艺术中较之其他地区有更多的表现。这种传统从河姆渡文化时期业已开始，最突出的例子就是用鸟的形象来美化文字，形成了独特的“鸟篆”。

越国的文化遗存十分丰富，研究人员把它简称为越文化。越文化是富有越地特色的古文化，是中国传统文化的重要组成部分。越文化具有强大的生命力，对绍兴影响深远，对我国东南部地区也有较大的影响。

江淮河汉思明德

——千秋祖庭大禹陵

大禹，是中国古代的治水英雄，也是建立王权国家的第一帝。夏禹，尊称大禹，名文命，字高密，生于西川石纽（今四川北川县羌族乡）。夏，是部落名，源于姒姓。禹，系受舜禅后的称呼。禹父曰鲧，夏部落的首领，以治水见长。相传尧时洪水泛滥："汤汤洪水滔天，浩浩怀山襄陵"。部落酋长们举鲧治水，"九岁，功用不成"，结果被诛。鲧被杀后，鲧的儿子禹受到了舜的关注。

禹在尧的晚年已被举用，但没有封疆爵士之职，可见他真正被重用是在虞舜为帝之时。鲧被杀后，舜在部落酋长会上问，谁可以完成治平水土的大业，大家都说禹最合适，舜也觉得负责治水非禹莫属，于是就任命禹为司空，大禹治水也就此拉开了序幕。其时，大禹还只是一个23岁的年轻人。

大禹治水，前后有13年之久。大禹治水头几年很不顺利，在愁思中，知悉宛委山石匮中所藏金简玉书上，写有治水的道理和方法。为此，特到宛委山，获通水之理后，返回治水，又经6年，最后毕功于了溪。由此可知，禹获得治水成功的要诀和治水成功落幕的地方都在越地境内。禹在宛委山取金简玉书时，已是30岁的人了，当时还未娶妻。“恐时之暮，失其度制”，禹乃在涂山娶涂山氏之女为妻，名曰女娇。大禹与女娇成亲后第四天，就离开妻子，奔赴治水前线。10个月后，妻子生了个男孩，即为启。孩子呱呱而泣，可大禹一心治水，竟然三过家门而不入。

大禹治水成功以后，舜把王位禅让给大禹。做了王的大禹，巡行各地，最后又回到大越。他登上茅山，召九州首领前来总结治理之道，颁布休养生息之策。随之论功行赏，给有功之人分封土地和爵位。他不徇私情，赏罚分明，小过亦罚，微功亦奖，天下无不信服和钦仰。《史记》中有这样的记载：“或言禹会诸侯江南，计功而崩，因葬焉，命曰会稽。”此后，茅山改名为会稽（计）山，这也就是史书所载“禹致群神于会稽”的由来。

“禹封泰山，禅会稽”，禹在泰山举行祭天典礼，而祭祀土地神即国土之神的典礼，则选择在会稽山（茅山）举行。按禹的遗嘱，他死后也葬于会稽。

大禹品格的完美，体现于他一生的经历，直到他死时，以“薄葬超前古”，为自己画上了一个圆满的句号。《吕氏春秋》曰：“禹葬会稽，不烦人徒。”又据《墨子》记载：“禹葬会稽，衣衾三领，桐棺三寸。”生前为民治水，功盖山河，死后丧事从简，节留万世。

中国的山川无数，尤其是南方众多秀山丽水，千姿百态、各有风韵。但是，大禹的史迹和夏王的封禅，使“南方诸山虽大且众，莫敢与等夷”。于是，会稽山不仅成了中国名山，还成为中国古代九大名山之冠，在隋朝又被列为中国的五岳四镇之一。

会稽山下的大禹陵，一直是历史上最负盛名的古迹之一。这是一组规模宏大、高低错落的古建筑群，由禹陵、禹庙、禹祠三部分组成，占地40余亩，经扩建，目前总占地100多亩。它背山而坐，气派恢宏，形象古朴，神色庄严，宛如大禹这个远古的伟人依然目光炯炯，端坐于此，注视着中华大地、华夏子孙。

大禹庙

绍兴的禹陵规制是在明朝中期确定的，碑石“大禹陵”这3个豪放雄浑、颇有顶天立地气概的大字由绍兴知府南大吉题写。

禹庙在禹陵北，据传由禹的儿子启所建，现存禹庙为清嘉庆年间的建筑。从西辕门进庙，经午门，过甬道，登上百步禁阶，就是历代祭祀大禹的祭厅，或称拜厅。经过祭厅，迎面矗立的是重檐飞角、画栋雕梁的大殿，在庄严、肃穆的氛围中，环顾四周楹联、匾额，其中有康熙撰的“江淮河汉思明德，精一危微见道心”和乾隆撰的“绩奠九州垂万世，统承二帝道三王”，还有康熙引自舜对禹评价的御书“地平天成”。瞻仰大禹高达6米的立像，不禁想起他的“若不把洪水治平，我怎奈天下苍生”的伟大抱负和崇高誓言，令人顿生崇敬之情。

禹庙中有两处独特的古迹：一是岣嵝碑，二是窆石。岣嵝碑又名禹王碑，据说此碑为大禹治水时所书刻，其实是谬传。碑上刻文与金文相仿，唐文学家韩愈的诗中描述碑字形状为“科斗拳身薤倒披，鸾飘凤泊拿虎螭”。状如秤锤的窆石，引起历代考古学家的浓厚兴趣，石上也留下不少名人题咏和题铭。一般认为此石是大禹下葬时用的工具，也有说法认为是下葬后的镇石，即陵墓位置的标志。鲁迅认为窆石乃为“碣”，是古代的一种刻石。

禹陵之南是大禹陵的另一重要组成部分禹祠，据史书记载是由禹六世孙少康所立，历史上禹祠屡有兴废，现存禹祠为1983年重建。据说梁大同十一年（545）重建禹祠时，祠中还保存着禹剑，当时在修建禹祠时，采用了鉴湖中漂来的一株梅树作梁，称“梅梁”，梅梁曾变蛟龙飞入鉴湖与龙斗，后来被人们用铁缆锁住，由此产生了“梅梁龙斗”的传说。

禹庙中的大禹像

公元前2059年左右，夏王启首创祭禹祀典，是国家祭典的雏形。从此，大禹像炎黄一样受到世代子孙的高度崇拜，祭祀仪式至今延绵不绝。祭禹不仅历史悠久，而且有多种形式：或宗室族祭，或皇帝御祭，或遣使特祭，或春秋例祭。公元前210年，秦始皇“上会稽，祭

岣嵝碑

大禹”，这是历史上第一次皇帝亲祭大禹陵，开创了大禹祭典的最高礼仪。此后，由皇帝派出使者，前来会稽祭禹者更多。明清两朝的祭禹仪式和制度最为完备，典礼也最为隆重。到明代，遣使特祭成为制度。明制规定，大凡皇帝登位，务必遣特使到绍兴告祭大禹陵。清代，遣官致祭达44次之多。

古代绍兴祭禹的日子，通常是在俗传为大禹诞辰的农历三月五日。民国时期，绍兴地方政府曾定9月19日为会稽山大禹陵庙年祭之期。中华人民共和国成立以后，政府十分重视对大禹陵庙的保护，多次拨款修缮。1995年4月20日，隆重举行了“浙江省暨绍兴市各界公祭禹陵大典”，中央、省、市领导和海内外包括大禹后裔在内的各界代表数千人致祭，规模空前，这是自20世纪30年代后期停祭以来的第一祭。不久后，时任国家主席江泽民视察大禹陵，并亲笔题写了“大禹陵”坊额。自1995年以来，祭禹已成为绍兴市的一个常设节会，采取公祭与民祭相结合的方式，每年举行祭祀活动。

目前的祭禹典礼，公祭往往由政府派员主祭，仪式也非常隆重；民祭则已经突破了原有的传统，凡对大禹抱有崇敬之情的百姓，都可以参加，形式也比较灵活。姒氏后裔的祭祀最富有特色，被称为族祭。大禹陵所在的禹陵村，至今仍有一百多名姒姓后代，他们是大禹的后裔，代代流传的职责就是守陵与祭禹。

自古以来祭禹就是重要祭典，是华夏民族的传统，又因其绵延不绝、保存完好，成为中国礼仪文化和祭祀形式研究中的重要内容。大禹祭典的制度和礼仪，包括祭品、祭器、祭乐、祭舞和祭文等等，历史久远，蕴含了十分丰富的民族传统文化的信息，具有重要的历史价值、人文价值、文化价值、艺术价值和学术价值。

大禹陵碑亭

筚路蓝缕建于越

——从无余封越到允常称王

于越是我国远古时期东南沿海地区的一个古老民族，肇源于新石器时代的于越先民。于越先民“筚路蓝缕，以启山林”，开创了越人悠久的历史。

大禹六世孙少康封庶子无余于越，无余到越主要是为守禹陵，随后便建立了越国。无余，是越国的开国之祖。《史记 · 越王勾践世家》载：“越王勾践，其先禹之苗裔。而夏后帝少康之庶子也，封于会稽，以奉守禹之祀。文身断发，披草莱而邑焉。后二十余世，至于允常。”

无余初封时，会稽的经济和社会状况还相当落后。“人民山居”，“复随陵陆而耕种，或逐禽鹿而给食”，说明当时的生产水平尚处于半农耕半狩猎阶段。没有较多的剩余产品，所缴租税“才给宗庙祭祀之费”，要营造辉煌的宫殿，更不可能。“无余质朴”，乃是不得已之事。

无余时已有越国的都城。《吴越春秋》载，勾践语范蠡曰：“先君无余，国在南山之阳，社稷宗庙在湖之南。”

到春秋晚期越王允常时，越国拓土始大，称王兴霸。原先越国同时沦为楚、吴属国的地位开始发生了变化。允常是一个颇有抱负的君王，他为越国振兴采取了一系列的措施。

春秋时期，南方以楚国势力最为强大，吴、越一度同为楚国附庸。后来，晋国为了遏制楚国的北进，派申公巫臣至吴，策动吴国叛楚。当时，吴国开始强大。寿梦即位后，改君为王，自称吴王，力图摆脱楚国的控制。晋国联吴破楚的战略，也完全为吴王寿梦所接受。大概在此之后，越国开始沦为吴国的附庸。楚国因晋、吴联盟，陷于要与两敌作战的被动局面，故也企图联越以制吴，在吴国的后方造成威胁。

对于允常来说，他深知越国是小国，不可能同时面对楚、吴两国，他只能利用楚国和吴国之间的矛盾，采取与强楚结盟的策略，把女儿嫁给楚昭王为妃。同时，允常与吴国的另一邻国徐国结盟，并佐助徐国国君称王，从西北方构成对吴国的威胁。

《史记·越王勾践世家》记载，“允常之时，与吴王阖闾战而相怨伐”。《吴越春秋·阖闾内传》记载，“（阖闾）五年，吴王以越不从伐楚，南伐越。越王元（允）常曰：‘吴不信前日之盟，弃贡赐之国，而灭其交亲。’阖闾不然其言。遂伐，破槜李”。越是吴的属国，属国有出兵助战的义务。阖闾因为越国不派兵跟从吴国伐楚，就以此为借口“南伐越”。越王允常与吴国交涉，指出以前吴国与越国已经订有盟约，越每年向吴贡献财物，而吴也对越赐以恩惠，两国亲善交往，不相攻伐。现在吴国出兵攻越，信义何在？但是，阖闾并不理会，继续攻伐，攻破槜李。这是吴国大规模对越国用兵的开始。从此以后，吴越结怨，战事不断，越国成了吴与楚、齐大国争霸的后顾之忧。

五年之后，吴国和越国又发生了一次规模较大的战争。公元前506年的冬天，吴国发动了春秋时期规模空前的一场战略决战——柏举之战。阖闾趁唐、蔡两个小国皆怨楚之贪婪时，调集全国所有的精锐部队，与唐、蔡组成联军，大举伐楚。吴王阖闾亲统大军，伍子胥、孙武、伯嚭等参加指挥。在这次战争中，吴军乘战船溯淮水西进，越过蔡地后，将船只停泊在淮河岸边，弃舟登陆，以奇袭的战术经豫章向西，直逼汉水东岸，顺利突入楚国腹地，在柏举（今湖北麻城北）

大败楚军。吴军一鼓作气，五战五胜，一直攻进楚都郢（今湖北江陵纪南城）。楚昭王仓皇出城西逃，奔至随国（今湖北随州南）。在这关键时刻，越王允常为了报五年前吴国掠取檇李之仇，出兵攻吴。吴军两面受敌，只好从楚地撤军。

可见，这次越王允常的乘虚偷袭吴国，对于吴楚柏举之战的结局有着至关重大的影响，使吴国与一场本来唾手而得的战略全局上的胜利失之交臂。允常伐吴的成果是显著的。首先，这次战争，越国打了胜仗，摆脱了对吴的从属关系，越国从此由一个附庸小国走上了与强吴抗争之路；其次，它使越国的疆土由原来的武原—檇李—语儿—柴辟一线北拓至今江苏昆山—上海嘉定一线。允常堪称越国历史上的有为之君。

越国在允常统治下，不断强大，与阖闾统治的吴国矛盾加深，两国发生过两次规模不大的战争，虽没有相互灭国的危险，但两国的仇恨不断累积。吴王阖闾死后传位给儿子夫差，允常过世后，继位的是儿子勾践。两位年轻的国王都有称霸中原的雄心壮志，这一雄心的第一步就表现为吴越两国的血刃兵锋。

允常时期的遗迹最有影响的是印山大墓。1998年，在绍兴兰亭镇里木栅村印山发掘了一座竖穴岩坑木椁大墓——印山越王陵。因其气

印山大墓

势雄伟，规模宏大，构筑方法特殊，立即轰动全国，震惊中外，成为继河姆渡遗址、良渚反山大墓和瑶山祭坛的发现之后，浙江境内考古工作的又一重大成果，被评为“1998年全国十大考古新发现”。

印山大墓是一座有长墓道的“甲”字形竖穴岩坑木椁土墩墓，由隍壕、封土、墓坑、墓道、墓室等部分组成。

印山大墓是浙江省目前发现的规模最大的古代墓葬，并被确认为第一座越王陵墓。它高耸的墓上封土、大型“甲”字形岩坑、规模宏大的枋木结构墓室以及巨大的独木棺，无不显示出墓主人的特殊身份。据测算，外围隍壕挖掘土方约4万立方米，营建墓坑挖凿岩石近1万立方米，填筑青膏泥约5700立方米，填筑木炭约1400立方米，构建墓室所用木材近500立方米，巨大的封土墩所用土方约2万立方米。如此巨大的规模和恢宏的气势，无疑是当时越国强盛与辉煌的折射和重现。

为防潮隔渗与杜绝空气渗透，印山大墓由内而外分别设立由树皮层、木炭层和青膏泥层构筑的三道屏障，对墓室的防腐保存起到了极为有利的作用，使其虽历经几千年的风雨沧桑和盗墓者的大面积破坏，至今尚能保存如此大体完好的程度，实属难得。此外，不同于各地发现的汉以前流行的长方形或正方形平顶箱式木椁，印山大墓断面呈三角形的长条形两面坡木结构墓室，这不但在浙江地区是第一例，在全国也是首次发现。这种木结构墓室形制的发现，在考古学上具有特别重大的意义。

卧薪尝胆终称霸

——越王勾践灭吴称霸传奇

勾践，春秋末期越国国君。越国与北邻吴国争雄，勾践因战败为奴，他韬光养晦，卧薪尝胆，念念不忘会稽之耻；他任用贤良，生聚教训，终于雪耻复国，成为春秋五霸之一。

公元前497年，越王允常卒，其子勾践即位。勾践是一个大有作为的君主，他即位不久就打了一场漂亮的胜仗，即槜李之战，但也为他此后的轻敌失败埋下了祸根。

吴国对于越王允常的偷袭是耿耿于怀的，在击溃楚国后不久，就对越国发动了大规模的进攻。吴王阖闾为了报复越国，更是乘越王允常刚死、勾践新立之机，亲率大军，从陆路伐越。当时，吴国兵强将勇，越国当然不是它的对手。当时，新即位的年轻越王勾践闻讯，立即出兵抵御，两军相遇于槜李（今浙江桐乡濮院西）。勾践看到吴军军阵严整，他派出敢死队连续几次发动冲锋，均告失败，未能动摇吴军阵脚。后来，他派出军队中的罪人出阵，他们排成三行，而且全部把剑架在脖子上，来到吴军阵前，对着吴军说："吴、越两国国君在此整军交战，我们都是触犯了军令的罪人，不敢逃避刑罚，却敢于死！"接着，他们集体在阵前刎颈自杀。这一惊人的举动，令吴军瞠目结舌。就在这一瞬间，勾践命令越军发起冲锋，袭击吴阵，大败吴军。越军将领灵姑浮用戈砍击吴王阖闾，斩伤了阖闾的大脚趾，夺得了他的一只鞋子。阖闾败退到离檇李七里的陉地，因伤势过重而死亡。阖闾临死前，对儿子夫差说："你会忘记越王杀死你的父亲吗?"夫差答道："不敢忘!"从此，吴、越的"世仇"结得更深了。

这次檇李之战，勾践在敌强我弱的形势下，不畏强敌，敢于统军御敌，已属不易。面对兵强将勇、阵势严整的吴军，又能出其不意设计攻破吴阵，击退吴军的进犯，造成吴军"死伤者不可称数"的惨重失败，并重创吴王阖闾，使其伤重而亡。勾践锋芒初试，旗开得胜，而檇李之战也在历史上产生了较大的影响。

夫差即位以后，一方面扩充军队，日夜练兵，以加强军事力量；另一方面努力积蓄钱粮，以加强经济实力。伍子胥又致力于动员民众的工作，也获得了极好的效果。吴国上下"师众同心"，积极进行着攻打越国的一切准备。

公元前494年，正当吴王夫差日夜加紧练兵，准备攻打越国的时候，年少气盛的越王勾践还陶醉在两年前的侥幸获胜之中，采取了先发制人的策略。他没有冷静地估计敌我双方力量的差距，一心想拒敌于国门之外。这次战争虽是勾践首先发动的，但对于"常以报越为志"的夫差来说正中下怀，于是他迅速调集全国10万大军前往抵御。两军大战于夫椒（今江苏苏州市西南），一时未分胜负。后伍子胥变换战术，在夜间布置许多"诈兵"，分为两翼，点上火把，袭向越军，"勾践大恐"。吴军乘势发动总攻，大败越军。勾践只好收拾残军，仓皇南撤，吴军紧追不舍。

当时，吴军兵临城下，越国危在旦夕。但是，越王勾践已经没有力量组织都城保卫战了。他把剩下的5000名披甲带盾的士兵撤退到会稽山上。吴军乘势攻陷越都，接着又追逐越军到会稽山下，把勾践残军包围起来。

在国破军残、危在旦夕的紧急关头，越国谋臣文种和范蠡表现出政治家的气魄和胆识，提出存越议和。勾践见大势已去，接受了文种和范蠡的建议，派文种前往吴国求和，并表示“勾践请为臣，妻为妾”。

议和使越国付出了惨重的代价，并被迫接受了极其苛刻的屈辱条件。勾践夫妻不得不带着范蠡来到吴国，伺候吴王，从事劳役，整整三年。但是越国毕竟得以保存。

公元前490年，勾践在吴为奴三年以后被赦归国。战争的惨败，三年事吴的奴仆生活，给勾践以严酷的教育。会稽之耻的切肤之痛，使他立志要报仇雪恨。《史记·越王勾践世家》记载：“吴既赦越，越王勾践反国，乃苦身焦思，置胆于坐，坐卧即仰胆，饮食亦尝胆也。曰：‘汝忘会稽之耻邪?’身自耕作，夫人自织，食不加肉，衣不重采，折节下贤人，厚遇宾客，振贫吊死，与百姓同其劳。”这就是“卧薪尝胆”成语的出典。

勾践矢志不忘会稽之耻，除了卧薪尝胆，还“苦身劳心，夜以接日。目卧则攻之以蓼，足寒则渍之以水。冬常抱冰，夏还握火”，意即疲倦困乏想要睡觉的时候，就用蓼草的苦汁来刺激眼睛，以打消睡意；脚冷了就干脆把它浸泡在冷水里，经受挨冻的痛楚；数九寒天常常抱着冰块，炎炎夏日还要手握火热的东西。勾践如此刻苦砥砺，磨炼报仇雪耻的意志，而且“昼书不倦，晦诵竟旦”，为总结经验教训，通宵达旦地读书学习。

为了防止产生好逸恶劳的念想，勾践“身自耕作”，“与百姓同其劳”，甚至“非其身之所种则不食，非其夫人之所织则不衣”，与百姓一道艰苦奋斗，以恢复和发展越国的经济。勾践以这种身体力行、不怕艰苦劳累的精神，激励人民发愤图强。

“卧薪尝胆”是勾践对自己的要求，而“生聚教训”则是他为复国制定的切实措施。所谓“生聚教训”就是发展生产，增加人口，教育老百姓，立志报仇雪耻，训练士兵，准备复国之战。

勾践的灭吴之战，谋划了22年，战争开始后，进行了3个阶段，持续了6年，最终以弱胜强。

吴国在大败楚国和越国，并经过一段时间之后，认为后顾之忧已经解除，北上争霸的野心骤然膨胀。公元前482年，吴王夫差率全国精锐部队北上黄池会盟。数月之后，估计吴军已到黄池，越王勾践抓住战机，乘虚而入。“发习流二千人，教士四万人，君子六千人，诸御千人”，于六月十一日开始伐吴。当时兵分三路：东路军由勾践亲自率领，南路军由大夫畴无馀、讴阳率领，目标是袭击吴国国都姑苏城；另派大夫范蠡、舌庸“率师沿海溯淮以绝吴路”，目标是切断吴王归路，支持主力攻入吴都，完成战略配合任务。开战三天，吴军大败，吴太子友阵亡，越王勾践占领姑苏。此时，吴王夫差打败齐国，正约晋、卫、鲁等国在黄池（今河南封丘县西）会盟，当上了霸主。接到消息，他只好派伯嚭向越求和。勾践和范蠡认为吴国还有实力，一时消灭不了，答应讲和，退兵回国。

吴、越议和以后，双方停战三年。吴国由于连年征战，生产遭到破坏，经济消耗很大，国内又发生灾荒，一时还不能对越国实行报复。所以，吴王夫差采取了“息民散兵”的休养生息政策，以图恢复国力，重整旗鼓；越国则采取了“我不可以怠”的积极备战政策，谋划寻求战机，一举灭吴。

到公元前473年，经过前后3年的围困，吴都早已粮尽援绝，吴军完全丧失了战斗力。《国语·越语》说“吴师自溃”，《吴越春秋·夫差内传》说“吴国困不战，士卒分散，城门不守”，意即吴军纷纷溃散，连城门都没有了守军。勾践把握战机，于同年十一月指挥越军对姑苏城发动总攻击，守城吴军一触即溃，越军几乎未经战斗就轻易进入吴都，很快占领了姑苏全城。夫差求降未成而自杀，吴国灭亡。

吴越之间大规模的战争，自公元前510年吴伐越开始，至公元前473年越灭吴，历经38年之久。双方经过长期较量，几经反复，在允常的偷袭姑苏、勾践的檇李之战中，越军取胜，已经居于可与吴国抗衡的地位。但是，越王勾践因胜而骄，不待条件成熟，企图先发制人，拒敌于国门之外，结果夫椒之战大败，越军只剩残兵5000人栖于会稽，越国几乎亡国。勾践从这一失败中清醒过来，在国破军残的不利形势下，发愤图强，卧薪尝胆，十年生聚，十年教训，终于转弱为强，击溃并消灭了称霸诸侯的吴国，取得最后的胜利，成为我国战争史上弱国打败强国的一个范例。蒲松龄曾撰联："有志者、事竟成，破釜沉舟，百二秦关终属楚；苦心人、天不负，卧薪尝胆，三千越甲可吞吴。"

吴国灭亡后，勾践带着文种、范蠡等一大批将士与谋臣意气风发，登上了夫差的吴王宫，在文台上歌舞伴宴，接受楚、齐、宋等国的庆贺。勾践乘势前进，率军渡过淮河，一路北上，会诸侯于徐州（今山东滕州南），确立霸主地位。《史记·越王勾践世家》记载："勾践已平吴，乃以兵北渡淮，与齐晋诸侯会于徐州，致贡于周。周元王使人赐勾践胙，命为伯。勾践已去，渡淮南，以淮上地与楚，归吴所侵宋地于宋，与鲁泗东方百里。当是时，越兵横行于江、淮东，诸侯毕贺，号称霸王。"当时还保存着天下共主名义的周元王于是派人"赐勾践胙"（祭祀时供过的肉），"命为伯"（命为诸侯之长），这样勾践就取得了合法的霸主地位。

卧薪尝胆碑

晓风吹角九天闻

——文治武功三大夫

越王勾践导演和主演的吴越争霸的活剧，有一个超一流的人才团队，里面包含政治、经济、军事等各种顶级人才，其中最著名的就是文种、范蠡、计然三大夫。

文种，名会，字子禽（一说少禽），生卒年不详，楚国郢（今湖北江陵西北）人。曾任楚国宛城令。后奔越，勾践任以国相，委以国政。

文种任楚国宛城令时，一方面勤政爱民；另一方面礼贤下士，注重为国家搜罗人才，正是他发现了范蠡的才能。后两人一起奔越，事越王勾践二十余年，成就了一番大事业。可以说，文种对范蠡有知遇之恩。

公元前494年，越王勾践夫椒兵败，栖于会稽时，文种就提出了应重用贤臣的思想，勾践也认识到问题的重要性，于是“执其手与之谋”，文种担负起了挽救越国危亡的重任。当时，国破军残，举国一片哀声，而文种运用他出色的外交手段，两次入吴议和，最后“吴不告庆，越不告败”，为越复国雪耻创造了休养生息的机会。

范蠡曾说：“四封之内，百姓之事，蠡不如种。”当勾践入吴为奴，挑选守国之臣的时候，大夫皋如、曳庸一致推举文种。而文种也敢于受任于危难之机，立志整顿好封疆之内的戍守，随时作好战斗的准备；让荒野没有遗弃的土地，百姓都亲近归附。他率领百姓“修耕战之备”，百业俱举，为越国国力的恢复奠定了基础。同时，“虚其府库，尽其宝币”，不断向吴国贡献玉帛、子女，贿赂太宰伯嚭。勾践能安全返国，文种在其中起了重要作用。

复国雪耻是勾践的政治目的，为达到这一目的，一方面需要富国强兵，另一方面则要千方百计地削弱敌国。于是文种向勾践献上“伐吴九术”。“九术”之中，有六术是针对吴国的，勾践一一加以实行。“九术”的实行卓有成效，进而影响了两国战略态势的变化，越国由弱转强，赢得了主动权。

可惜的是，越王败吴之后，听信谗言，怀疑文种有篡国图谋，赐文种以属镂之剑自杀，其理由是“九术之策，今用三已破强吴，其六尚在子所，愿幸以余术为孤前王于地下谋吴之前人”。有功不赏，有恩不报，也使越王勾践留下了擅杀功臣的骂名。

范蠡，生卒年不详，字少伯，楚国宛（今河南南阳）人。他出身贫贱，但博学多才，与文种相交甚深。范蠡因不满当时楚国政治黑暗及非贵族不得入仕之规，与文种一起投奔越国，辅佐越王勾践。

范蠡初入越国，勾践常与他坐谈终日，赏识他的才能。但因小人谗言，范蠡并没有被及时重用。公元前494年，勾践举兵伐吴之前，范蠡曾经劝说勾践不要擅启兵端，勾践不听，举兵伐吴，结果“兵败失众，栖于会稽”。到那时，勾践才后悔没有听从范蠡的话。

越国到了覆亡的边缘时，范蠡完全可以一走了之，但他没有这样做。当勾践要作为人质到吴国去服劳役的时候，他便自告奋勇陪伴勾践去吴国。当时，勾践想让范蠡留在国内治理国家，文种随他去吴国。范蠡却说：“兵甲之事，种不如蠡；镇抚国家，亲附百姓，蠡不如种。”并且很自信地说：“辅危主，存亡国。不耻屈厄之难，安守被辱之地。往而必反，与君复仇者，臣之事也。”入吴三年，他不离越王左右，执君臣之礼，为越王出谋划策，分忧解难。

一次，吴王召见越王，范蠡跟随。吴王对范蠡说："我听说有节操的女子不嫁破败的人家，有德有能之士不在绝灭之国做官。如今越王无道，国家已将灭亡，社稷也将毁坏崩溃，自身死而世系绝，被天下人讥笑，而你和你的主人成为奴仆，一起来归顺吴国，难道不觉得卑贱吗？我现在想赦免你的罪过，你能改过自新，放弃越国为吴国效劳吗？"这时越王俯伏于地，急得涕泪满面，心想从此要失去范蠡了。不料范蠡十分平静地对吴王说："我听说亡国之臣不敢谈政事，败军之将不敢讲勇敢。我在越国不忠不信，如今越王不自量力，发兵与大王对峙，以致获罪投降。承蒙大王鸿恩，使得我们君臣能够保全性命。能够入内替大王洒扫庭除，出外供大王驱使，于愿已足，不敢有其他奢望。"吴王知道无法说动范蠡，只好再把他关入石室之中。

有了吴宫石室的患难与共，深知范蠡的忠诚和才能，此时的勾践对范蠡可以说是言听计从。而范蠡按照"立国树都"之旨，建立越国的政治、经济和军事中心——"蠡城"，并以此为复兴基地，与文种等大臣一起辅佐勾践推行"抚民保教"（生聚教训）的政策和措施。如此"谋之二十二年"，使越国逐渐由弱转强，终于在公元前473年灭掉吴国。

范蠡的才能主要表现在审时度势、把握战机的军事行动上。

勾践报仇心切，从吴国回来的第四年，越国刚有起色，就想伐吴。但范蠡认为，时机未到，成败还是个未知数。连续四年，范蠡以天时未到、人事未尽等理由劝阻勾践。他认为形势变化，强弱转化是一个长期的过程，需要耐心地准备和等待，不急不躁。特别是在敌强我弱、敌众我寡的情况下，必须积蓄力量，把握战略机遇。不仅要耐心地准备和等待，还要迷惑吴国，使其放松警惕。等到吴国君臣上下骄恣，百姓徭役沉重、饥寒交迫，天怒人怨的时候，就可讨伐了。勾践虽然生气，但因有前车之鉴，还是听从了范蠡的劝告。

公元前482年，吴王夫差北上称霸，"精兵从王，国中空虚"。勾践急欲伐吴，但范蠡还是劝他等来年春天，他说："吴国军队刚离境不久，如果得知我们乘虚袭击，军队调回不难。"次年六月，吴王与晋国争盟于黄池，范蠡认为时机已到，才发兵袭吴。可见范蠡对攻吴时机的选择是十分谨慎的。当战争主动权完全掌握在越国手中之后，范蠡运用了“速战速决”和“围而困之”两种战术。越军远离本土，恐怕后续不继，必须速战速决，如“姑苏之役”“笠泽之战”；待到外围扫清，攻打吴国都城时，则“围而困之”，使其不战自溃。这体现出一个军事战略家的高瞻远瞩和深思熟虑。

计然，生卒年不详。姓辛氏，名文子。葵丘濮上（今河南民权县东北）人。

计然初到越国，正是越王勾践初践君位，厉兵秣马，准备攻打吴国的时候。计然见到越王，向越王陈述转货交易、战前积蓄以富国强兵之策。勾践看他年轻，没有去理会他。于是计然“退而不言”，在吴、楚、越三国之间从事商业活动，积累了丰富的经商理财经验。勾践兵败困于会稽，才广招人才，计然被列于下大夫之位，共同参与国政。其包含“省赋敛”、富民贵谷在内的“民本”思想，包含“顺四时”“劝农桑”“陇积蓄”“利源流”在内的备战备荒和“农末皆利”思想，为勾践所接受，其功绩则与范蠡、文种同列，计然由此成为越国三重臣之一。

计然在治国理财方面具有丰富的经验和杰出的才能。

越王勾践返国之后，心系雪耻之事，可是越国新败，国小民穷，虽然在入吴的三年里，在文种等人的治理下，国内民心安定，生产逐渐得到了恢复，但要与新霸大国对抗，谈何容易！虽然社稷保住了，但物资匮乏，“野无积庾”，仓廪不实，军粮不继，所以越王勾践担心“谋不成而息，恐为天下咎”，于是向计然问计。计然认为，兴师动众前一定要先积蓄粮食、钱币、布匹。不积蓄，没有粮食，战士就会挨饿受饥，军队就没有战斗力，两军对垒，非死即伤。国家军队如此，一个家庭、一个人也是如此。他说：“人之生无几，必先忧积蓄，以备妖祥。凡人生或老或弱，或强或怯，不先备生，不能相葬。”“饥馑在问，或水或塘，因熟积以备四方。”他从备战备荒的角度出发，向越王勾践提出了以下计策。

首先是“六岁穰六岁旱”的农业循环说。他认为事物都有阴阳盛衰的变化规律，必须掌握这一规律，积极顺应变化趋势而做好准备，积蓄实力以应对困难。要采取与民休息的政策，先减免百姓的赋税，还富于民，并积极引导、奖励耕织，发展农业生产。要让田野得到开垦，粮仓里堆满粮食，老百姓生活殷实。农业生产要遵循时令的规律，军队的训练和出征要在农隙进行，“师出无时”，就会夺天时，乱民功，造成对生产的破坏。遵循阴阳天时的变化规律，集中群臣的智力来决策、来运作，这样才能理好财、实仓廪而备战荒。

其次是物价观测、贵出贱取等经商致富的“积著之理”。计然认为，与农耕生产一样，君主“利源流，非必身为之也”，没有必要事事亲自去做，关键是要懂得“通习源流”能使货物流转致富的道理，然后任命贤能之臣，根据百姓的缺乏和盈余，帮助和引导他们进行生产和交易，以积累财富。同时考察官吏的表现，进行赏罚。他提出“积著之理，务完物，无息币”观点，认为积著的道理，不在积压，而在流转，通过商贸经营活动实现理财积聚。经商要摸清市场的行情，了解有余和不足。有余和不足可以影响货物的市场价格，但是有余和不足亦可以相互转化，“贵上极则反贱，贱下极则反贵”，要根据这种市场的规律来从事经营活动。“贵出如粪土”，以防止“息币”，即货币的积压；“贱取如珠玉”，囤积货物，待价而沽，以求得更大的经济效益。所以货畅其流，财币“行如流水”，积蓄才会愈来愈多，国家才会富强起来。这是我国最早出现的商业经营原则。

最后是“农末俱利”的平粜论。春秋战国之交，农业生产的发展带来了手工业和商业的兴旺，且有互争高下的趋势。计然认为，作为国君，要使国家富强，人民富足，必须正确处理好农、工、商之间的关系，平衡“本”与“末”，要做到“农末俱利”，即农民和商人的基本利益都要保护。农民有利，才会努力发展生产，使市场货源充足；商人有利，才会不断通关往来，使贸易繁荣。

千载犹存古越城

——范蠡和大越古都的构筑

在古代城市建筑中，绍兴古建筑以其记载完整、数据可靠、规模宏大、历史悠久而闻名。公元前490年，越王勾践自吴获释归国后，采取了一系列改革措施以雪国耻、图霸业，其中重要的一条就是将国都“徙治山北”，在今绍兴市区利用地形先后建筑了勾践小城和山阴大城，这座都城作为越国政治、文化、经济和军事中心，当时被称为大越。都城内外还有宫殿、台榭、楼阁、亭苑等许多大型建筑。

建造都城时越国国力贫弱，形势危艰，所以整个都城建筑计划分两步进行，首先是依据今府山（种山）的天然形势，建造城周仅3里多的小城。这是为了尽快建成一个可以固守的军事堡垒和政治中心。

勾践小城建在种山南麓，后来这座小城被历代沿用，且位置没有改变。隋朝修理小城，使扩建的罗城（即大城）和小城相接。宋代也只是在隋朝小城的基础上进行修筑，小城仍保留5个城门。明清时期，以府山东南麓小城宫台旧址设为府治。由此可见，小城位置历经2500多年而未变。

勾践小城形制是不规则的，文献记载为“一圆三方”，这里的“一圆”指蜿蜒的府山山体，“三方”分别指东城墙、南城墙及西城墙一段。城墙的筑法，按《旧经》所记，“西、北两面皆因重山以为城”。小城的西城墙由府山西南端起，至旱偏门；南城墙由旱偏门起，至凰仪桥（俗称黄泥桥）；东城墙由凰仪桥附近起，经酒务桥、作揖坊、宣化坊，至府山东北端的宝珠桥；北面是以府山山体为城墙，府山平面呈半弧状，横卧于西北。因此，小城形制便成了“一圆三方”。

小城的城门，据《越绝书》记载：“勾践小城，山阴城也，陆门四，水门一。”据万历《绍兴府志》所附《旧子城图》，南城墙有两座城门：一座为位置相当于今旱偏门的常禧门，另一座为今拜王桥附近的秦望门，均为陆门。东城墙也有两座城门：一座为位置相当于今酒务桥的酒务门，为水门；另一座陆门为在镇东阁附近的镇东门。这样，合计有陆门四座、水门一座。城门个数和文献记载也是符合的。

小城的街道格局，据万历《绍兴府志》所附《旧子城图》，估计呈“十”字形。南北方向一条，由府山南麓泰清里至拜王桥（今府直街）。东西方向一条，由凰仪桥至清凉桥。东西向与南北向街道交叉在五马坊口，呈“十”字形。小城内有一条贯穿东西的河道，这条河道在隋朝被称为子城玉带河，西起西城墙外的庞公池（今西园），东至今酒务桥北侧并注入护城河。

历年来在绍兴府山附近出土了许多春秋战国时期的印纹陶、原始青瓷和泥质黑陶等。其中印纹陶多罐、坛之类盛贮器；原始青瓷多素面，也有波浪纹，少数为弦纹，以碗、杯、盅等生活用具为主；泥质黑陶有罐、盆、豆等器具。所有这些都是典型的越国文化遗存，说明了城内的人口居住比较密集。

在小城内，据《越绝书》记载，建有“周六百二十步”的越王宫台，这是越国君臣谋划政事和军事的中心地。另据《吴越春秋》记载，小城西北今府山之巅建有“龙飞翼之楼，以象天门”，雍正《浙江通志》引沈立《越州图序》云：“飞翼楼高一十五丈，范蠡所筑，以压强吴。”显然，建筑飞翼楼不仅仅是为了“以象天门”，实质上它是观察吴军动静的军事瞭望台。

勾践小城的核心是卧龙山，又称龙山，且因越国大夫文种葬于此山而另名种山。清康熙皇帝南巡时，驻跸于山，赐名“兴龙山”。但当地百姓习惯称之为府山，这是由于龙山也是历来府治所在。绍兴城不大，却拥有三座鼎足而立、林木葱茏的历史名山：府山（卧龙山）、塔山和蕺山，而府山是其中之首，这不仅因它最高、最大，还因自春秋至今的绚丽斑斓的古越历史文化，在府山沉积得最厚重，使其成为不可多得的历史遗产。

府山上有几处古越遗迹，包括越王台、越王殿、望海亭和文种墓。越王台、越王殿均非越国旧筑，而是在国难深重、国运危厄之际，人们为记住越王勾践报仇雪耻精神，激励国人同仇敌忾、抵御外侮、收复失地而集资建造的。越王台由郡守汪纲于南宋嘉定十五年（1222）兴建，越王殿则是在抗日战争时期建成的。周恩来于1939年3月回到故乡时，曾在越王殿参加抗日救国座谈会，并作了长篇抗战演说。望海亭建在府山最高峰，唐时由越国飞翼楼遗址改建而成，当时由此可

越王台

文种墓

远眺大海。飞翼楼是越大夫范蠡所建，高十五丈，用以瞭望敌情。从飞翼楼到望海亭，两千余年间屡圮屡建，亭名也多次更易，遗迹则一直保留至今。

小城建成以后，以它为依托，勾践在小城东南兴建了一座比小城大十倍的山阴大城。因为系范蠡奉命所筑，由他规划、设计建成，故称“蠡城”。实际上这是小城的郭城。《越绝书》记载：“大城周二十里七十二步，不筑北面”，“陆门三，水门三，决西北，亦有事。到始建国时，蠡城尽”。《吴越春秋》记载：“外廓筑城而缺西北，示服事吴也。”古代文献上把大城的规模、城门的个数、西北不筑城墙的原因，都说得一清二楚，并且指出到汉代王莽时，大城城墙已毁。

关于山阴大城的范围，历代城墙修建有所变化，如《越绝书》记载，“大城周二十里七十二步”；隋代以大城为基础兴建的罗城，“城周长四十五里”。勾践构筑小城和大城，是利用山会平原上的九座孤丘（阳堂山、火珠山、蛾眉山、白马山、彭山、黄琢山、种山、怪山、蕺山）建立起来的，虽然阳堂、火珠、蛾眉、白马、彭山、黄琢诸山均已泯灭，然而种山、怪山、蕺山犹存，三山鼎峙，屹立城中，成为绍兴古城几千年来绝对稳定的地理坐标。当然，其他六山的遗址也还是能够找到确切的位置的。

山阴大城的建筑，显示了当时人们驾驭和利用水环境的能力。在城墙建置上，充分考虑了河道流向，进行了正确的规划设计。中国古代的城市叫城池，“城”指城墙，“池”指的是护城的壕沟，即护城河。一般情况下，护城河必须保持一定的水位，除了军事需要外，还有供水、消防上的考虑。大城东、西两座城墙主要就是依此两江而筑，并利用天然江道作为其大城护城河，这既增强了城郭的军事防御力，也节省了大量人力物力。西城墙不与小城西城墙相接，而是东移至今拜王桥附近，沿江空出一片土地（今鉴湖新村、严家潭、绍兴文理学院河东校区），这是为削弱洪峰的正面冲击而设置的，即把这一带辟为滞洪区，减少洪水对城墙的威胁。后来的大城南护城河必定是沟通两江后而形成的。

在大城“缺西北”问题上，也足以窥见当时人们驾驭水环境的能力。大城西北是指蕺山一府山一线，这一线河道众多，纵横交汇，包括现存的环山河、西小路河、上大路河、萧山街河、蕺山河以及可以恢复出来的水澄河、新河等。密集交叉的河道本身就是天然的城防。尤其是上大路河—萧山街河、新河、水澄河呈“三”字形层次排开，如同三道天然的防御工事。再考今上大路河—萧山街河一线以北、蕺山以西地域，地势明显低于上大路河—萧山街河一线南岸，这一地域在春秋时代当为一片沼泽，石家池应是这一片沼泽的遗存。所以，大城所“缺西北”，其实是一片沼泽广布、河道纵横之地。天然的河湖沼泽水环境完全能够替代城墙，达到御敌的目的。同时，考之蕺山一府山一线，我们发现九山中有六山位于这一地域附近，东有蕺山、白马山、彭山，西有府山、火珠山、蛾眉山，完全可以藏军于这些孤丘之后，从而突发奇兵，对来犯之敌形成围剿之势。从军事御敌的角度分析，当时人们“因天材，就地利”来驾驭水环境的能力着实令人折服。

一卷新传范蠡经

——越国的战时经济

为了使越国尽快富强起来，越王勾践根据范蠡的建议，采取了一系列措施，包括筑城立都，奖励生育，发展经济，兴修水利，训练军队，教化百姓等，概括起来就是生聚教训。

勾践深知要振兴越国，当务之急是发展农业生产，尽快医治战争创伤，逐步恢复越国国力。勾践首先注意使百姓休养生息，在春、夏、秋三季的农忙时节，尽可能不扰乱百姓的劳作，使百姓能专心从事生产，从而实现好收成，人口也能够繁衍增多。同时，勾践重视招抚流亡，使因战争而流散的百姓陆续回到家乡，因战争而荒芜的土地又得到了垦殖，农作物产量大幅度增加。

勾践还积极发展水利事业，以保证农业的丰收。在都城东筑有富中大塘，该塘建成后，塘内之田作为“义田”，招募无地的流民耕种。又在苦竹城筑塘，使塘内成为良田。经过一个时期的艰苦努力，越国的经济逐渐得以复苏，百姓的生活也安定了下来，这对于越国实行报仇复国的计划起了很大的推动作用。

越国在发展粮食生产的同时，还注意渔牧业和手工业的发展。在国都周围建立了许多专业化的鱼池和牧场。如根据范蠡的建议，在都城东南会稽山建南池以养鱼，池有上、下两处，上池在今越城区鉴湖镇盛塘村南，下池在今越城区鉴湖镇秦望村南，“三年致鱼三万”，收获颇丰。在都城东南25里处，建有专门养狗的犬山，犬山即今吼山，在今越城区皋埠镇。牧鹿基地，在白鹿山，即今皋埠镇吼山南数里。在都城东50里处，建有专门养鸡的鸡山，鸡山在今上虞东关镇，有两处，一在东关镇塘头桥村，名前鸡山，一在东关镇外湾村，名后鸡山，两山均为孤丘，中有平畴，俗称鸡食槽。在都城东63里处，建有专门养猪的豕山，豕山今称猪山，在上虞东关镇内，系一孤丘。这里所养的鸡、猪等，是越国的战备物资，“将伐吴，以食士也”，是专门供应伐吴将士的。

发展手工业有许多具体措施。勾践设“铜官”于姑中山，监管采矿、冶炼和兵器的铸造；设“船官”于舟室，监管造船业，督造战船，建立舟师基地；设“工官”于官渎，监管木材加工、纺织、陶瓷等一般手工业的生产和供应；设“盐官”于朱余，监管海涂盐业生产和供应。当时，重要的手工业生产部门如矿冶铸造、战船建造、制盐等由官府直接控制，而像木材加工、纺织、陶瓷等一般手工业部门，官府也有直接组织生产的。同时，民间家庭手工业生产也有较大的发展。

勾践特别注重生产战略物资的纺织业和冶铸业的发展。越国的纺织业在振兴越国的过程中功勋卓著，当时上自越国王后、下至农家姑娘，皆能浣纱织布。勾践曾一次征调细葛布10万匹贡献吴王，吴王听到这个消息，对越国“增之以封，东至勾甬，西至槜李，南至姑末，北至平原，纵横八百里”，使之“兴国千里”，终于使越国的国土得以基本恢复。因战备的需要，越国的冶铸业发展最为迅速，技术水平也迅速提高。离都城25里的姑中山（铜姑渎）、离都城35里的六牛、离都城50里的炼塘等地都是冶炼铜锡的场所。绍兴铸浦、上灶、下灶、剑翁岭等地都是铸剑的工场。

绍兴市区西施山一带也是一个冶炼工场。当时除了制造青铜工具外，主要就是生产青铜兵器。特别是越剑，名闻天下。传世的铸有铭文的如越王勾践剑、越王者旨于赐（鹿郢）剑、越王不寿剑、越王州勾（朱勾）剑、越王不光（翳）等，有数十柄。春秋战国时期的青铜剑，在绍兴市区已出土30余柄。传世越剑大多造型美观，质地坚硬，工艺精良，说明当时越国青铜冶铸技术已经达到很高的水平。

在恢复发展经济的基础上，勾践实行富国裕民的方针。对国家来说，要充分做好战争的准备，必须先蓄积粮食、钱财、布帛，国富才能兵强。一方面，越国通过建立冶铸、纺织、造船、制盐、养鱼、畜牧等一系列生产基地，来满足战略物资储备的需要。另一方面，勾践认识到光有国家的蓄积还不够，还必须减轻对人民的赋税，鼓励百姓辛勤耕作，栽桑养蚕，采葛纺织。这样，人民就可以因谷物的丰收而有蓄积，因物品的充足而生活宽裕，一旦发生战争，人民因蓄积充裕而不致流散。勾践“十年不收于国，民俱有三年之食”，也就是说，由于国家赋税相对减轻，经过十年努力，人民的生活普遍得到改善，家里都蓄积了够吃三年的粮食。

青铜汤鼎

越国是小国寡民，由于历年战争，死伤人数很多，兵源和劳动力都严重不足。为了加强国防和发展生产，使越国迅速繁盛壮大，勾践实行了奖励生育的政策。主要措施有二：一是规定婚配年龄，增加孕育机会；二是保护孕妇和婴儿，奖励生育。在奖励生育措施的推动下，越国的人口在较短时期内便有了快速的增长，为战胜吴国、报仇雪耻，提供了人力保障。

在经济发展、人口增长、府库充盈的基础上，越王勾践对民众和士兵进行了长期的教育和训练。

越国君臣非常重视民众在战争中的地位和作用。战争同民众的利益息息相关，其胜败也都同民心向背和民力的发挥程度紧密相连。吴国“残伐吾邦，杀败吾民，屠吾百姓，夷吾宗庙”，激起了越国人民的愤怒，使伐吴战争具有明显的反奴役性质。勾践也充分利用了民众不甘心被奴役的心理，教育民众不忘会稽之耻；同时，又采取了一系列“亲民”“宽民”的措施，如“疾者吾问之，死者吾葬之，老其老，慈其幼，长其孤，问其病”“修令宽刑，施民所欲，去民所恶”“富者吾安之，贫者吾与之，救其不足，裁其有余，使贫富皆利之”，从而得到了民众广泛的支持。所以，当越王勾践兴师伐吴时，一旦“发令告民”，民则“归如父母”，甚至“不呼自来，皆欲伐吴”“国人皆劝，父勉其子，兄勉其弟，妇勉其夫。曰：‘孰是吾君也，而可无死乎？’”真是一呼百应，同仇敌忾。

越国君臣十分重视军队的训练。他们认识到“古之圣君莫不习战用兵，然行阵队伍军鼓之事，吉凶决在其工”。步兵使用的主要武器是剑、戟和弓箭。据《吴越春秋》和《越绝书》记载，范蠡曾向越王勾践推荐武艺高强的越国民间女子越女在军队中教习其所擅长的剑戟之术，又推荐擅长射术的楚国人陈音教习弓箭的射击，成效极为显著，据说仅用了三个月的时间，“军士皆能用弓弩之巧”。不久，陈音得病而死，勾践十分伤心，把他葬在国都的西郊，下葬的地方名为“陈音山”。勾践在离国都5里的射浦，修建了一个练兵场，以教习步兵；在离国都10里的高平里，修建了一个营地，专门训练水军。

越国在生聚教训年代，在国家建设上做了十分出色的几件事。比如，为发展农业生产，大力开展水利设施建设，建了一批水库，努力做到旱涝保收；还建了一条20公里长的运河——山阴古水道，这可以说是中国最早的运河。越国发展的是战时经济，靠的是集中力量建设生产基地，使种植和养殖都规模化、矿藏开采军事化，将备战工作做得十分扎实。

第二章

稽山鉴水会稽城

秦汉魏晋南北朝时期

浙江文史记忆·越城卷

秦朝建立以后，统治者为了从政治上消除越国的影响和解除分散于越部族的力量的潜在威胁，采取了一系列重大措施。秦在全国推行郡县制，于吴越故地置会稽郡，但把郡治设在早就灭亡了的吴国的故都，即今天的苏州，而把越国的故都大越城降格为县级建制，“更名大越曰山阴”。也就是说，当时的大越城仅仅是会稽郡山阴县的县治所在。这个低微的行政地位，一直延续了三个半世纪之久。

秦还把聚居在大越城及其附近地区的于越部族主体用强制的手段迁移到今浙西、皖南一带，然后又从北方向这里移入汉族人口，以改变这个地区的民族结构。在这些措施的影响下，绍兴地区的发展在秦汉时代一度处于落后和滞迟的状态，即所谓“地广人稀，饭稻羹鱼”。但从另一角度看，山阴城在这一低谷时期仍然默默地积聚着重新崛起的力量。吴会分治和修筑鉴湖便是这种力量形成的最为显著的两个外在标志。

西汉时期，会稽郡下辖26个县，在今浙江省境内有18个县。汉顺帝永建四年（129），析会稽郡浙江以北地为吴郡，以南地仍称会稽郡，郡治设在山阴（今绍兴城）。

汉顺帝永和五年（140）会稽太守马臻围筑鉴湖，古鉴湖的筑成标志着会稽地区开发史上的一次重大的跃进，这个划时代的水利工程有力地加速了山会北部平原的开发，为绍兴最终发展成为富甲江南的鱼米之乡奠定了坚实的基础。

鉴湖还给会稽带来了一种意料之外却长久深远的影响，就是极大地优化和美化了绍兴的自然环境，会稽山在与鉴湖的相依相拥中彻底地改变了外在风貌，从而为山水文化在这里率先兴起创造了条件。毫无疑问，鉴湖的围筑还推动了会稽城市建设的发展并造就了其作为水城桥都的雏形。与鉴湖这个庞大的水上交通资源相适应，山阴城内“河道渐成，桥梁渐起，街市渐饰”，而三面环湖的城墙因兼为堤坝，其加固的重要性亦不言而喻。

自秦、汉、三国至西晋，历经漫长恢复期后重新焕发青春的会稽郡城在两晋嬗变之际抓住了一次重大的发展机遇。由于北方战乱和政治中心南移，大批黄河流域的居民纷纷避乱江南，会稽郡则成为当时主要的移民聚居地之一，其结果是不仅引入了大量人口，也引进了北方先进的农业、手工业技术以及中原的先进文化。从历史进程看，一方面，这些熟练劳动力和先进的生产技术，有力地推进了绍兴地区经济的发展，使绍兴以“海内剧邑”的实力与建康东西呼应并共同成为江南的两大都会，晋元帝还有“今之会稽，昔之关中”之赞。另一方面，绍兴社会稳定，经济繁荣，特别是拥有秀丽的山川风光，正好迎合了当时回归自然、企求心灵超越的思想潮流所需，因此成为众多南迁名士的宦游、寄寓和聚会之地。王羲之、谢安等名士纷纷入籍会稽，推动了越文化的创新发展。

由于人口不断增加，南朝陈武帝永定年间（557—559），析山阴县置会稽县。两县以古城中心的一条河道（后称府河）为界同城设治，西部为山阴县，东部为会稽县。古城又为会稽郡治所，会稽郡当时辖永兴、诸暨、山阴、会稽、上虞、余姚、始宁、剡、鄞、鄮、甬等十一个县。从此，这个一城三治所的格局沿袭了上千年之久。

刻石山上树雄文

——秦始皇南巡与越地的汉化

秦将王翦降越君，在越地置会稽郡，时称大越；后秦始皇南巡，上会稽、祭大禹时改大越为山阴。

浙东有名山，会稽山成名最早，名头也特别响亮。它曾被历代朝廷称为国家的南镇之山，位列“五岳四镇”中的南镇。《史记·封禅书》中载，上古时代“禹封泰山，禅会稽”。秦始皇称帝后，确定“名山五，曰太室，恒山，泰山，会稽，湘山”。会稽山位列五大名山之一。

公元前210年，秦始皇在丞相李斯、中车府令赵高和小儿子胡亥的陪同下，开始了他人生中最后一次东巡，目的地就是会稽山。他们从西安出发，长途跋涉走向东海边的会稽郡大越城。

秦始皇从西北到东南，长途跋涉三千里，风尘仆仆到大越。秦始皇登临了会稽山，后世为了纪念他，会稽山便又多了一座因他来访而命名的山峰——秦望山。据《舆地广记》记载：“秦望山在州城正南，为众峰之极，始皇登之，以望南海。”秦始皇就是在这次东巡的归途中抱病而亡的。

越国故地的地名带有明显的越族语言烙印。秦降越君，置郡县之初，县的名称沿用了越国故地已有的地名，连郡的名称也采用了一个与大禹联系在一起的越语地名——会稽。按照《越绝书》的说法：“禹始也，忧民救水，到大越，上茅山，大会计，爵有德，封有功，更名茅山曰会稽。”以会稽为郡名，显然也是出于稳定这一地区统治的需要。

越国故都是越人居住的中心区域，在秦军南下时，称为大越，会稽郡设立之初仍保留大越这个地名。秦始皇南巡会稽时，发现这里越人势力强大，为此采取果断措施以削弱越人的气势，打散这个带有区域性地名的“天子之气”，他亲自主持更改县名，“更名大越曰山阴”。

大越更名为山阴，对于越人来说是刻骨铭心的事件。连同县名的更改，当年越王勾践兴建的大城和小城都随后被称为山阴大城、勾践小城。这是一次民族性的更名。不过，秦始皇仅以“水南山北为阴”这一华夏地名称谓惯例，根据县在会稽山之北，将之更名为山阴，从而掩盖其政治目的。秦始皇南巡会稽时，将他在越地采取的一些重大举措刻在石头上立在越地，以此来表明他对越地教化和统治的决心。这就是《史记》所说的“立石刻颂秦德”这块刻石。李斯作文并书颂秦德的这块刻石，后人称之为《会稽刻石》。

秦始皇登会稽，宣省习俗中，特别重视“男女”“内外”的“防隔”问题。《会稽刻石》强调女子的贞操，主张严防男女之间发生淫乱的事，反对已生有儿子的妇女再嫁，对那些因通奸而寄居在女子家中的“寄猳”，宣布“杀之无罪”。改嫁的妇女，儿子不得承认她是母亲。这种严厉的教化，在越国故地是前所未有的。刻石重在禁止淫乱，纠正落后风俗，目的是为遣散大越，调整人口构成，为削弱越人势力制造舆论。刻石颂秦德，既是秦王朝统治会稽的标志，也反映出秦始皇统治会稽郡的决心。从书法角度来说，刻石文字舍弃了金文中那种明显的装饰意味，大小一统，粗细一致，起止无迹，珠圆玉润，充分体现了书写的成熟技巧，为大越文字的一统确立了规范。

秦灭六国，为了“强干弱枝”“徙天下豪富于咸阳十二万户”。自从秦徙越民以后，汉武时期第二次迁徙越人，以及这期间的两次战事，使越地人口大量流失，经济社会发展停滞。这样的局面持续了300年，直到东汉永建四年（129）吴、会分设，越地的衰落才得到扭转，会稽又成为名郡，山阴复成为江南的都会。

《会稽刻石》

秦始皇“徙天下有罪适吏民，置海南故大越处，以备东海外越”，这说明东海外越是支持故越人反对秦朝统治的，外越对秦朝是一个威胁。同时也说明秦始皇在越国故地钱塘江以南设县的范围，还没有超出《国语·越语》所说的越国疆域，没有涉及东海外越。

楚击溃越国后，越国人民被迫四处流散。到秦始皇统一六国前夕，大多数仍居住在越国故地——钱塘江以南的广大地区，也有不少越族人散居在今长江中下游地区、东南沿海地区和西南山地的崇山峻岭之中，即所谓的百越民族之中。比较集中的越人居住地，则因地名而被称为瓯越、闽越、南越和西瓯等。瓯越在今浙江瓯江一带，闽越在今浙江南部、福建北部，南越在今广西和云贵高原，西瓯在今广东、广西的南部山地和滨海地方，这些地区的越人主要从事农耕和渔牧业，仍然保留“断发文身”“错臂左衽”的习俗。

能使越人怀旧德

——贤守良牧治会稽

一个地方的环境条件有的是天然的，有的是靠人力改造的。稽山鉴水的美景和八百里平畴良田是靠世代越人治理出来的。

在今绍兴市城南若耶溪溪谷之中，有一个回涌湖，又名回踵湖，实为人工修筑的水库。坝址以葛山为隔堤，分为南北两段，形成弯熨斗，造成回涌之势，以杀水势，起滞洪作用。

回涌湖为汉章帝（76—88）时会稽太守马棱所筑，存在了800多年。回涌湖坝高在18米以上，按国际标准算是一座高坝，也是历史上浙江省中型水库的第一座高坝。湖水面积约8.56平方公里，正常库容（亦为死库容）约为2000万立方米，总库容可超过8000万立方米。回涌湖选址得当，布置合理，在洪水估算、库容计量、溢流堰泄量计算及工程规划、设计、施工和管理上达到了很高的水平，为鉴湖水利工程的兴筑提供了有力的借鉴。

回涌湖的建成，改变了若耶溪的自然环境。湖北段库面较宽，山势相对较低，日照开始较早，温升蒸发较快；湖南段群山耸立，见日较迟，在樵风泾一带形成了“朝南风，暮北风”的小气候，有利于溪谷、丘陵农业生产的发展，成为农业经济的繁荣区块。连同东边富盛溪一带越国已经开发的“富中大塘”和西边古城溪一带由吴国战俘开发的“吴塘”垦区，缀以从会稽山南下的三十六条溪流（又称三十六源之水）所形成的谷地，构成了山、会两县在秦、汉时期农业繁荣的基本条件。

回涌湖的修建还增添了若耶溪的自然景色，形成了一个群山环抱、湖光潋滟、鸟语花香、壑谷清幽的绝妙景致。在此可以凭吊禹得天书、西施浣纱、欧冶铸剑、秦皇望海等遗迹，因此有众多的文人墨客慕名而来。隋唐时期开辟的“唐诗之路”，亦始于若耶风光。

鉴湖又名庆湖、镜湖、贺监湖、照湖、南湖、长湖、大湖等，汉永和五年（140），由会稽太守马臻主持兴修。马臻到任之初，即详考农田水利，发动民众建造三百里镜湖。镜湖上蓄洪水，下拒咸潮，旱则泄湖溉田，使山会平原9000余顷良田得以旱涝保收。但因建湖之始，多淹冢宅，为豪强所诬，马臻被刑。越人思其功，将遗骸由洛阳迁回山阴，安葬于镜湖，并立庙纪念。

鉴湖不仅是绍兴古代最大的水利工程，也是我国东南地区最古老的著名水利工程之一。鉴湖工程的主要部分是湖堤，湖堤以会稽郡城为中心，以今稽山桥为分界线，分为东西两段，称为东湖、西湖。曾巩《越州鉴湖图序》载：东段自五云至曹娥江，长72里；西段自常禧门至钱清江，长55里，全长127里。当然，湖堤未必都在永和年代修筑，永和以前零星修筑的堤塘必然不少。据《越绝书》卷八《记地传》载：“山阴故陆道，出东郭，随直渎阳春亭；山阴故水道，出东郭，从郡阳春亭。去县五十里。”这古道、古塘，马臻是一定加以充分利用了的，再根据新塘要求进行培修，这是十分可能的。堤塘围成以后，从会稽山地流出的三十六条溪流都因湖堤的拦截，在湖堤以南地区泛滥漫溢。于是，湖堤与稽北丘陵之间，从山麓冲积扇以下，包括所有平原、洼地、河漫滩等，都积水而成一片泽国，这样就形成了永和年代的鉴湖。当时的鉴湖，东邻曹娥江（蒿北斗门），向西经过郡城以南，然后折回西北而止于钱清江附近（广陵斗门）。湖的南界是稽北丘陵的山麓线，北界是湖堤，全湖呈狭长形，周围长度约为179公里，总面积包括湖中洲岛在内约为206平方公里。由于东部地形略高于西部，全湖实际上又分成两部分：以郡城东南从稽山门到禹陵长3公里的驿路作为分湖堤，东部称为东湖，即东鉴湖，面积约107平方公里；西部称为西湖，即西鉴湖，面积约99平方公里。东湖与西湖的水位差0.5米到1米，东鉴湖高，西鉴湖低。这是鉴湖的大致轮廓。

鉴湖风光

当然，湖堤围成之后，堤内也并不全是浩渺一片。原来的平原、洼地、湖泊、河道、港汊等地区，都是较深的积水区。但三五相连的低矮冈阜和零星孤丘为数不少，所以，即使在湖泊整个形成之后，湖内仍有许多浅滩，在枯水季节可以局部涸出。此外，湖内还分布着许多洲岛（据统计有115个），较著名的有三山、姚屿、道士庄、干山等，著名的古迹兰亭，一度也在鉴湖之中。这些洲岛周围和其他湖底浅处，仍可常时或间时进行耕种。

马臻墓

鉴湖工程的另一重要组成部分，是涵闸排灌设备。涵闸系统包括斗门、闸、堰、阴沟四种。斗门属于大型水闸一类，主要设置于鉴湖与潮汐河流直接沟通之处，既用于排洪，也用于拒咸。闸和堰的作用，一方面是排洪，另一方面是供给内河以灌溉田地，并保证内河保持可通行舟楫的必要水位。直到今天，这些涵闸的所在地都还查考得到，并沿用为地名。

鉴湖的水利工程技术当时在我国处于领先地位，所拥有蓄泄水利配套工程设施门类之多，堪称世界之最；以木桩及沉排技术处理工程基础亦属先进；用测水牌量测控制水位，加强科学调蓄凸显其一流管理水平，则为后世水利管理提供了借鉴。

鉴湖是古代有名的水利工程，由于湖面高出堤北农田丈余，而农田又高出杭州湾海面丈余，于是形成了自流灌溉的形势，构成了会稽北部平原大规模开发经营的基础条件。至宋朝，绍兴已是“会土带海傍湖，良畴亦数十万顷，膏腴上地，亩直一金，鄠、杜之间，不能比也”。

会稽郡自兴筑鉴湖，建造湖堤（史称南堤）以后，经过近200年的沧桑变迁，山会平原逐步形成，但仍受潮汐（咸潮）汁卤，影响垦殖。孙吴时期亦多有兴筑，山会平原得到开发，但仍有海水倒灌之害，收成不保。及晋，随着江南经济日趋繁荣，政治地位日益重要，“晋司空贺循临郡，凿此（运河）以溉田，虽旱不涸，至今民饱其利”。

贺循（260—319），字彦先，吴（三国）、西晋时期会稽山阴人。西晋初年，贺循被举为秀才，历任阳羡、武康县令。任上，境内大治，民望很高。晋惠帝时，出任会稽内史。在任会稽内史时，贺循做了一件功在当世、泽被千秋的大好事，那就是组织民力疏凿西兴运河。

贺循世居山阴，熟悉故地地理。自马臻筑建鉴湖后，山会平原基本水旱无虞，人民安居乐业，生产得到了较好的发展，水上运输亦日见发达。但是，山会平原水道多为南北流向，东西不得贯通。贺循决定疏凿一条东西走向的水道，以方便山会平原水路交通，促进物流和经济发展。

永嘉元年（307），一条东起山阴郡城，经柯桥、钱清，西至钱塘江边西陵（今萧山西兴）的西兴运河全线疏凿开通。运河全长46公里，其中山阴段25公里，永兴（今萧山）段21公里。西兴运河不仅能有效地调节山会平原的水位，更好地保证农田灌溉，进一步改善水环境，提高鉴湖的水利功能，而且使山会平原最终形成了纵横交织的水网，大大方便了水上交通。西兴运河在给人以灌溉、舟楫、养殖、渔业之利的同时，也为整个浙东的交通、物流、军事提供了便利。贺循开通西兴运河的历史功绩永载史册。

疏水航船好埠商

——水乡都市的形成

无水不秀，水孕江南，绍兴的鉴湖充满了灵气。

鉴湖的建成使虞绍平原连为一体，鉴湖边的水乡村镇随之发展起来，会稽柯桥、东浦、钱清、杨汛桥、湖塘和上虞的东关、丰惠等乡镇均在鉴湖滋润下成长，临湖聚集了数十万百姓。

鉴湖边的水乡古村落有着自己独特的江南水乡文化，江南民居、小桥流水、戏曲文化、民俗文化等无不体现了水乡特色。

绍兴的民居具有典型的江南地方特色，随处可见粉墙黛瓦、马头墙、青石板、石雕门窗，建筑风格朴素。古村落的民居大都是临河而建，以一河一街、一河两街为主，透露着浓浓的水乡民居文化。

绍兴民俗文化中水文化内涵极为丰富，相关民俗中有祭龙王、水神、赛龙舟等活动，鉴水文化浸透到绍兴文化深层之中，并反映在宗教、哲学、民俗之中。

水利是经济的命脉。会稽的水利灌溉事业，自东汉马臻筑鉴湖形成南塘、溉田9000顷始，孙吴也陆续兴建了一些水利工程，西晋司徒贺循又开凿西兴运河，到南朝宋孔灵符徙民垦殖余姚、鄞、鄮三县边

鉴湖剪影

界的汉时旧陂，形成东钱湖雏形，使水利建设取得长足进步，特别是“民办”小型灌溉工程的兴造，开了地域性灌溉工程网络的先河。整个水利灌溉事业的蓬勃发展，不仅促使南方水田农业在数量上有所扩大，在作物产量上有大幅增加，而且推动了手工业、种养业的全面发展。

自东汉以来，会稽郡的纺织业以麻织业最为发达，越布在朝在野都享有盛誉。东晋、南朝“调”多征布，故往往将租调称作“租布”，足见麻织品的普遍性。山阴县城中还专设卖葛之市。

越地植桑养蚕历史悠久，至迟在五千年前，蚕的家养和利用蚕丝织绸的时代已经开始，到孙吴时，诸暨等地出产的丝织品，质量优异，专供朝廷享用。到东晋、南朝，蚕桑丝织业逐渐成为普通百姓家的副业，丝织品种类繁多。绵、帛、绢是大宗商品，大约到南朝时，绢、丝、绵已成为调、税的主要项目。征绢多于征布，反映了蚕桑丝织业的迅速发展。难怪沈约曾说荆、扬二州“丝、绵、布、帛之饶，覆衣天下”。会稽郡属扬州之域，成为中国经济发达之地是不言而喻的事。

当时用镜湖水为原料酿造的会稽米酒也盛极一时，“女酒”的酿造就始于此时。

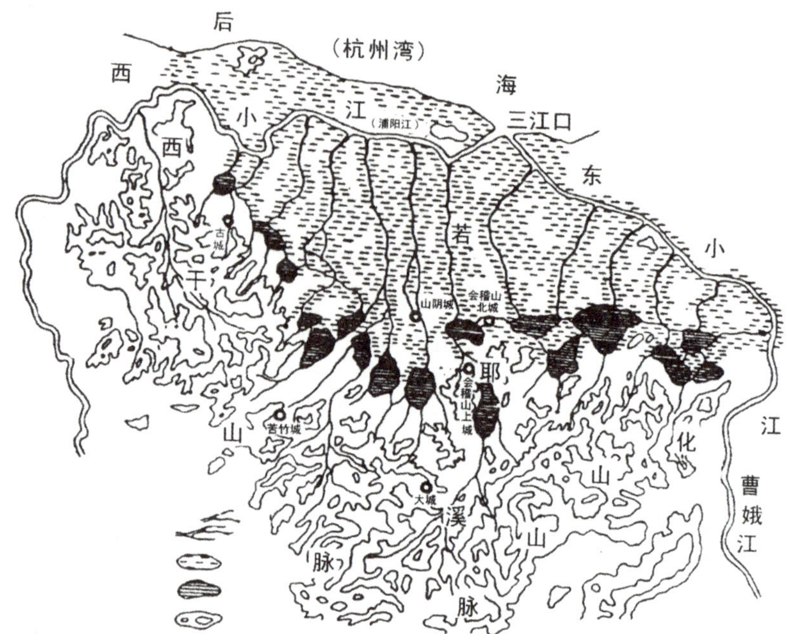

东汉永和以前山会水系示意图

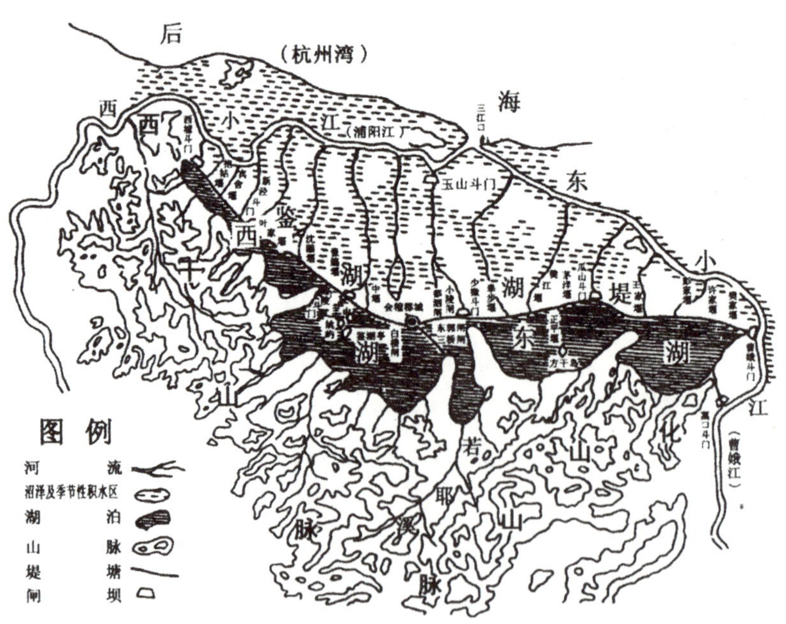

东汉永和到北宋山会水系示意图

会稽的商业十分繁荣，山阴道上，商旅往来不绝于途。会稽为全国绢、米、纸等物品的交易中心，城市建设也因此取得了很大的发展。东晋初年，诸葛恢出任会稽太守，晋元帝司马睿置酒饯行时说：“今之会稽，昔之关中，足食足兵，在于良守。”不仅对诸葛恢寄予厚望，同时也清楚地表达了会稽的重要地位。南朝刘宋年间，朝廷设置“东扬州”，州治就在会稽，会稽成为浙江五郡（会稽郡、东阳郡、永嘉郡、临海郡、新安郡）之首府。

南朝陈代时，因生产发展、人口增加，以及城市规模不断扩大，政务日益繁杂，官府决定在会稽境内实行山（山阴）、会（会稽）同城分治。于是，会稽就以城市中心一条纵贯南北的河流为界线，一分为二，东部设置会稽县，西部设置山阴县。

魏晋南北朝时期的会稽，是继越王勾践建都复兴以后，绍兴经济、社会、文化发展的又一个高峰。韩康伯在《王述碑》中说，会稽是晋王朝“皇基所托”的“泱泱大邦”“都会殷负，提封百万”，足见当时会稽之繁盛。

六朝时期，除梁末侯景大乱而使商业被迫停顿之外，其余各朝郡县所在地都是贸易的集中点。可以这样说，六朝商贸通畅，市场遍布，凡是比较大的聚落都有集市。每日开张交易的叫“市”（含草市），定期（逢双、逢单，逢五、逢十）拢市的叫“集”（含场）。在今之宁绍平原上，城市郊区和运河、湖泊沿岸，众多的集市像天上星星一簇一簇地列布着。

越祚虽绝尚留史

——《越绝书》和《吴越春秋》

说起方志，历代方志学家大多推崇《越绝书》和《吴越春秋》。由于这两部历史古籍都是记载绍兴的事，由绍兴人撰写，绍兴人引以为荣，故名之为“世之双绝”。

《越绝书》多数篇章属载记类，其中《吴地传》《地传》详记了吴国和越国两国的历史演变、山川形势、城池道路、宫殿陵墓、农田水利、工场矿山，对两国国都记载特详，是典型的地方志格局。有些篇章，也近乎地方志。诸如《计然内经》后半部分关于价格政策的原则和规定，近乎志书的农业、商业部分；《记宝剑》则类似特产部分；《记军气》前半部分实似科学技术专记，后半部分开列了14个诸侯国的国都和地理位置，只是当时用的是参象星宿，现在用的是经纬图数而已。至于《荆平王》《范伯》《陈成恒》《计然》《九术》《枕中》《春申君》诸篇，恰似子胥、子贡、范蠡、计然、文种、勾践、春申君等人物的专传。所以，要说《越绝书》为我国最早的地方志，是恰如其分的。

《吴越春秋》是一部类编年体的志书，补充了正史缺乏的吴、越两国的地情史料，主要是山川形胜、封疆城郭、人文典故、民情风俗等。这些正是后世修志者不可或缺的宝贵资料。

全书记载人物210余个，各类地名、山名、水名、路名等150余个，其中记载古城郭10余座，为吴大城、吴小城、山阴大城、山阴小城，还上溯上古时代的邠（豳）城、周原，太伯的梅里平墟（太伯城）、西伯的羑里城，下及土城、蠡城等，且记载翔实。《阖闾内传》载："子胥乃使相土尝水，象天法地，造筑大城。周围四十七里，陆门八，以象天八风，水门八，以法地八聪。筑小城，周十里，陵门三，不开东面者，欲以绝越明也。立阊门者，以象天门通阊阖也。立蛇门者，以象地户也，阖闾欲西破楚，楚在西北，故立阊门以通天气，因复名之破楚门。欲东并大越，越在东南，故立蛇门以制敌国。吴在辰，其位龙也，故小城南门上反羽为两鲵，以象龙角。越在巳地，其位蛇也，故南大门上有木蛇，北向首内，示越属于吴也。"把吴大城、吴小城的设计者、规模形制、城门设置及其含义说得清清楚楚，可补《越绝书》之不足。

记战役战地共30余处，如朱方、乾溪、居巢、檇李、番、艾陵、姑熊夷、笠泽、囿、郊、津等，有的记载尚简。如吴、越两次檇李之战，第一次吴伐越："五年，吴王以越不从伐楚，南伐越。越王允常曰：'吴不信前日之盟，弃贡赐之国，而灭其交亲。'阖闾不然其言。遂伐，破檇李。"第二次是越伐吴："十年，秦师未出，越王元常恨阖闾破之檇李，兴兵伐吴。吴在楚，越盗掩袭之。"两次战役，共75字，战役的时间、地点、原因、结果一目了然。笠泽之战较之《左传》《国语》《史记》记得更为有声有色。《勾践伐吴外传》记载，勾践在多次实战演习中，杀伐军士，以陈严法。进行笠泽之战时，"吴悉兵屯于江北，越军于江南。越王中分其师以为左右军，皆被兕甲，又令安广之人佩石碣之矢，张卢生之弩，躬率君子之军六千人以为中阵。明日将战于江，乃以黄昏令于左军，衔枚溯江而上五里，以须吴兵。复令于右军，衔枚逾江十里，复须吴兵。于夜半，使左军涉江，鸣鼓，中水以待吴发，吴师闻之，中大骇，相谓曰：‘今越军分为二师，将以使攻我众。’亦即以夜暗中分其师以围越。越王阴使左右军与吴望战，以大鼓相闻。潜伏其私卒六千人，衔枚不鼓攻吴，吴师大败。越之左右军乃遂伐之，大败之于囿。又败之于郊，又败之于津。如是三战三北，径至吴，围吴于西城”。仅两百多字，把偌大的一个战役从布阵、装备、战术及战果惟妙惟肖地完整地记录了下来，令人叹服。

记宫室亭台建筑10余处，诸如章华之台、抱居之台、安里射台、长乐南城宫、姑苏之台、文台、灵台、离台、驾台、燕台、斋台、中宿台和龙飞翼楼等，均补《越绝书》记载之不详。另外，还记有河流湖泊10余处，诸如淮、河、滩、济、流沙、弱水、浙江、翟水等。

由此可见，“浙江”之称始于春秋、战国时代，它是吴、越两国的界河，也是吴国南下吞并越国、越国北上争霸的必经水道，还因其特殊的地理环境而形成钱塘江潮。难怪邝璠读了《吴越春秋》后说：“古者使于其国，仕于其邦，不能举其地之故，君子耻焉，吾乃今知吴山川城郭之所名也，吾乃今知封疆因革之所始也，吾乃今知民情土俗之所由也。”遂重梓以行，使得这部记载吴、越两国的方志流传于后世。

舍宅山阴兴废多

——书圣故里话书圣

在中国，三国、两晋、南北朝是书法、绘画、雕塑艺术大放光彩的时期，孙吴、两晋、南朝时的会稽郡在这方面尤为突出。其中，汉族文化所独有的书法艺术，自东汉以来便占有重要的地位。魏仲繇始创真书（楷书），独辟蹊径，因此被称为秦汉以来“一人而已”。至东晋王羲之，集书法之大成，被称为“书圣”。

王羲之像

王羲之（303—361），字逸少，原籍琅琊临沂（今山东临沂），居会稽山阴，官至右军将军、会稽内史。

王羲之出身于魏晋名门琅琊王氏，他七岁就擅长书法。传说晋帝当时要到北郊去祭祀，让王羲之把祝词写在一块木板上，再派工人雕刻。刻字者把木板削了一层又一层，发现王羲之的书法墨迹已经渗透到木板中去了，削至三分深度才见底。木工惊叹王羲之的笔力遒劲，书法技艺炉火纯青，笔锋力度竟能入木三分。

王羲之自幼爱习书法，由父王旷、叔父王廙启蒙。他七岁善书，十二岁从父亲枕中窃读前代《笔论》。王旷善行书、隶书；王廙擅长书画，王僧虔《论书》曾评："自过江东，右军之前，惟廙为最，画为晋明帝师，书为右军法。"王羲之从小就受到王氏世家深厚的书学熏陶，早年又从卫夫人学书。卫夫人师承钟繇，给王羲之传授钟繇之法、卫氏数世习书之法以及她自己创就的书风与法门。《唐人书评》曰："卫夫人书如插花舞女，低昂美容。又如美女登台，仙娥弄影，红莲映水，碧沼浮霞。"今人沈尹默分析说："羲之从卫夫人学书，自然受到她的熏染，一遵钟法，姿媚之习尚，亦由之而成，后来博览秦汉以来篆隶淳古之迹，与卫夫人所传钟法新体有异，因而对于师传有所不满，这

兰亭

和后代书从帖学入手的，一旦看见碑版，发生了兴趣，便欲改学，这是同样可以理解的事。可以体会到羲之的姿媚风格和变古不尽的地方，是有深厚根源的。”另一方面是他的转益多师、博采众长，据传为王羲之所撰的《题卫夫人〈笔阵图〉后》中有一段自述：“予少学卫夫人，将谓大能；及渡江北游名山，见李斯、曹喜等书，又之许下，见钟繇、梁鹄书，又之洛下，见蔡邕《石经》三体书，又于从兄洽处，见张昶《华岳碑》，始知学卫夫人书，徒费年月耳。遂改本师，仍于众碑学习焉。”从这里可知，王羲之由狭隘地跟卫夫人习书，到见众碑帖后眼界大开，才找到书学的正确之路。在书法实践中，王羲之草书师法张芝，正书得力于钟繇，加上他的天才与勤奋，一变汉魏朴质书风，创造妍美流便的今体。其书法后世流传的刻本甚多，以《乐毅论》《兰亭集序》《十七帖》等为著，今存世摹本墨迹廓填本有《快雪时晴》《奉橘》《丧乱》《孔侍中》等帖，另有唐怀仁集王羲之《圣教序》等。

东晋永和九年（353）三月初三，王羲之邀41位名士在兰亭举行修禊活动。修禊是一种流传民间的习俗，人们在农历三月上旬的巳日，到水边用香薰草蘸水互洒身上行祓祭仪式，或沐浴洗涤身上污垢，以祈求消病除灾。江南三月多雨，这天却格外晴朗，崇山峻岭，茂林修竹，惠风和畅，清流激湍。王羲之与41位名士感受春意，在流觞曲水、歌诗品酒之后，他乘着酒兴，写下了被誉为天下第一行书的《兰亭集序》。

《兰亭集序》全文分五段，先写时间、地点和事件，即“修禊事”，再写兰亭周边山水景色，春色宜人，流觞曲水，饮酒吟诗，乐在其中。第三段写这一天天朗气清，让人体会到宇宙之大、物产丰富、乐趣无穷。第四段写与好友相处，俯仰之间就是一生，时间短暂。每当人们感到愉快满足的时候，却不知道死期已悄然而至，感叹喜欢的东西会成为陈迹，最终同归于消失。最后一段写出了自己的想法，认为生和死没有差别是荒谬的，寿命长短都一样的说法也是不对的，活在世上必须珍惜时间、珍视生命。

《兰亭集序》不仅文美，其书法更是飘逸俊美，出神入化，被誉为中国历史上“天下第一行书”，是书法瑰宝。

王羲之不仅在创作上留下了许多瑰宝，他所撰的书法理论著作《题卫夫人〈笔阵图〉后》《书论》《笔势论十二章》《用笔赋》《记白云先生书诀》等，也对后世影响深远。他第一次从心理学的角度论述了书法创作的心态，如“夫欲书者，先乾研墨，凝神静思，预想字形大小、偃仰、平直、振动，令筋脉相连，意在笔前，然后作字”。这段文字将书法与人融于一体进行考虑，使人们觉得书法创作是一种生命的操练，从而获得心理的美感。

王羲之最早提出“书道”一词，并进行了阐述。他认为“书法”最精髓处是同自然界的道理一致：“把笔抵锋，肇乎本性。”自然界是辩证的，所以在王羲之的眼里，书法创作同自然界的万事万物是一样的：“力圆则润，势疾则涩；紧则劲，险则峻；内贵盈，外贵虚；起不孤，伏不寡；回仰非近，背接非远；望之惟逸，发之惟静。”正因为行笔同自然之妙有相通之处，所以他的《用笔赋》全在描述自然界的万象，让人从中领悟笔法。他不是仅于技术层面上去讲解笔法，而是从道的高度去阐述用笔，用自然界的事物来启发人们，达不言书法而言书法之境界。

王羲之故宅（戒珠寺）

王羲之为会稽内史，曾励精图治，颇有政绩。但王羲之的书法名声更大，在绍兴越城和嵊州王羲之故居都留下许多生动故事，有的还凝变成了地名。绍兴越城蕺山历史街区内的戒珠寺、题扇桥、躲婆弄、笔飞弄等地名的出典，都与书法家王羲之的故事有关。

戒珠寺原为王羲之的故居，位于西街。相传，王羲之有两样爱好，一是喜鹅，二是癖珠。一日，王羲之正在玩赏一颗宝珠，有一位来往甚密的僧人朋友前来拜访，王羲之忙将其邀至书房，将宝珠放于桌上，与僧友叙谈。谈完送客，回到书房后，却发现放在桌上的宝珠不见了，心中便怀疑是这位僧人“顺手牵羊”。此后，他便对这位僧人渐渐冷淡起来。僧人听闻王羲之冷落自己的原因后，心中悲愤，一时想不开，便自尽了。几天后，王羲之家中养着的鹅群中，有一只鹅忽然死去。家人在剖鹅时，在鹅肚子里发现了那颗丢失的宝珠。王羲之一见这颗宝珠，心中十分沉痛，僧人的冤死，使他愧悔无比，自此戒绝了玩珠之癖，并舍宅为寺，以赎前愆。此后，这座寺院便取名为戒珠寺。

王羲之舍宅为寺后，将住宅迁到了戒珠寺附近的一条巷弄之内。当时，王羲之的书法已是远近闻名，字值千金。许多人为能得到王羲之的书法而感到莫大的荣耀。王羲之虽善书，却不肯轻易予人。一富商以厚礼求其墨宝，被王羲之谢绝。富商声言必得王之书法。其时王羲之邻居家的一位老妪养有一大群白鹅，王羲之生性爱鹅，空闲时，总要踱到鹅群前观赏，神态十分专注痴迷。一日，老妪提出愿以白鹅换王羲之几个字，王羲之慨然答应。但不久，先时曾到其住处求字的那位富商从老妪处拿着王羲之的字笑嘻嘻地走出来，王羲之立即明白自己上了当，觉得十分懊恼，就将那支飞狐笔掷向窗外。不料这支笔破窗穿户，飞过整条弄堂，在弄堂前的一座桥上落了下来，于是后人便将这条弄堂称为笔飞弄，将这座桥称为笔架桥。

题扇桥曾是王羲之从宅第到官衙的必经之路。王羲之走上小桥时，总见到有一老婆婆在桥头摆小摊卖六角竹扇，但买者寥寥。一日，王羲之又过小桥，见老婆婆守着扇摊，不断招呼行人，虽已时近晌午，却仍无人买扇，老婆婆不由得一脸愁容。王羲之见之，顿生恻隐之心，便提笔在所卖扇上各题五字。老婆婆见状面露愠色，埋怨王羲之道："哎呀，这可如何是好，你把我的扇子涂成这样，我还怎么把扇子卖出去呢?"王羲之笑着对老婆婆说，你只要对人言这是王右军题的字，每把扇必能卖出百钱的好价。老婆婆将信将疑，按照王羲之的嘱咐卖扇，不一会儿，由王羲之题过字的扇子便被行人抢购一空，有的甚至还多给了一些钱，老婆婆高兴得合不拢嘴。

老婆婆见王羲之题了字的扇子不仅抢手，而且还能卖出好价钱，喜不自禁。此后，这位老婆婆每天都在桥头缠着王羲之给她的扇子题字，为了躲避老婆婆，王羲之只得绕过石桥，从旁边的一条小弄堂出入。后来，人们便将这条小弄堂称为躲婆弄。

第三章

江南无俦越州城

隋唐五代时期

浙江文史记忆·越城卷

唐朝末年，越州观察使董昌据有浙东。唐昭宗乾宁二年（895）二月，董昌在越州称帝，国号“大越罗平”，建元“天册”。朝廷授杭州刺史钱镠为浙江东道招讨使，于唐乾宁三年五月讨平董昌。后梁开平元年（907），钱镠被封为吴越国王，占有两浙，建都杭州（西府），以越州为陪都，称东府。

山得水而活，水得山而媚。浩瀚明洁的鉴湖水在纵横百里的宽广空间上把会稽山中的“千岩万壑”组合成为一幅前所未有的山水画卷，其风光正如后来李白所咏：“遥闻会稽美，一弄耶溪水。万壑与千岩，峥嵘镜湖里。秀色不可名，清辉满江城。人游月边去，舟在空中行。”唐代，是古鉴湖山水环境最为优越的时期，其宽广、舒展、深沉、清凉的独特风光与盛唐气象颇为契合，引得唐代诗人对越州一往情深。“东南山水越为首，剡为面，沃洲、天姥为眉目。”据统计，有唐一代入越来游的诗人不下400位。他们或从京、洛舟车南下，或自岷、峨沿江东流，间关万里，络绎而至。鉴湖、越台、稽山、耶溪、娥江、沃洲，处处都留下了诗人们的吟鞭游履，棹声帆影，从而形成了一条被今人命名为“浙东唐诗之路”的古代山水旅游专线和山会、新嵊两大山水风光板块。

隋唐五代时期，随着封建经济的全面繁荣，绍兴的陶瓷、染织、金属等众多工艺美术门类都有重大的发展，呈现出华丽、精巧的艺术风格。唐代越州工艺美术品中成就最为卓著的为越窑青瓷，器型有所创新，动物造型的器皿相当普遍，荷叶形、葵瓣口的青瓷碗十分典雅。此外，铜镜的制作工艺在唐代也有发展，并以其争奇斗艳的题材、繁复瑰丽的构图和造型的明快著称于世。

唐代越州名士首推贺知章，他自号“四明狂客”，官至秘书监；还有备受唐太宗推崇，称其有德行、忠直、博学、辞藻、书翰五绝的学者虞世南；擅长写委婉含蓄的七绝诗人朱庆馀；善诗能文、诗风靡丽的诗人吴融；画人物技艺高超、画松竹非常精巧的画家孙位；以“柳塘春水漫，花坞夕阳迟”之句为世所重的严维；等等，都是唐代名闻遐迩的人物。同时，唐代著名诗人元稹，因任浙东观察使和越州刺史之职，曾在越州生活过一段时间，留下了多篇盛赞越中山水和州城府宅的诗文。

东南都会建罗城

——杨素修治大越城

古代十分重视城市建设，自勾践七年（公元前490年），越国大夫范蠡建成蠡城后，越州城便粗具规模。隋唐时期越州的城市建设，主要是隋代罗城的构筑。至唐代时，越州城“坊”和“市”的区划明确，管理也较规范。同时，越州城的商业也较发达，城市的经济职能十分明显，已成为具有“苏会”之称的浙东大都市，在江南有较大的知名度。

杨素（544—606），字处道，弘农华阴（今陕西华阴）人，隋朝名臣、诗人、军事家。隋文帝杨坚建立隋朝后，杨素被加封为上柱国、越国公。隋开皇四年（584），杨素官拜御史大夫。

隋开皇十一年（591），杨素在旧城的基础上策划构筑罗城，受到江南反隋起事的影响，需要加强城郭的防守功能，于是在平定高智慧之乱后，在原城墙外加建凸形的小城圈，并在加固子城后，对会稽城进行了重建。

这是一次先修后建的工程。筑城之时，先修筑城垣，规模由小变大。首先在卧龙山下建筑子城。子城是越州城的内城，又称牙城或小城。隋代越州子城设陆门4处，水门1处。西、北两面都以卧龙山为城，不设壕堑，东、南两面设有城垣。城垣修成后，东高2丈2尺，厚4丈1尺；南高2丈5尺，厚3丈9尺；周围共达10里。但由于西、北两面以山为城垣，因此城垣的实际长度只有5里许。从子城的位置看，大体上只是把越国的勾践小城稍加扩充而已。其次是构筑罗城。罗城是越州城的外城，又称大城。隋代越州罗城是在越国大城的基础上扩建的，当子城修筑完成后，才开始兴建罗城。杨素是隋开皇十年（590）进会稽的，治越期间他便着手增修子城了，但当构筑罗城时，事实上杨素已不在会稽，工程由吴州总管杨异和代州总管宇文弼先后主持。然因此项工程始于杨素，故有此说。至隋大业元年（605），工程全部完成，所筑罗城“周二十四里步二百五十”，城门九，其中水门六，从而使会稽城有所扩大和更加坚固。罗城是子城的屏障，供军事守备之用，因此它有很重要的军事意义。罗城的构筑，也是越国筑城以来第一次有明确记载的城垣修建。此后，罗城除“宣和初，梁忠显治城，御方（腊）寇，尝缩其西南隅”及元至正十三年（1353）扩“一乡入城”外，历宋、元、明、清，基本上没有大的改变。直至民国

迎恩门

十一年（1922），才开始部分拆除城墙，民国二十七年冬至次年春，因抗日战争，城墙才全部拆除，实测原长11720米。现环城东、南、西、北路，大致为原城墙基底。所以，罗城在绍兴城建史上具有十分重大的意义。

除了军事防御功能外，罗城还具有泄洪、供水、水运和方便城内居民生活等方面的作用，在城市建设上也充分体现了水城的特色。由于会稽郡城紧靠鉴湖，所以处理好两者的关系成了罗城构筑的关键。为此，在罗城设立的六座水门中，有四座水门是对应鉴湖堤坝上的四座埭堰：正东为都赐门，对应都赐埭；东南为东郭门，对应东郭埭；正南为植利门，对应南埭；西南为西偏门，对应陶家埭。埭堰，既解决了水城与鉴湖的水上交通联系，又加固了鉴湖，不使其危及郡城安全，还可为城内河道提供水源。另外，西北有迎恩门（俗称西郭门），亦为水门，连接西陵运河与水城，既可使船入城，又可横贯城内经都赐埭东去浙东。北有三江门，为城内排水通道，可由此排水入海。这样看来，罗城的建筑设计已相当成熟，达到了便捷、安全、洁净的目的，为现今绍兴城“东方威尼斯”之美誉奠定了基础。

经隋越国公杨素拓建子城并构筑罗城后，越州城的规模已大大扩展了。从另一个角度我们还可以看到，唐代越州城在当时的地位是相当突出的。唐德宗贞元三年（787），越州成为浙江东道的道治所在地。浙江东道领有越、衢、婺、温、台、明、处七州，当时其他州城规模都比较小，而越州城直至9世纪初，诗人元稹任越州刺史时仍说“会稽天下本无俦”。元稹是见过世面的中原士人，他这样夸赞越州城，当不会是信口开河，这也说明中唐以后，越州在城市规模上俨然就是一座大城。

再从越州城的繁华程度来看，城区之内工商业密布，陵门四达，水陆交通十分便捷。史载，早在东汉，此城即为郡城，亦是浙东的经济中心。到了唐代，越州城内店肆四布，城市商业十分繁华。在不少行业中，已出现了同一行业组成的“行”；为了方便商旅往来堆放货物，也出现了“栈”。唐代，由于运道塘的修筑，玉山斗门的扩建以及新河的开凿，外地客商入城已经可以从海路由马鞍径直落江进入市区了，同时，浙东运河也可直达城内，水上交通畅达，这样大大便利了货物运输，对越州城工商业的发展起到了积极的推动作用。当时，州城内的这些“行”与“栈”，已成为招徕客商、代办大宗批发的交易场所。进入市场交易的商品，除了大量的手工业产品外，还有不少农副产品和地方物产，其中越窑青瓷不仅在国内是珍品，也受到外国人的青睐。比如，在印度的勃拉名纳巴废址、伊朗的沙麻拉废址、埃及开罗南郊的福斯脱特等许多地方，都曾发现越窑青瓷的碎片。当时，明州是浙东沿海的重要港口，所以有专家提出，这些在国外发现的越窑青瓷，很有可能是外商、越商带出的。比如，带到日本的越窑青瓷器，有可能是日本遣唐使和商人带去的，也可能是鉴真第五次航日时带去的。

在《隋书·地理志》中，称会稽为“珍异所聚，故商贾并辏”，这说明州（郡）城市已经不局限于政权据点，而是兼具了某种经济职能，成了区域经济的中心。及至唐代，这种情况有了进一步的发展。唐代的越州城依然保持着浙东商业的中心地位。越州刺史元稹在《送王协律游杭越十韵》诗中说：“去去莫凄凄，余杭接会稽。松门天竺寺，花洞若耶溪。浣渚逢新艳，兰亭识旧题。山径秦帝望，垒辨越王栖。江树春常早，城楼月易低。镜呈湖面出，云叠海潮齐。章甫官人戴，莼丝姹女提。长干迎客闹，小市隔烟迷。纸乱红蓝压，瓯疑碧玉泥。荆南无抵物，来日为侬携。”反映了越州城章甫（帽子）、莼、丝、青瓷等商品琳琅满目的景象，可见越州城市场发达，已然是浙东商业中心了。

几年真草分正葩

——隋代书学宗匠智永

隋代书法具有方严遒劲和疏放妍妙的风格，而唐代楷书合篆书的中锋和隶书的侧锋，使书法起了很大的变化，草书亦有很高的成就。

智永，会稽人，俗姓王，名法极，王羲之七世孙。其生卒年无考。落发会稽嘉祥寺。在南朝陈时，寄籍吴兴永欣寺；入隋，驻锡长安西明寺。与兄智楷（孝宾，改名惠欣）并以书法擅名陈、隋间。唐开元年间，张怀瓘作《书断》，把智永之楷、草、章列为妙品，行书列为能品，传曰："师远祖逸少，历记专精，摄齐升堂，真、草唯命，夷途良辔，大海安波。微尚有道（张芝）之风，半得右军之肉。兼能诸体，于草最优，气调下于欧（阳询）、虞（世南），精熟过于羊（欣）、薄（绍之）。"

智永是自梁以后陈、隋之间传"二王"笔法贡献很大并很有影响的书法家，继承祖法，精勤于艺。据何延之《兰亭记》载，智永居永欣寺阁上临书三十年，唐徐浩《论书》则言"永师登楼不下四十余年"，写真草《千字文》八百余本，浙东诸寺各施一本，退笔头置于大竹簏中，簏受一石余，五簏皆满。人来觅书及请题额者如市，所居门槛为踏穿，乃用铁叶之，称之为铁门限。唐韦绚《刘宾客嘉话录》则载智永“积年学书，后有笔头十瓮，皆数万”。

后世释门书法多从智永出，其衣钵相传，沿袭而称之为“铁门限家法”。近世，敦煌有唐贞观十五年（641）七月蒋善进临本智永《千字文》藏本，亦可见其在俗众中的影响。著名的《兰亭序》，相传也是智永传留于其弟子辩才。

智永也正因为一辈子坚持不懈刻苦努力，使自己既成了祖法的传人，也成为书法名家，其书法流传千年远播海外，至今仍是人们学“二王”笔法的正道门径。

智永书法各体皆能，于草书最优。唐张怀瓘《书断》（中）曰：“智永章草，草书入妙，隶入能。”康有为《广艺舟双楫》言：“学草书先写智永《千文》、过庭《书谱》千百过，尽得其使转顿挫之法；形质具矣，然后求性情；笔力足矣，然后求变化。”今传世的《真草千字文》墨迹本在日本，原为谷铁臣（如意山人）所藏，继归日本小川氏。现由小川氏藏，文物鉴定专家认为是智永真迹本。智永墨迹存世也仅《真草千字文》帖。另一本为宋薛嗣昌刻于宋大观三年（1109）陕西本，亦称为关中本，原刻现藏于陕西省博物馆。

智永的真书圆劲古雅，草书丰美匀适、遒劲，真草对照，便于学书者练习。欣赏智永《真草千字文》，楷书工稳，严谨却不呆板，笔画往复，提按分明，用笔扁侧，起笔、落笔锋芒毕露，驻笔、顿笔用笔重，转笔方中求圆，骨气清健，气韵飞动，笔势生动活泼，有行书笔意，整体精熟而不平俗，雅逸而不简淡。草书则在自由、活泼中强化了工稳、严谨的气质，用锋扁侧，笔墨丰满而具变化，线条流畅而蕴藉，结体沉稳，法度森严，既对王羲之的书法有所继承，也有自己的风格。

智永所在的云门寺是名山名寺。云门寺始建于东晋义熙三年（407），历经隋、唐、五代十国、宋、元、明、清、民国，迄今已有1700多年历史了，历史悠久。云门寺本为中书令王献之的旧宅，传说王献之曾舍宅为寺。义熙三年某夜，王献之在秦望山麓之宅屋顶忽然出现五彩祥云，王献之将此事上表奏帝，晋安帝得知下诏赐号，将王献之的旧宅改建为云门寺。

南朝陈代时，智永辗转来到云门寺，禅修的重点是练习书法。云门寺作为王献之的旧宅，也曾是王献之隐居练字之所。被称为“天下第一行书”的王羲之《兰亭帖》真迹也曾长期保存在云门寺。智永禅师与侄子惠欣二人都是书法大家，备受梁武帝的推崇。梁武帝因器重寺僧智永、惠欣，便将云门寺敕改为永欣寺。

剡川一曲鉴湖里

——贺知章与李白的交谊

在唐代，贺知章是对其故乡越州影响最大的人物，他晚年回故乡，不经意中掀起了持续百余年的唐代诗人游江南浪潮，越州则是这个浪潮的核心地区。

贺知章（659—约744），字季真，又字维摩，号四明狂客，越州永兴人，后迁入山阴。唐初授国子四门博士，又迁太常博士，后再迁礼部侍郎，加集贤院学士，充皇太子侍读，徙工部侍郎，兼秘书监同正员等职。晚年授太子宾客，银青光禄大夫兼正授秘书监，故后人又称贺秘监。

贺知章是备受唐玄宗李隆基推崇的文人。唐玄宗写有《贺知章赞》："礼乐之司，文章之苑。学优艺博，才高思远。"

贺知章在84岁时得了一场大病，躺在床上已经完全不省人事了。但后来死里逃生，又活过来了。于是上表奏明皇上，请求恩准他回乡当道士。唐玄宗准许了他的请求，并同意贺知章把自己在京城的家捐赠出来作为道观，还特地赐名"千秋"。又下诏在京城东门设立帐幕，让百官为之饯行。

临行那天，唐玄宗又亲自写诗并序为他送行，即《送贺知章归四明》："遗荣期入道，辞老竟抽簪。岂不惜贤达，其如高尚心。寰中得秘要，方外散幽襟。独有青门饯，群僚怅别深。"

大概是意犹未尽，又写了第二首："筵开百壶饯，诏许二疏归。仙记题金箓，朝章拔羽衣。悄然承睿藻，行路满光辉。"

唐玄宗赠了诗，还诏赐"镜湖剡川一曲"，即赐鉴湖最美的一道湖湾给贺知章。其时，身为太子、后继为皇帝的唐肃宗李亨亦在送行之列，李亨在贺知章死后14年，还颁下诏书："故越州千秋观道士贺知章，器识夷淡，襟怀和雅，神清志逸，学高才雄。……可赠礼部尚书。"可见贺知章在朝廷中的影响与社会地位。

贺知章回越州后，最有影响的两首诗是《咏柳》和《回乡偶书》。《咏柳》："碧玉妆成一树高，万条垂下绿丝绦。不知细叶谁裁出，二月春风似剪刀。"

最让人熟知的是《回乡偶书》："少小离家老大回，乡音无改鬓毛衰。儿童相见不相识，笑问客从何处来。"这是贺知章在回到阔别几十年的故乡时所作的一首诗。久居在外的游子回乡，所见所闻所感的人和事，是说不胜说、写不胜写的，诗人唯独选择将这一饶有情趣的生活场景写入诗中，既使诗篇鲜活灵动，又寄意深刻。正是由于诗人"少小离家老大回"，从未见过面的儿童自然"相见不相识"，不相识自然要加以问讯，而面前的陌生人已是"鬓毛衰"的风尘仆仆的老翁，儿童出于礼貌便亲切自然地"笑问客从何处来?"整首诗就在这里戛然而止，没有再写诗人的答话。乍一读来，似乎言未尽，意更未尽。然而，这正是诗的妙谛所在，引人寻味。可以推想，儿童原是寻常的一问，并无他意；可有心的诗人听来，却受到极大震动，故乡人的反亲而为疏，自己的反主而为客，使诗人于惊愕之余难免引起万千感慨与无限的伤感，这真是"此时无声胜有声"，更充分地将久客伤老之情表达出来了。贺知章还有第二首《回乡偶书》："离别家乡岁月多，近来人事半消磨。惟有门前镜湖水，春风不改旧时波。"

“回乡”的诗词或绝句虽非贺知章独有，但论流传久远和广泛知晓则非《回乡偶书》莫属。宋代诗人范晞文在所著《对床夜话》中写道，唐代的诗人杨衡、张籍和卢象也有这方面的诗或绝句，但他认为以贺知章的《回乡偶书》“益佳”。

贺知章的德高望重还体现在他对后学的提携和奖掖方面。李白是唐代最为杰出的诗人之一，与贺知章年龄相差42岁。当年李白到长安，以一首《蜀道难》倾倒贺知章，贺知章展开诗文阅看，从第一行诗句“噫吁嚱，危呼高哉！蜀道之难，难于上青天”所迸发出的大气磅礴，深感面前这位青年深不可测的才华，“读未竟，称叹者数四”，最后惊讶地对李白说：“公非人世之人，可不是太白星精耶？”贺知章就此呼李白为“谪仙人”，并引荐给唐玄宗。贺知章与李白结为忘年之交，两位诗人，一老一少，一见如故，相见恨晚。贺知章即邀请李白对饮畅叙，但恰好手头无钱沽酒，就毫不犹豫地解下随身佩戴用以显示官品级别的金龟，叫人去换酒。“金龟换酒”的举动深深地感动了李白，李白对这位真挚、豪爽、年高德劭的贺老倍加敬重。由于贺知章的奖掖，李白名倾一时，唐玄宗对他也颇为器重。

贺知章金龟换酒与李白畅饮，后人引为旷达酣饮、倾心结交的典故，宋代刘望之《水调歌头·劝子一杯酒》词中云：“谪仙人，千金龟，换美酒。”自古就有酒徒脱衣沽酒的佳话，汉代司马相如带卓文君刚回成都时，没钱买酒，脱下鹔鹴裘作价换酒，夫妇尽欢同饮。晋代元孚将皇帝颁赐近侍的冠饰金貂用来换酒，为有司所弹劾，幸亏皇帝饶恕了他，未加治罪。贺知章为秘书监，得佩金龟，他以金龟换酒，追究起来是犯法的，为了喝酒也就顾不得了。后来，为了痛快饮酒，贺知章还是囊中常备酒钱的，以免再出现金龟换酒的尴尬事发生。有一次，贺知章出外游赏，见到袁氏别墅林秀泉清，尽管与袁氏不相识，他还是私自进去游览赏玩，并说不用愁坐久了没酒喝，因为口袋里装了足够的钱。贺知章为此写有《题袁氏别业》诗：“主人不相识，偶坐为林泉。莫谩愁沽酒，囊中自有钱。”这诗成为贺知章的口袋里时常备钱买酒喝的佐证。

后来贺知章去世，李白独自对酒，怅然有怀，想起当年金龟换酒，便写下《对酒忆贺监二首》。

> 四明有狂客，风流贺季真。长安一相见，呼我谪仙人。昔好杯中物，今为松下尘。金龟换酒处，却忆泪沾巾。

> 狂客归四明，山阴道士迎。敕赐镜湖水，为君台沼荣。人亡余故宅，空有荷花生。念此杳如梦，凄然伤我情。

贺秘监祠

今绍兴市劳动路与学士街交叉口，有一贺秘监祠，始建于唐肃宗乾元元年（758），初名千秋观，当时为贺知章行宫；五代中期改称明真观；宋代更名为鸿熙馆，此后时有兴废。民国时，贺知章41世孙贺扬灵“守越两载，于名胜古迹多有修复”，贺秘监祠为其一。祠成之日，蔡元培撰《重修贺秘监祠记》以记其事。2000年，贺秘监祠重加整修，对外开放。

贺秘监祠是贺知章曾经生活之处，为历史遗迹。贺秘监祠占地面积有1500多平方米，由崇贤堂、千秋楼、怀贺亭等组成，是绍兴市区唯一一座仿唐建筑。该建筑屋顶采用双坡悬山顶，青瓦屋面纹头脊。内部空间呈中轴线对称布局，崇贤堂、千秋楼位于轴线之上。

贺秘监祠的主体建筑有三进。第一进为三开间门厅，门楣上高悬“贺秘监祠”四个隶书大字。入口大门设有门廊，利用木格栅作为通透式隔离，槽下补间，额枋上采用两根枋材斜向对置而成曲脚人字栱。第二进为崇贤堂，堂前的内庭院设计独具绍兴特色，青石板桥作为绍兴风情载体，驾于水池上方，将池塘分为东西两岸，池塘以自然石块砌筑，岸边点缀着迎春，坚硬的石块与柔软的垂枝形成鲜明的刚柔对比。庭院内的建筑立面木格窗均采用竖立柳条桥长户槅式样，将典型的江南庭院建筑与小桥、绿柳、荷池等融为一体。第三进为千秋楼，此楼按贺知章辞官归里后的千秋观复制。唐朝崇尚道教，贺知章从长安回乡后，也做了道士。此两层建筑根据绍兴历史上公立祠堂基本格局修复。上层高悬“千秋楼”匾额，下层挂“抱朴含真”牌匾。贺知章的一生经历了高宗、中宗、睿宗和玄宗四朝，玄宗李隆基对他非常敬重，称贺知章“礼学之司，文章之苑；学优艺博，才思高远”，千秋楼两侧的抱柱即镌此联。

千秋楼正中置一贺知章线刻像，上悬匾“德艺并茂”，两侧楹联“学富才雄王者尊；道高望重仙家传”。其东侧叠石为山，于上建单檐四柱“怀贺亭”。临池驳以石块，粗夯用之有方，高低观之多致，山林意味深求，花木情缘易逗。怀贺亭两侧抱有柱联：“劝酒宸庭，仙姿落落；钟情镜水，野服飘飘。”寥寥数语，言简意深，将贺知章的仙风道骨及其在朝廷中与皇帝、大臣们饮酒时的潇洒脱俗刻画得淋漓尽致。

两叶浮萍大海中

——元稹和白居易的“元白唱和”

唐穆宗长庆三年（823）十月，元稹任越州刺史，至大和三年（829）才离任。长庆二年十月至长庆四年五月，白居易在杭州刺史任上。两位好友早有唱酬，两郡相邻，于是竹筒递诗，唱酬频繁，成为诗坛韵事。长庆四年春天，两位诗友又当面唱酬，后元稹将唱和诗编为一集，名《元白酬唱集》。

元稹（779—831），字微之，河南河内（今河南沁阳）人，唐朝著名诗人。曾任监察御史、工部侍郎、同平章事等。长庆三年至大和三年（823—829），元稹授越州刺史兼御史大夫、浙东观察使。其间，元稹奏请朝廷罢免明州海味进贡，减轻浙东诸地赋税，深受百姓拥戴；组织会稽、上虞两县修筑海堤，改良土壤，兴建上虞夏盖湖；关心农事，根据农事节气，提早派遣官吏下乡督促指导农业生产，体恤民情，赈济贫苦饥民，深得百姓爱戴。

在公务之余，元稹放意游乐吟咏，聘文士为幕僚，常与身边幕宾流连于稽山鉴水之间，讽咏篇什动辄盈卷，被称为“兰亭绝唱”，曾冠绝一时，名闻朝野。又与杭州刺史白居易“竹筒传唱”，歌咏稽山鉴水，在当时被传为文坛佳话，也为后人留下了很多赞美越中山水的诗篇。

有名的诗篇如《以州宅夸于乐天》《赠乐天》《寄乐天》《酬郑从事四年九月宴望海亭次用旧韵》《游云门》等。《以州宅夸于乐天》云："州城迥绕拂云堆，镜水稽山满眼来。四面常时对屏障，一家终日在楼台。星河似向檐前落，鼓角惊从地底回。我是玉皇香案吏，谪居犹得住蓬莱。"

元稹和白居易都是中唐时期著名诗人，他们是至交。元稹在25岁中进士，白居易也同榜中试，从此两人同朝为官，同被贬谪，又同倡新乐府诗，数十年间亲密交往，从未间断，故世称"元白"。

白居易长元稹7岁，当时，白居易诗名已盛，如《唐才子传》所记，白居易16岁以《离离原上草》一诗，深受顾况称赞，留下"有诗如此，居大易"的传奇。唐元和初年，白居易授翰林学士、任左拾遗，而此时元稹仅是翰林院编纂。地位的悬殊没有影响两人的交情，他们的友谊是在共患难中建立起来的。

元和十年（815）正月，两人在长安重逢，十分高兴，经常畅谈达旦，谈诗吟唱。可事隔不久，元稹因直言劝谏，得罪了宦官显贵，当年三月被贬为通州司马。当年八月，白居易因被权臣嫉恨，被贬为江州司马。从此后他们在官场起伏不定，多受排挤、屡遭贬谪，但他们经常联络，互相鼓励和安慰。

唐穆宗长庆二年（822），白居易出任杭州刺史。第二年，元稹从宰相高位调任为浙东观察使兼越州刺史。"功夫两衙尽，留滞七年余"。绍兴、杭州仅钱塘江一江之隔，"元白"也算再次相聚。白居易任杭州刺史，疏浚西湖，关心民生疾苦，广为人们所称颂。其间，两人之间有许多往来的赠答诗篇。

白居易《元微之除浙东观察使》："稽山镜水欢游地，犀带金章荣贵身。官职比君虽校小，封疆与我且为邻。郡楼对玩千峰月，江界平分两岸春。杭越风光诗酒主，相看更合与何人。"

"稽山镜水"指越州（今绍兴），白居易对元稹到绍兴任刺史非常高兴，他说，杭州、绍兴地理相邻，风光迷人，大家又能在一起喝酒吟诗了。元稹当即也为白居易写了首诗，即《寄乐天》："莫嗟虚老海壖西，天下风光数会稽。灵汜桥前百里镜，石帆山崦五云溪。冰销田地芦锥短，春入枝条柳眼低。安得故人生羽翼，飞来相伴醉如泥。"元稹站在灵汜桥上，面对波光粼粼的水面，对杭州刺史白居易说，越州有天下最好的风光，老朋友什么时候能够"飞"到这里，和我在这美景前一醉方休啊！

元稹为越州刺史，深深地喜欢上了越州这块土地，他购置了田地，建起了宅第，作出了长期在此居住的打算。白居易写诗，规劝元稹不要只沉浸在美景之中，仍要有远大的政治抱负。白居易《答微之夸越州州宅》："贺上人回得报书，大夸州宅似仙居。厌看冯翊风沙久，喜见兰亭烟景初。日出旌旗生气色，月明楼阁在空虚。知君暗数江南郡，除却馀杭尽不如。"元稹读懂了白居易诗中的含义，回诗《代杭民答乐天》："翠幕笼斜日，朱衣俨别筵。管弦凄欲罢，城郭望依然。路溢新城市，农开旧废田。春坊幸无事，何惜借三年。"

有一次，白居易来会稽探访元稹，他们聚了三日有余，临别时，元稹作《赠乐天》诗道："莫言邻境易经过，彼此分符欲奈何。垂老相逢渐难别，白头期限各无多。"白居易得诗后回复说："若是剡中容易到，春风犹隔武陵溪。"剡中地在越州，白居易暗示元稹正沉醉在武陵仙境。

越、杭仅一水之隔，于是两人时以竹筒递诗，互相问候。他们都是当时名闻全国的大诗人，尤其擅长乐府诗，用俗言俚语入诗，达"老妪都解"的通俗程度，他们还在唱和中热情赞美了越中风光，因此博得了越中人士由衷的赞赏。

元稹《白氏长庆集序》和《旧唐书 · 白居易传》中都记载了这么一件趣事：当时他俩的诗篇还能到市场上去换取老酒和茶叶。

唐时，越州平水一带盛产佳茗。剡溪茶驰名全国，也多在平水镇上交易，因此平水是越州一个重要的茶叶集散地。有一天，元稹去平水，见学校里不少儿童正在抄写他与白居易的诗，且态度认真，抄写的数量不少。他奇怪地问他们这是为什么，儿童们说，元、白诗可以到市场上去换取茶茗，而且商人们求之甚切，其价高达一篇抵一金。元稹也是一个嗜茶之人，他以“茶”为题的一言至七言的宝塔诗，是中国茶诗中不可多得的佳作。

元稹嗜茶，白居易更嗜茶。白居易辗转各地，对包括越州茶在内的各地名茶十分熟悉，可谓品茶专家。他在一首谢友人李六郎赠茶诗中道：“红纸一封书后信，绿芽十片火前春。汤添勺水煎鱼眼，末下刀圭搅曲尘，不寄他人先寄我，应缘我是别茶人。”将当时煎茶的过程、要诀写得条理井然，说明他深得其中个味。无论顺逆抑扬，茶是他最好的伙伴与密友。

元、白两人的杭、越唱和诗多达数百首，元稹将白之和诗写满寺壁，白居易则将元之和诗“掇律句中短小丽绝者凡一百首题录合为一屏风”，还专为此屏题诗一首。“君写我诗盈寺壁，我题君句满屏风。与君相遇知何处，两叶浮萍大海中”，“障成定被人争写，从此南中纸

墨华亭

价高”，足见两人唱和之盛。

白居易这样评价元稹“所得惟元君，乃知定交难”，并说他们之间的友谊是“一为同心友，三及芳岁阑。花下鞍马游，雪中杯酒欢。衡门相逢迎，不具带与冠。春风日高睡，秋月夜深看。不为同登科，不为同署官。所合在方寸，心源无异端”。而元稹对白居易的关心，更凝结成了千古名篇《闻乐天授江州司马》：“残灯无焰影幢幢，此夕闻君谪九江。垂死病中惊坐起，暗风吹雨入寒窗。”

尽管时光飞逝，白居易与元稹的感情却一直没有改变，甚至是岁久弥深。休戚相关的命运，把白居易与元稹紧紧联系在一起，他们的友谊延续了20多年，终结于大和五年（831）。是年，元稹去世。

长使英雄泪满襟

——“永贞革新”主帅王叔文

唐顺宗永贞元年（805）春夏，有过一场大刀阔斧、震撼朝野的政治改革，史称“永贞革新”。革新的后台是顺宗皇帝李诵，推行革新的核心人物共10位，史称“二王八司马”，而“二王”之一的王叔文，时为翰林学士，是革新的总设计师、革新集团领袖和主帅。

王叔文（753—806），唐越州山阴（今浙江绍兴）人，唐贞元三年（787），以善棋待诏翰林，后被太子李诵引为侍读。王叔文机智明道，深知民情。柳宗元称其“坚明直亮，有文武之用”。

王叔文侍读东宫18年，对朝廷的弊政、虐政耳闻目睹，深忧痛绝。唐德宗李适，在位26年，虽经历“安史之乱”，但未吸取教训，晚年昏谬尤甚，忌良宠奸，虐政暴敛，贪财无道，以致朝野宦官专权军政。宦官能支配皇帝大臣，任免将相，猜忌忠良，姑息奸小。如宰相陆贽贡献卓著，却因敢于直谏而被长期贬斥外地，但拥兵自重或行贿取宠者却被姑息信用。宦官们还贪财纳奉，盘剥百姓，欺行霸市，巧取豪夺。如以采办宫廷货物为名，设宦官宫市使，有供役太监数百流窜京城，打家劫舍，祸害民间。除朝廷内害外，当时藩镇专权也很严重。这些人拥兵自重与朝廷对抗，极大地影响了唐王朝的统一与巩固。

德宗晚年朝政，使王叔文深为忧愤，希望迎来一番政治革新，清除这种祸国殃民的虐政。

王叔文把清除虐政的希望寄于太子即位后，能“复兴尧舜孔子之道，为民谋取安定”。他趁侍读之便，真诚积极地影响并维护太子，在太子认同下努力延揽志士。

太子李诵为德宗长子，肃宗上元二年（761）生，德宗建中元年（780）正月册立为皇太子。李诵在东宫25年中，屡历风险。贞元三年（787）八月，德宗一怒之下，执意废李诵，欲改立侄儿（养子）李谊为太子。后经宰相李泌咽泣死谏方改意。李诵虽居禁宫多年，但关注时政，心系民生，厌恶弊政、虐政，一心想有朝一日重振朝纲。

王叔文与太子虽身份有别，但思想志趣投合。太子敬重王叔文的学养和品行，喜听他传来朝廷内外的许多信息。因此，两人声息相通，议事论政合拍。王叔文既积极影响太子，又不想让太子锋芒毕露，希望他韬光养晦，沉毅深思，等待时机，及早物色能“共立仁义、辅佐教化”的有志之士，并表明自己将“尽心勠力为国家事，不避好恶难易者，以报圣人之重知也”。自此，太子更信重王叔文。

太子的器重，为王叔文团结志士创造了条件。时受德宗宠信的右拾遗、翰林学士韦执谊经由太子与王叔文相识并成为知交。王叔文又先后与王伾、柳宗元、刘禹锡、韩泰、韩晔、陈谏、凌准、程异及陆贽、李景伧等结交，以王叔文为领袖的革新集团就此形成。这批人年轻有志，大都擢第进士，为当朝命官，有的已步入中枢。太子宽仁有决断，礼重师傅，而王叔文是一位忠诚有为的政治家，两人对未来革新大计深为契合。由此可见，从“永贞革新”的准备时期起，太子李诵是靠山和后台，王叔文是总设计师，而革新推开后，王叔文又是中枢的实际主宰者和执政主帅。

唐德宗贞元二十一年（805）正月二十三日，李诵即位，号顺宗。

王叔文协助顺宗构建了以革新志士为骨干的中枢运作机制。经王叔文引荐，诏吏部郎中韦执谊为尚书左丞、同中书平章事，任宰相；王伾为散骑常侍、翰林学士，行宰相事、居禁中；柳宗元为礼部员外郎；刘禹锡为屯田员外郎；韩泰、韩晔、陈谏、凌准、程异等共襄朝政；顺宗诏王叔文为起居舍人、翰林学士，行宰相事，坐翰林院主裁（称内相）。因王叔文位处中枢决策和执政，所以当时革新施政主张均出其手。

中枢运作机制建立后，外部革新运作迅速推开，主要有：贬斥京兆尹李实，李实为唐宗室，施政凶暴，贪婪敛财，进奉取宠，诬陷朝臣，李实被贬，市井欢呼；免去百姓课利、税赋的旧欠，新税制除正额外，禁征杂税；废除向皇室的各种进奉；将三百多名宫女、六百名教坊女乐放归民间家园；大赦天下，使许多受冤者获得重生；尤其是追调受屈被贬十年的宰相陆贽及大臣韩皋、阳城、郑庆余等人回京，谋夺宦官兵权；打击藩镇势力；等等。

“永贞革新”所颁诏告、政令，所做实事，都有利于民众、国家和朝廷。但“永贞革新”的种种善政，直接损害了以宦官、藩镇和守旧朝臣为代表的恶政势力的既得利益，所以他们沆瀣一气，施展阴谋，刻意报复陷害革新派。同时，顺宗因中风不能理政，使革新派失去靠山。虽然王叔文不想立皇太子，但唐顺宗久病不愈，百官、京城和各地均请求立太子。不久，在宦官俱文珍等导演下，顺宗在位方两个月便被迫册立长子李纯为太子；顺宗永贞元年（805）七月，又以帝久病为由，坚请太子监国；八月，拥立李纯为宪宗皇帝，顺宗退位。而对王叔文，反对派无时不进行诽谤和迫害。后因王叔文母故丁忧离职，革新告终。“永贞革新”历时不满五个月。宪宗即位，王叔文被贬至渝州司马，次年被杀；王伍被贬为开州司马，后死于贬所；同时，柳宗元、刘禹锡、韩泰、韩晔、韦执谊、陈谏、凌准、程异被贬为边远州司马，永不追调。

“永贞革新”在历史上留下了既悲壮又难忘的一幕。

中国近代演义小说家、历史学家蔡东藩说：王叔文并非真无赖子，观察他引进的一些人士，大多是名士，哪怕不是将相之才，也都是文学高手。关于王叔文重用散骑常侍、翰林学士王伾，这没有错，王伾与王叔文都属当时的名士，说他较为贪鄙，招权纳贿，或许是有的，但乱政误国，恐怕不是事实。观察王叔文贬李实，把陆贽从洛阳请回来，撤销了宦官开设的进奉“宫市”和“五坊小儿”等为皇宫服务的机构和场所，把前朝的弊政一一廓清，这些措施都是受朝廷内外欢迎的。即使欲夺宦官的权力、交给大臣，这并不是当务之急，但宦官弄权祸国殃民，在唐代已成积疾，如能一举扫除，岂不是国之大幸？王叔文的真正缺点是才力不足，言过其实，夸夸其谈，宦官早已防备，他还自鸣得意，等到王叔文准备行动，设宴动员之时，王伾已经知道事不可为，卧床长叹。王叔文的所有准备都落空了，他的努力反而成了那些宦官的笑料。还没等到宪宗即位，已早知道他的改革举措不能实行了。翰林学士韦执谊早期依附、支持王叔文，最后暗中反对王叔文，两人内斗，后同归于尽。参与革新的八司马相继被贬，那些弄权宦官权威日益高涨，加上韦皋、裴均、严绶等人上表请诛王伾、王叔文，开启了外臣犯事从重、宦官犯事从轻的恶例。从此以后，宦官之祸与藩镇割据之祸争相展开，交替发生，直到唐朝灭亡。

蔡东藩的评说是最中肯的，唐朝自“永贞革新”失败后迅速走向衰亡。

两岸桃花正好风

——千首诗赋咏越中

隋唐时期是我国封建文学的发展高峰，尤其以诗歌领域最为繁盛，诗歌内容之广泛、体裁之多样、作者之众多，都呈现出空前的盛况。在此背景下，越州也是文人辈出，诗人唱和不绝，涌现出一大批著名的人物。

唐代越州文学兴盛，诗人唱和，形成了一条著名的诗人前后相继、络绎不绝的入越畅游线路，后名之为浙东唐诗之路。

“到江吴地尽，隔岸越山高。”这条浙东唐诗之路，干线是浙东运河和剡溪，总长190公里。它以萧山西陵为起点，沿浙东运河，经绍兴、上虞，溯曹娥江入嵊州，经新昌沃洲、天姥直抵天台石梁，再转临海、三门、宁海、奉化、宁波，一直到达舟山群岛。

浙东唐诗之路的重要节点就是越州城，越州城是浙东最大的城市，也是鉴湖边上的一颗明珠，诗人在这里流连唱和，留下了无数美妙诗篇。

中国山水诗起源于东晋，诞生在绍兴。稽山鉴水的秀丽风光、人文底蕴正好迎合了当时回归自然、企求心灵超越的思想潮流。稽山鉴水景色诱人，山阴道、鉴湖、兰亭、禹穴、古运河、秦望山、若耶溪以及佛门重地云门寺、秦始皇遗迹、西施遗迹等自然风光和人文景观，如诗如画，让人流连忘返。

描写稽山鉴水风情最有代表性的诗人是唐代的宋之问。宋之问《游禹穴回出若耶》：“禹穴今朝到，耶溪此路通。著书闻太史，炼药有仙翁。鹤往笼犹挂，龙飞剑已空。石帆摇海上，天镜落湖中。水低寒云白，山边坠叶红。归舟何虑晚，日暮使樵风。”

李白的《送友人寻越中山水》也广为流传，写道：“闻道稽山去，偏宜谢客才。千岩泉洒落，万壑树萦回。东海横秦望，西陵绕越台。湖清霜镜晓，涛白雪山来。八月枚乘笔，三吴张翰杯。此中多逸兴，早晚向天台。”

山阴道是诗人们魂牵梦萦的地方。“山阴道”的名称由来，最早得之于晋代书圣王羲之的两句诗：“山阴道上行，如在镜中游。”这是古代由绍兴城区西南偏门通向诸暨郊外的一条驿道，那一带的风光颇具中国山水画之神韵：远山近水、小桥凉亭、田园农舍、草木行人，皆绘形绘色，仿佛身心皆在画中游，晴日风雨，无不相宜。

这是一幅古老的画图，鲜亮地定格在历史中。“云生满谷，月照长空。潭涧注泻，翠羽欲流。浮云出岫，绝壁天悬。千岩竞秀，万壑争流。草木蒙笼其上，若云兴霞蔚。”此妙说一出，如同精彩的广告产生了轰动效应，山阴道从此声名远播，诗人的吟唱源源不绝。有人向王献之问起山阴道之美，他赞叹不已地说：“从山阴道上行，山川自相映发，使人应接不暇。若秋冬之季，尤难为怀。”

唐朝的兴盛，给山阴道带来了机遇，大批诗人纷至沓来，揭开了浙东唐诗之路的序幕。李白来了，他纵目美景，“千岩泉洒落，万壑树萦回”，又忽发奇想，“人游月边去，舟在空中行”。杜甫来了，因为触景生情，脱口而出：“烛斜初近见，舟重竟无闻。不识山阴道，听鸡更忆君。”元稹来了，这位浙东观察使已是如痴如醉，一言以蔽之：“天下风光数会稽。”

唐代以后，山阴道频繁出现在诗人的诗句中。陆游喜欢从三山坐船至娄宫埠头上岸，换乘骡子去兰亭。他有诗云："城南天镜三百里，缭以重重翡翠屏。最好长桥明月夜，寄船策蹇上兰亭。"明代著名文学家袁宏道，在万历二十五年（1597）辞去吴县县令之后，到绍兴走访同年的陶望龄，写下了《山阴道上》一诗："钱塘艳若花，山阴芊如草。六朝以上人，不闻西湖好。平生王献之，酷爱山阴道。彼此俱清奇，输他得名早。"

若耶溪开始出名是缘于南朝诗人王籍的诗。有一年夏天他独自泛舟若耶溪，此地幽僻，气候清凉，满眼生机，鸟鸣蝉噪，真有如入仙境的感觉。当他返回时，悠然吟出一首诗来："艅艎何泛泛，空水共悠悠。阴霞生远岫，阳景逐回流。蝉噪林愈静，鸟鸣山更幽。此地动归念，长年悲倦游。"

随着这首《入若耶溪》的流传，娴静的若耶溪便如同闺女出阁，开始扬名四方了。"若耶"为绍兴方言，与"是呀""神呀"相似，有赞叹、颂扬之意，当地人称之为"神溪"。神秘而古老的若耶溪，发源于蛾眉山茅秧岭，绵延数十里，是山会平原上的最大河流。这里曾流传过诸多神话与传说，如禹得天书、欧冶铸剑、西子采莲、秦皇望海等。樵风泾上"朝南风，暮北风"的民间故事，便是其中极其生动风趣的一则。富有诗情画意的若耶溪，使得历代文人雅士流连忘返，诗兴一浪高过一浪。

与山阴道一样，若耶溪也成了绍兴的著名风景点。谢灵运、王维、李白、杜甫、孟浩然、元稹、刘长卿、苏东坡、王安石、范仲淹、陆游、王阳明、徐渭、袁宏道、王思任、朱彝尊、查慎行、李慈铭等历代诗人，都曾泛舟若耶，留下无数诗篇，逐渐形成了一个著名的若耶溪文学谱系，历经千年而不衰，蔚为大观。

天下闻名的浙东唐诗之路上，若耶溪与山阴道就是耀眼的起点，人称"古越双璧"。李白是最先的访客，其《采莲曲》曰："若耶溪傍采莲女，笑隔荷花共人语。日照新妆水底明，风飘香袂空中举。岸上谁家游冶郎，三三五五映垂杨。紫骝嘶入落花去，见此踟蹰空断肠。”他还有《越女词》，其中写道：“镜湖水如月，耶溪女似雪。新妆荡新波，光景两奇绝。”

贾岛赞叹若耶溪，对此无比向往：“地必寻天目，溪仍住若耶。”孟浩然钟情若耶溪，以为心中知己：“看看未相识，脉脉不得语。”崔颢泛舟若耶溪，不禁神思飘曳：“起坐鱼鸟间，动摇山水影。”

山水诗人王维的代表作是《鸟鸣涧》：“人闲桂花落，夜静春山空。月出惊山鸟，时鸣春涧中。”这首诗其实描写的是江南风光、越中景色，准确地说，鸟涧并不在终南，也不在长安，而在绍兴平水一带的若耶溪边。

綦毋潜此人在唐人中并不算最出名，但他的《春泛若耶溪》一诗知名度极高，广为传颂。诗曰：“幽意无断绝，此去随所偶。晚风吹行舟，花路入溪口。际夜转西壑，隔山望南斗。潭烟飞溶溶，林月低向后。生事且弥漫，愿为持竿叟。”这首诗写诗人春日乘晚风随意泛舟，触景生情，深感不如回江湖归隐，突出反映了一种随遇而安的心境。

唐朱庆馀《过耶溪》：“春溪缭绕出无穷，两岸桃花正好风。恰是扁舟堪入处，鸳鸯飞起碧流中。”春溪、桃花、鸳鸯，显得生机无限。唐宋之问《泛镜湖南溪》：“乘兴入幽栖，舟行日向低。岩花候冬发，谷鸟作春啼。沓嶂开天小，丛篁夹路迷。犹闻可怜处，更在若邪溪。”宋王安石《若耶溪归兴》：“若耶溪上踏莓苔，兴罢张帆载酒回。汀草岸花浑不见，青山无数逐人来。”这若耶溪的风光居然能随人的兴致而变化。

“天下风光数会稽”，是谁最早发现会稽风光的呢？

此人就是孙绰（314—371），字兴公，历任参军、长史、廷尉等，曾以一曲《情人碧玉歌》轰动晋代文坛，后来又成为玄言诗的代表人物，时人称其“事外潇洒，神内恢廓”。

据《晋书》载：“孙绰有高尚之志，居于会稽，游放山水十有余年，乃作《遂初赋》，以致其意。”孙绰最知名的作品就是已经失传的

《遂初赋》，此乃文学上的一个遗憾。如今只留下了《遂初赋序》这部分，其曰：“余少慕老庄之道，仰其风流久矣。却感于陵贤妻之言，怅然悟之。乃经始东山，建五亩之宅，带长阜，倚茂林，孰与坐华幕、击钟鼓者，同年而语其乐哉！”美丽的会稽山水，竟然使孙绰乐而忘返，欣然做了一个来自中原的“移民”。

所谓“遂初”，就是回归真率之性及寻求隐逸之乐。考证“遂初”一语，当来自《离骚》：“进不入以离尤兮，退将复修吾初服。制芰荷以为衣兮，集芙蓉以为裳。”屈原说的“初服”原始而清洁，象征人的初志或本心。孙绰关于“遂初”的命题贵在独创性，既有孔孟的“人之初性本善”，又有老庄的归“本”返“真”。这正是晋代玄言诗的核心内容，调和儒道二家，会通“自然”与“名教”为一体。历代评论家以为，孙绰的“遂初”说极具文学创作的价值，更有启迪思想的意义。

“浑万象以冥观，兀同体于自然。”孙绰在《游天台山赋》中如是说。他的好友们闻讯而来，一起投入了会稽山水的博大怀抱中。于是，有了王羲之的“兰亭雅集”，有了王献之的“山阴道上”，有了谢安的“东山隐居”，有了支遁的“越中传道”……

孙绰的“遂初”之志终于实现了，但他也许没有想到，“遂初”的题旨竟有如此深远影响，能成为一种思想资源被继承，并演绎出许多美丽的文学风景。

“残年归来引，他日遂初赋”，陶渊明随之而来，《归去来兮辞》一举闻名天下，其中“悟已往之不谏，知来者之可追”，尽享田园之乐。

唐代李白送贺知章归越，诗曰：“久辞荣禄遂初衣，曾向长生说息机。”接着，诗仙就寻访浙东山水，开辟了浙东唐诗之路。

宋代陆游赞尤袤回乡，诗曰：“遂初筑堂今几时，年年说归真得归。”尤袤，字延之，小字季长，号遂初居士，晚号乐溪、木石老逸民，无锡人，是著名的南宋四大诗人之一。曾在台州为知府，体恤民情，政绩斐然。尤袤对于宋光宗朝令夕改、反复无常的做法非常不满，屡次要求致仕归田，并以不愿为官、隐居山林的晋代名士孙绰撰写的《遂初赋》的“遂初”二字以自号，《宋史》说他向光宗奏曰：“愿谨初戒始，孜孜兴念。天下万事失之于初，则后不可救。”他辞归故里，建了一个“遂初堂”来读书修心，光宗还亲自题匾。

明代王思任的《自赞》亦曰：“遂初服，四十五，发见白，齿见龋……酒不让，棋堪赌。爱山水，怕官府。奉高堂，居乐土。迟起床，早闭户。任天公，皆有数。不告贫，不诉苦。”

越中山水引无数诗人赞颂，它的美则主要集中在三个地方。大禹陵是神圣之美，历朝历代有数百位名人作诗文歌颂。云门寺是神秘之美，云门寺不仅是寺庙，而且是除兰亭之外最为著名的一处书法圣地。云门寺的前身为王献之的旧宅，王羲之《兰亭集序》手迹长期存放寺中，智永写《千字文》、萧翼计取《兰亭集序》的故事均发生在这里。阳明洞天则是神仙之美，阳明洞天在唐朝是道家第十一小洞天，龙瑞宫是东南著名宫观，吸引唐代诗人、官宦隐居修炼，诗会酬唱更是连绵不断。

朱门碧殿暮湖边

——钱镠治理吴越东府的遗迹

吴越国是唐末五代时期称雄江南的一个地方割据政权，创立者为钱镠（852—932）。吴越国统治的时间大致与北方的“五代”相并列，因此，吴越国所处的时代，正是唐末大乱及北方长期分裂割据的时期，其政权本身就是藩镇割据的产物。但是，吴越国采取了较为明智的治理策略和正确的军事方略，重在保境安民、发展生产，因此其统治的区域内社会相对安定，经济得到较快的恢复和发展。

吴越国以杭州为国都，以越州为行都，在越州置东府，称吴越东府。吴越国的统治政策，归结起来说，政治上“立足杭越，奉事中原”；外交和军事上“远交近攻，对抗淮南”；经济上“发展生产，保障国用”；城市建设上“广建城池，加强防御”，体现了吴越国致力于“保境安民”、维护钱氏家族统治的基本方略。

在这一基本方略的指导下，越州地方政治着力于加强农田水利建设，加快农业生产发展。在社会相对稳定的前提下，经济、文化等方面得以持续繁荣和发展。

钱镠，字具美，一作巨美，小名婆留，唐末临安人。少年时代，钱镠就喜欢拳棒刀枪，好打抱不平，常以替人解仇、报冤为乐。

唐乾符二年（875），石镜镇将董昌招募乡兵，钱镠前往应募，因功任偏将，后又擢升为都指挥使。中和二年（882），钱镠助董昌讨灭越州观察使刘汉宏，并将官仓内粮食、财物分给立功将领和越州穷困百姓，深得军民拥戴。光启三年（887），唐王朝任命董昌为越州观察使，钱镠代为杭州刺史。昭宗即位（889）后，任命钱镠为杭州防御使。乾宁二年（895），董昌据越州称帝，国号罗平。唐昭宗封钱镠为浙江东道招讨使、彭城郡王，讨伐董昌。钱镠说："董氏于吾有恩，不可遽伐。"就以兵三万屯越州迎恩门外，派遣幕僚沈滂劝说董昌向唐王朝投降。董昌"自请待罪，镠乃还兵"。后来，董昌再次起兵叛乱，钱镠再次奉诏平灭董昌。钱镠"用兵三年，攻克越州城，生擒董昌，越州得安，民自感恩"。朝廷嘉其功，授钱镠为镇海、镇东军节度使，加检校太尉、中书令，"赐铁券，恕九死"，"镠如越州受命，还治钱塘，号越州为东府"。

唐天复二年（902），唐王朝封钱镠为越王。后梁开平元年（907），后梁太祖朱温进封钱镠为吴越王。后唐同光元年（923），后唐庄宗李存勖加封钱镠为吴越国王，行古列国之礼，定都杭州，以越州为东府、行都。

钱镠励精图治，勤于政事。他曾用小圆木制作了一个枕头，熟睡时，头稍微一动就落枕惊醒，称为"警枕"，借此勉励自己居安思危，不要荒废了朝政国事。他又在寝宫里放置一个粉盆，夜里想起什么事，就立刻起床记在盘子里，以免遗忘。他还命令侍女通宵值夜，如有人来报告军国要务，就必须立即唤醒他。钱镠在位期间，吴越国百姓得以休养生息，国力恢复发展较快。

五代吴越国时期，越州在继承唐代水利建设的基础上，特别重视河湖的管理和养护，加强水土之政。设立了"都水营田司"管理机构，置"撩浅军"负责河道、湖泊的日常养护。如在鉴湖湖区，越州地方政府一方面加强浚治养护工作，开挖淤泥，修理堤防、闸涵；另一方面禁止豪强随意围垦，使“富豪上户，美言不能乱其法，财货不能动其心”，从而保证了鉴湖之利“未尝废”。还先后修筑了一批大型水利工程，在越州鉴湖周围修筑了数百里长堤，溉田9万余亩。

钱镠在位期间，多次驻跸越州，并整修、扩充州城，使越州成为东南大都会。他还组织民力疏浚日见淤积的鉴湖、府河，开凿日池、月池、义井等以为利民设施，又在卧龙山主持兴建蓬莱阁等。绍兴城内，现今还存有拜王桥、钱王井、钱王祠等遗迹、遗址。

吴越国治下的越州，佛教兴盛，这不仅与魏晋以来会稽地区已逐渐成为江南三大佛教中心之一有关，而且与吴越国历代君王崇佛和佛教人士的积极活动有关。

钱镠为吴越王后，大力推崇佛教，这与其自身的信奉有着密切的关系。钱元瓘继承了其父钱镠推崇佛教的政策，对高僧优礼有加，还专门为精通禅学的高僧道怤建造龙册寺，以致“吴越禅学自此而兴”。在吴越国诸王中，尤以忠懿王钱弘俶对佛教最为热忱。尚在钱弘俶为台州刺史时，天台名僧德韶就预言其他日必当为王，并说：“他日为霸主，无忘佛恩。”所以当钱弘俶嗣位时，即将德韶迎至杭州为国师，执弟子之礼。钱弘俶也对佛教倾注了大量的财力、物力，始终予以极大的扶持。

由于吴越王钱镠及其后继者均好佛，因此，越州的建寺活动十分兴盛。这一时期，除了隋唐及以前建立的寺院大多得以保存外，兴建或重修的寺院也颇多。据清雍正《浙江通志》、朱关甫《绍兴宗教》等书所录，越州境内始建（或重建）于五代的著名寺院就有数十座之多。

这一时期，在越的著名高僧也有不少，如惠举、慧集、行瑫、贯休、虚受、宠明、全付等，他们的佛学著作在全国亦颇有影响。

第四章

绍祚中兴南宋城

宋元时期

浙江文史记忆·越城卷

北宋靖康元年（1126），金兵两次侵宋，汴京沦陷，徽、钦二帝被掳北行，北宋灭亡。康王赵构在逃亡途中即位，为宋高宗，改元建炎，是为南宋。建炎三年（1129），因金兵追击，宋高宗南逃，于十一月到达越州，次月离开越州，逃往明州、台州、温州。建炎四年，金兵北去，宋高宗回跸越州，以州治为行宫，次年正月，改元绍兴。十月，以唐德宗巡幸梁州故事，升越州为绍兴府。绍兴二年（1132）正月，定都杭州，但仍以绍兴为陪都，将大理寺和六宫留在绍兴。后又在绍兴营建陵寝，即今之宋六陵。

因靖康之难，北方难民大量南迁，引发了移民潮，这是绍兴历史上第三个民族融合时期。经过三次民族大融合，南方越人完全融入汉民族大家庭中。统治中心的南移，使钱江南岸又一次成为全国的经济文化中心，绍兴一带又遇上了历史性发展机遇。

嘉定十六年（1223），郡守汪纲重修罗城，设厢坊和各个集市，从此形成了绍兴城路衢和商业网络的城市格局，直至清末和民国，无大变化，历史上称此为宋城。

南宋时期，绍兴成为首都临安的后方基地，加上人口的激增，土地的不断开垦，农业和手工业获得了迅速发展。农业生产普遍采用“仲秋种麦、春种八谷”的两熟制和大小麦与苜蓿轮作制。制茶业进入全盛时期，产量居全国第一。植桑养蚕遍及乡村，使绍兴成为全国纺织业基础最为扎实的地区之一，“纱绫缯帛岁出不啻百万”。经济繁荣，社会相对安定，“今天下巨镇，惟金陵与会稽耳”，可见绍兴地望为世所瞩目，足以与金陵（南京）相抗衡。

元至元十三年（1276），废绍兴府置绍兴路，治山阴、会稽、诸暨、萧山、上虞、余姚、嵊县、新昌八县。清袭其旧。民国初期实行省县制，后设绍兴行政督察区。

要留清白在人间

——范仲淹知越州

范仲淹（989—1052），字希文，北宋苏州吴县（今江苏苏州）人，著名的军事家、政治家和文学家。范仲淹不但具有政治军事才干，而且工于诗词散文，其《岳阳楼记》中“先天下之忧而忧，后天下之乐而乐”的名句，千百年来一直为人们所引用，具有广泛的影响。

范仲淹少年时期，家境贫寒，但他很有志气。他曾寄居在长白山醴泉寺（在今山东邹平县南）中苦读诗书。每天，范仲淹只能煮一盆薄粥果腹，他把粥划作四块，早晚各吃两块，再以荠菜加一点盐当作菜，艰苦度日。然而，范仲淹治学，经常夜以继日，通宵达旦，据说他五年没有脱衣服睡过安稳觉。由于勤奋学习，范仲淹终于成为一个很有学问的人。

范仲淹为官清正，敢于直谏，关心朝政，曾力主“庆历新政”。他大胆揭发吕夷简等人滥用职权、任人唯亲，因此得罪了权贵，先后四次受到贬黜。宋天圣六年（1028），范仲淹为秘阁校理；后出知睦州，徙苏州。景祐二年（1035），知开封府；次年，贬知饶州，又徙润州。宝元元年（1038），知越州。康定元年（1040），被召为天章阁待制、知永兴军，后改陕西都转运使，进龙图阁直学士、陕西经略安抚、招讨副使，镇延州。庆历三年（1043），召拜枢密副使、参知政事。庆历五年，再次被指为朋党，出知彬州、邓州、杭州、青州。皇祐四年（1052）卒，赠兵部尚书，谥文正。

范仲淹在政治思想、军事思想、教育思想方面都有创见。在诗歌创作上，范仲淹主张“范围一气”“与时消息”。范仲淹继承了孟子的“浩然之气”，又将曹丕的“文气说”、陆机与钟嵘的“感物说”和“天人合一”的诗学思想融合在一起，他认为，诗人创作的冲动与意向，是秉承大道之“一气”，感于万物并通过万物体现出来。范仲淹的“与时消息”则继承了刘勰的“为情而文”观和白居易“文章合为时而著，歌诗合为事而作”的主张，把政治教化和为情造文有机结合起来。范仲淹批判宋初诗坛的盲目模仿之风和无病呻吟之态，主张诗歌创作要忠于生活现实，符合时事，不为空言。

范仲淹在散文创作上成就最大。他洞悉北宋积贫积弱的局面，重视文章的政治教化作用，主张文章是政治重要的有机组成部分，关系到社会风俗的醇厚讹薄、国家的兴衰成败。在经世济时思想的影响下，范仲淹反对宋初文坛的柔靡文风，提出了宗经复古、文质相救、厚其风化的文学思想。范仲淹的文章，立足点在于政而不在于文，在价值取向上与杨雄、王勃、韩柳以及宋初复古文论一样，具有历史意义和复古精神，对宋初文风的革新具有积极作用。

散文创作上，范仲淹作品以政疏和书信居多，陈述时政，逻辑严密、有很强的说服力。苏轼曾评价《上政事书》“天下传诵”；《灵乌赋》一文，“宁鸣而死，不默而生”，是中国古代哲人争自由的重要文献；名篇《岳阳楼记》，借作记之机，规劝友人“不以物喜，不以己悲”，全文融记叙、写景、抒情、议论为一体，动静相生，思想境界崇高，成为杂记中的垂世典范，其中“先天下之忧而忧，后天下之乐而乐”成为千古名句。

宝元二年（1039）七月，范仲淹赴越州任知府。上任不久，他就兴办府学，在卧龙山西岗，即今风雨亭附近，建造稽山书院。范仲淹还邀请当时著名学者李泰伯来越州讲学。在他的影响下，下属官吏也开始重视教育，“一时郡内多置学宫，聘名儒主之”。

范仲淹曾在卧龙山疏浚废井，得泉甘而色白，夏天如咀轻冰，冬天如得阳春，命名为清白泉，并把官署厅堂改名为清白堂。又构亭于其侧，曰清白亭，并自撰《清白堂记》。文章上半部分说，会稽府署所在的龙山山麓有一块荒地，扒开杂草，有一废井，挖开淤泥，发现是一眼佳泉。问老者佳泉被废的原因，都说不上来，于是把泉疏浚了。过了几天，汲泉品味，清冽甘甜。泉水冬暖夏凉，通山泽之气，气候变时有氤氲之气产生，汲而泡茶，都觉鲜滋有味。文章下半部分说，根据事物变化的现象观察，当初井源闭塞，井水混浊泥泞而不能饮用，这是未加治理的缘故；而最终井道大成，取用不必以盖，则是疏导的功绩。这里，反映出范仲淹为政的思想。接着，文章又据《易经》发挥，认为井德之地，在于“所守不迁”；井泉之义，在于“所施不私”；圣人画井之象，在于“明君子之道”。由于爱此泉“清白而有德义”，可以“为官师之规”，文章最后寄望：“庶几居斯堂，登斯亭，而无忝其名哉！”

范仲淹还大力褒扬越州历史上的爱国名臣范蠡、诗人贺知章等人，重视保存越州文化古迹。范仲淹在越州一年余，他关心民众疾苦，体恤贫弱寡孤，并经常用自己的薪俸周济贫苦百姓，深得人民拥戴。范仲淹离任后，越州人民于州治所前兴建“希范亭”，碑题“百代之师”以示纪念。

今清白泉遗迹尚存。泉东南两侧用石栏板砌筑，泉西侧岩石呈天然台阶可下池，泉北为天然石壁。在清白泉南面砖壁上立有两块碑刻，一块为《复清白泉记》碑，为明代碑刻，立于明成化十三年（1477），绍兴知府戴琥撰文，同知黄壁书丹，推官蒋宜篆额。另一块为《清白泉记》碑，为清代碑刻，立于清顺治十三年（1656），绍兴知府施肇元撰文，唐九经书丹。两碑均记述了清白泉之来历，并以范仲淹清白德政为鉴，加以自励。

清白堂与清白亭早已倾圮。为凭吊先贤遗迹，使历史景点得以再现，2006年，绍兴市建设局在清白泉旁重新恢复建造了清白亭。该亭为四角攒尖顶，飞檐翘角，亭上悬“清白”匾额，系范仲淹手迹，亭柱楹联为宋王十朋所撰诗句：“钱清地古思刘宠，泉白堂虚忆范公。”2009年又在清白泉对面恢复重建清白堂，该建筑坐东朝西，三间两厢，建筑面积126平方米，建筑外观典雅而不失庄重。

冷香幽艳向谁开

——诗人曾巩与越州

曾巩（1019—1083），字子固，号南丰，北宋建昌南丰（今江西省南丰县）人，著名文学家。宋嘉祐二年（1057）中进士，初任太平州司法参军，嘉祐五年召为馆阁校勘，集贤校理编校秘阁古籍，神宗熙宁元年（1068）改任英宗实录检讨官。因与王安石政见不合，于熙宁二年自求外任，担任越州通判，当年六月到任，至熙宁五年二月改知齐州（今山东省济南市），前后在越州任上三年。其间，罢输钱之弊，组织救荒，重视水利，考察越州鉴湖，写下了著名的《越州鉴湖图序》等诗文，治绩显著。

曾巩与王安石年岁相近，出生地南丰和临川两地也相近。宋庆历元年（1041）王安石至京师应礼部试，曾巩在太学，两人始相识。曾巩《寄王介卿》诗云："忆昨走京尘，衡门始相识。疏帘挂秋日，客庖留共食。纷纷说古今，洞不置藩域。"诗中生动记载了两人初识时的情景。庆历二年王安石中进士，签书淮南判官，后任鄞县知县、舒州通判、常州知州、提点东江刑狱、三司度支判官和知制诰等职。曾巩迟至嘉祐二年（1057）才中进士，先后为太平州司法参军、馆阁校勘、集贤校理等职。其间，两人交往甚密，书信诗文相酬频繁。曾巩曾多次上书欧阳修，引荐王安石；王安石也十分推崇曾巩，其《答王景山书》云："李泰伯、曾子固豪士，某与纳焉。"曾巩与王安石之间的疏远，始于熙宁元年（1068）至熙宁二年间。熙宁元年四月，王安石任翰林学士，熙宁二年六月任参知政事，施新法。其时，曾巩在京师为馆阁校勘、集贤殿校理兼判官告院，政见的分歧、学术的相异、党争的偏见，导致两人日渐疏远。

在变法问题上，曾巩虽然不墨守成规，也支持王安石变法，但主张稳妥、亦步亦趋，与王安石急于求成不同。在变法的主张上，两人意见分歧更大。曾巩提倡"法后王""明圣人之心于百世之上，明圣人之心于百世之下"；王安石则主张"法先王""尧舜之道至简而不烦，至要而不迂，至易而不难，但末世学者不能通知，以为高不可及耳"。两人主张的分歧还包括曾巩反对王安石"侍者可以使之立，而讲者当赐坐"的"坐讲制"，认为这是不明君臣之分的狂妄之举；他主张以教化为先，反对王安石"治民当知其情伪利病，不可示姑息""罚轻不足以阻奸""以诛罚胜之"；他还主张以"节用为理财之要"，反对王安石的"析财利""与民争利"；等等。政见的分歧，导致话不投机半句多，曾巩在《过介甫归偶成》中道："结交谓无嫌，忠告期有补。直道讵非难，尽言竟多迕。知者尚复然，悠悠谁可语。"他自求外任，决心离开京师这个是非之地，王安石曾竭力挽留，但结果是"哀鸿相随去，去我终不顾"。

曾巩自求外任，除了与王安石存在政见分歧有关外，还与当时朝廷的党派矛盾有关，苏轼《送曾子固倅越得燕字》诗写道："醉翁门下士，杂遝难为贤。曾子独超逸，孤芳陋群妍。昔从南方来，与翁两联翩。翁今自憔悴，子去亦宜然。"曾巩与王安石都是欧阳修的门生，在熙宁变法的政治斗争中，邵雍、司马光和吕公著等都一直攻击、非难曾巩。曾巩自求外任，既是为了远离构陷于他的反对派，又是为了避免受到王安石变法派的拉拢，从此，他开始了长达十余年转徙六州的官场生涯。

王安石变法真正付诸实施是在宋熙宁二年（1069），是年条例司陆续颁行农田水利法、青苗法、均输法等新法条例。“通判”一职于宋代初期开始在各州府设置，职责是协理政务，地位略次于州府长官，具有负责连署州府公事和监察官吏的实权，有监州之称。曾巩在越州三年通判任内以实际行动推行了新法。

兴修水利，推行农田水利法。熙宁元年（1068）曾巩就在《英宗实录院申请札子》中提出：“都水监河渠水利凡有议论改更……令仔细检寻，供报本院，不得漏略。”可见他对水利的重视。在赴越州途中，他就“问湖之废兴于人，未有言利害之实者”。走马上任后，他亲自踏勘，“问图于两县，问书于州与河渠司”，在实地调查访问的基础上撰写了《越州鉴湖图序》。文章首先考察了鉴湖兴修的历史及其成效，其次写鉴湖湮废始于祥符甚于治平年间，最后叙写“争为计说”的种种主张。曾巩坚决驳斥“湖不必复”“湖不必浚”两种错误论调，探讨了景祐以来历届越州官员禁止“盗湖为田”的各种办法收效甚微的原因。他力主治湖，并提出“言必行，法必举”的治湖最佳办法。同年，曾巩还应鄞县令张峋之请，作《广德湖记》，鉴于“越之南湖（即鉴湖）久废不治，盖出于吏之因循，而不至于不知所以为力，予方患之”而鄞县广德湖之兴“以数百年，危于废者数矣，由屡有人，故益以治”的事实，提出“政之废举”关键在于人，在于为政之官员，所以“为之书，尚俾来者知毋废前人之功，以水为此邦之利，而又将与越之人图其废也”。希望越州官员从中得到借鉴，体现了曾巩对水利建设的深切关注。由于在任时间短，曾巩的主张来不及施行，加之继者如政和年间的越州太守王仲嶷为取悦朝廷，多缴租税以供皇室享用，竟然放任豪强对鉴湖进行围垦，导致鉴湖最终湮废。

实施青苗法。“青苗法”是王安石新法的一项重要内容，也是反对派攻击尤甚的一个方面。“青苗法”低息，贷有限额，请贷自愿，有利于抑制豪强高利盘剥，是一项利国利民的举措。但少数官员在贷款和收息的过程中别出花样，随意加码，还有少数官员因想邀功，强迫百姓认贷，强迫收息，借此博取朝廷的赏识，苏辙曾说："以钱贷民，本以救民，然出纳之际，吏缘为奸，虽有法不能禁。"曾巩在越州任上"出钱粟五万贷民以种粮，使岁赋以入，民赖以生活"，使得一部分贫困的百姓得以发展生产。

行募役法。曾巩在任内废除了嘉祐中期"州取酒场钱给牙前之应募者，钱不足，仍使乡户输钱助役，期七年止，期尽而责乡户输钱如故"的做法，且请下诏约束，毋得擅增募人钱，保证了募役法的妥善实施。

救灾赈饥。熙宁三年（1070），越中水旱并发，受灾面积广，受灾人口众多。曾巩认为，"度常平（常平仓是汉代开始设置的用来平抑粮食价格的谷仓）不足仰以赈给，而田居野处之人，不能皆至城郭，至者群聚，有疾疠之虞。前期喻属县召富人，使自实粟数，总得十五万石，视常平价稍增以予民，民得从便受粟，不出田里而食有余，粟价为平"。

为政简、不扰民。曾巩针对"州县困于文移烦数，民病于追呼之扰"的弊病，采取事责分工明确的做法："事应下县，责其属，度缓急与之期，期未尽，不复移书督趣；期尽不报，按其罪。期与事不相当，听县自言，别与之期。而案与期者，即有所追逮，州不造人至县，县毋遣人至田里。县初未甚听，公小则罚典史，大则并劾县官。于是莫敢慢，事皆先期而集，民不知扰。所省文移数十倍"。属于州管的事情，"督察勾稽，皆有程式，分任僚属，因能而使，公总览纲条，责成而已"，为此"政巨细毕举，庭无留事，囹圄屡空"。

曾巩在越州通判任上写下了二十余篇文章，其中有著名的《越州鉴湖图序》《送傅向老令瑞安序》《馆阁送钱纯老知婺州诗序》和《广德湖记》，明州任上写有《越州赵公救灾记》《宝月大师塔铭》等，其中以序、记体的散文成就为高。曾巩散文长于叙事说理，往往夹叙夹议，以叙出论，不迫不躁，纡徐委曲，使说理周密严谨，有层次，有起伏，有兴味，曲尽事理，如《越州鉴湖图序》内容充实，见解深刻，论证周密严谨，叙议极尽腾挪变化之妙。清代方苞认为“此文在子固记事文为第一，欧公以下无能颉颃者”，评价之高，实属少见。

曾巩叙事善于剪裁，详略适宜，繁简合度，层次分明，不枝不蔓，细密而有条理。他善于运用较短的文字清楚地叙述事情始末梗概，如《越州赵公救灾记》记叙赵抃在越州救灾的准备、措施、作风和效果，繁而不乱，细而不碎，条理清晰。

曾巩所作的哀祭文和墓志铭，叙事生动曲折，引人入胜，他尤其善于在叙事中表现出各色人物的行动、神情、心态、性格，如《宝月大师塔铭》重点写他学医后治病救人的精神和处贫富生死之际而不改容变色的气度，人物形象鲜明，鲜活可爱。曾巩文章语言平易晓畅，往往以内容表达需要来选择和使用不同句式，或排偶或单行，或两者结合，文句大体整齐，有时错落有致，无不音节谐美。

曾巩的文学成就和影响主要在散文方面，他的诗也有一定的成就。他在越州通判任上写有古体诗《南湖行二首》《游金山寺》《种牡丹》《答葛蕴》《西湖二月十日》《北湖》等，还有律绝诗《游天章寺》《送关彦远》《送关彦远赴江西》《看花》《会稽绝句三首》《过高士坊》等数十首。钱钟书在《宋诗选注》评论曾巩诗说：“就‘八家’而论，他的诗远比苏洵、苏辙父子的诗好，七言绝句更有王安石的风致。”此评价确为中肯之论。

三山万户巷盘曲

——汪纲修治的大都市宋城

汪纲，字仲举，南宋安徽黟县人，于宋宁宗嘉定十四年（1221）出任绍兴知府。汪纲既是绍兴知府，又是两浙东路提点刑狱公事。他掌一府之政，勤施政、办实事，在大事决策中善于听取下属的合理意见。他致力于发展地方经济，造福一方百姓，尤其是在绍兴城市建设的发展史上留下了浓墨重彩、辉煌灿烂的一页。

南宋偏安江南多时，在此期间，北方人口的大量南移，给南宋带来了充足的劳动力、先进的技术和丰富的生产经验推动了南方社会经济的发展。绍兴作为浙东中心城市，又是南宋的陪都，更有着特殊的地位。南宋嘉定年间（1208—1224），虽然没有爆发宋金之间大规模战争，但金人的威胁依然存在。随着绍兴政治、经济地位的崛起，汪纲以敏锐的眼光察觉到扩建府城及重修各城门的重要性。从嘉定十六年（1223）始，汪纲大修城池，疏浚河道，修筑道路桥梁，其规模之大、范围之广，史无前例。

嘉定十六年（1223），汪纲按隋代罗城规格，重加缮治并修诸门，史称“宋城”，据宝庆《会稽续志》记载：“城周长二十四里，设城门九。城之东，曰五云门，即古雷门，晋王献之所居，有五色祥云见，故取以名门；有水门曰都泗，旧都赐；东南曰稽山门；水门曰东郭；西曰迎恩门，唐昭宗命钱镠讨董昌，镠以兵三万屯迎恩门，则迎恩门之名其来久矣；西南曰常禧门，又谓之偏门；南曰植利门；北曰三江门”。在修缮城墙和诸门的同时，堰埭亦加以修筑。汪纲在重修罗城的同时，对子城亦一并修之，对缺损破坏的谯楼及镇东军门、秦望门等建筑均作修缮装饰，遂为一郡壮观。城墙、城门和护城河的修建，既增强了城市的防御功能，又有利于水上运输和加强排水抗洪功能。

南宋时，绍兴府城内已基本形成了完善的河网水系格局，城市的运输功能主要依赖水路。凡有河道的地方，所有的物资、人员往来都用船运。当时府城的常住人口已超过10万人，从人员出入及物资运输方便考虑，民居、商铺、酒楼甚至工场等建筑皆多依河或沿街而建。日积月累，河床的淤泥逐步抬高，船只经常搁浅，河磡亦岁久皆坏。汪纲遂重砌了河磡，对城内的河道作了疏浚，使大小支流纵横交叉，皆可互通舟楫。河道的畅通，带来了水上交通的便利，府城内樯橹相接，船舶如梭，水上运输重现繁忙景象。

随着绍兴城市经济的发展和商贸业的兴盛，城市道路日显拥挤。府城内的道路已久不修治，且多为泥土路面，一遇下雨天，路上的泥淖几乎没膝，行人苦不堪言。泥泞的路面不仅影响路人通行，也有损城市市容，于是汪纲着手修建城内道路和城市对外主要通道，采用石块铺筑路面，始于府桥至轩亭及南、北两市，由府前至镇夷军门，贤良坊至府桥，水澄坊至鲤鱼桥，沿河夹岸迤逦增筑，暨大小路、迎恩门外至虹桥、牵汇，坦夷如砥。使府城内的道路有了“天下绍兴路”的美誉。嘉定十七年（1224），汪纲又对城内向外的道路作了修建。斜桥坊路是府城通往台州、宁波等地的交通要道，每逢下雨天，路面泥泞难行，汪纲命伐石甃砌，使两州往来者甚便。

当时众多的道路都由桥梁接续延伸，桥梁为行人及货物的运输在跨越河道时提供了最为安全的通行条件，因此南宋时绍兴桥梁的数量十分惊人，至宋嘉泰元年（1201），府城内已有府桥、纺车桥、斜桥、五接桥、小江桥、落碧桥、八字桥、广宁桥、大庆桥等99座桥梁的记载，无名小桥则不计其数。在这些桥梁中，有很大一部分是南宋时建造的，而且有些桥梁的建造技术已达到了相当先进的水平。如八字桥，系梁式石桥，建于宋嘉泰元年之前，位于府城东南，筑于三河汇合处，兼跨三河，与三条道路相衔接。八字桥设计科学，布局合理，巧妙地解决了三街三河复杂的交通问题，堪称中国古代石桥的精品杰作。

八字桥

在唐代以前，“越城之中多古坊曲”，居民的住宅区和商业区分设，“坊”内住有居民，“坊”之四周筑有围墙，坊内有一条或两条大路通往坊外，是“坊”的主干道，又有若干小路交叉，称为“曲”。作为商业区的“市”则设在“坊”的外边，“市”中又设“肆”。到唐代末期，随着城市发展和商业经济的活跃繁荣，这种传统的坊市制已有所改变，居民区的坊墙亦渐被拆毁。至北宋大中祥符时，绍兴府城内已有新的坊巷聚居制的记载，城内共设32坊。而“坊”的功能则从居民区演变为行政区划，其间包含一定的商业网点。从绍兴初年始，绍兴城市发展很快，到绍兴二十七年（1157），城内俨然一派繁华景象。南宋状元王十朋在出任越州佥判时，从卧龙山顶俯瞰这座城市，写下了描述绍兴城市的美文佳句：“周览城门，鳞鳞万户。龙吐戒珠，龟伏东武。三峰鼎峙，列障屏布，草木茏葱，烟霏雾吐。栋宇峥嵘，舟车傍午。壮百雉之巍垣，镇六州而开府。”到宋嘉定十七年（1224），经过科学合理规划和大规模城市建设，府城内已形成了“一河一街”“一河两街”和“有河无街”的水城格局，纵横交错的河道与街道，把府城分割成许多坊巷。于是汪纲把府城内的建置扩大到五厢九十六坊，“厢”就是由一定范围内的坊巷、街道、商店和市场所构成的。这个规模为大中祥符年代的三倍。其时，除临安府外，绍兴为其他城市所不及。厢坊制的建立，彻底打破了官民分居、坊市分离的格局，官府衙门、贵戚府第与一般市民住宅互相杂处，商业和其他经济活动散布于城市各处。

绍兴府治，背枕卧龙山。唐代时州宅内亭台楼榭，胜迹非凡，犹如仙境。唐乾宁二年（895），董昌在越州称帝，自封罗平国王，举起反旗，以州治厅堂作为宫殿。钱镠奉昭宗之命平董昌之乱后，厌恶董昌宫殿伪迹，将其毁后又重新建立。南宋高宗赵构于建炎初驻跸越州，以州治为行宫，将州治中之设厅改作明堂，行祭天祭祖大礼。宋高宗迁都临安后，行宫复作州治。至宋嘉定十五年（1222），州宅已破败不堪。汪纲自谯楼以至设厅、由廊庑吏舍内自寝堂、燕坐庖湢之所，悉治新之。工程自嘉定十五年春开工至嘉定十六年冬落成。重修了多稼亭、观风堂、清旷轩、真武堂、贤牧堂、常衙厅、秦望阁、棣萼堂、清思堂、青隐轩、延桂阁、招山阁等建筑，同时又新建了多处建筑而成为卧龙山之胜景。如摘唐代元稹“州城迴绕拂云堆”和“四面常时对屏障”之诗句，分别新建了名为“拂云”“四面屏障”等建筑；摘宋代张伯玉“疏竹间花阴，了无尘土侵”“燕寝长居紫府春”及“州宅倚云根”之诗句，分别在清思堂之北和州宅后新建了名为“无尘”“燕春”“云根”等建筑，还新建了镇越堂、月台、云壑等建筑。

此外，汪纲一并对府治官廨作了修建。重修了提刑司、提举司、安抚司签厅、通判厅、签厅，使这些建筑“稍称大府之体”。

由于南宋王朝偏安江南，北方大片领土陷入金人之手，许多爱国之士和将领日夜思念收复失土。为激励人们继承和弘扬越王勾践卧薪尝胆、发愤图强的精神，汪纲在近民亭遗址上建造了越王台。越王台高十丈，气象开阔，目及千里，为一郡登临之胜。在越王台左侧筑了三大亭，各篆字刻之。

望海亭是越城古景。该亭初为越国大夫范蠡所筑，名为飞翼楼。登楼眺望，可观察吴国入越动静。唐时在飞翼楼址上筑亭，因登亭可望后海，故称望海亭。到南宋嘉定年间，亭已破败不堪，汪纲又重修望海亭。

蓬莱阁在设厅后，卧龙之下，始建于五代十国时期，由吴越国王钱镠所建。其名源于唐代诗人元稹的诗作。蓬莱阁建成后，成了郡城中的标志性建筑，巍巍壮观，非同凡响。南宋状元王十朋所作《蓬莱阁赋》中云：“越中自古号嘉山水，而蓬莱阁实为之冠。”历代均十分重视对蓬莱阁的保护和维修。嘉定十五年（1222），蓬莱阁其坏尤甚，旧景不再，汪纲遂作了重修，使其重现风采。

西园，在卧龙山之西。“府治，据卧龙形胜处，龙之口，府东门也，龙之尾，西园也。”自吴越时此处已为游观之地。随着钱氏王室举家北徙，此园遂废不葺治。北宋景祐三年（1036），蒋堂出知越州不久，即复其旧观。后园内亭宇多坏，嘉定十六年（1223），汪纲对园内景观作了增葺，又创“憩棠”一亭，颇为华丽。

除了对府山一带的景观进行改造外，汪纲还十分重视教育。绍兴有重学传统，南宋时学风尤盛，“南渡以后，弦诵之声，比屋相闻”。嘉定十五年（1222），岁逢大比，汪纲整葺贡院且增屋三十间，将贡院庭中之泥地全部改建成石砌之地，院前待试地亦填石。嘉定十六年，汪纲在对学校作巡视后，认为建筑简陋破损，遂对学校进行修缮扩建。

铁马秋风大散关

——爱国诗人陆游

陆游（1125—1210），字务观，小字延僧，号放翁，越州山阴人。陆游出身于书香门第，高祖陆轸以进士起家，祖父陆佃为王安石学生，官至尚书左丞。父亲陆宰曾官京西转运副使，为越州藏书大家。全家以质直有守而宽易清恕为风尚。

陆游生活在北宋末年至南宋前期。其时，战争不断，百姓苦难重重，江山支离破碎。他出生的第二年，金人入侵，北宋沦亡。他随着家人逃难，尝尽了颠沛流离的痛苦，九岁时才回故乡绍兴定居。当时他经常看到具有爱国思想的父亲陆宰与其他爱国志士商议国事。从小饱经丧乱的生活经历，群情激昂的抗敌气氛，培养了陆游忧国忧民的思想，他由此立下了“上马击狂胡，下马草军书”“平生万里心，执戈王前驱”“平生铁石心，忘家思报国”的志向。

为了效力国家，陆游和其他封建社会的知识分子一样，也走上了科举的道路。绍兴二十三年（1153），他赴京（临安）考试，名列秦桧之孙秦埙之上，因此受到秦桧的排挤。直到秦桧死后，陆游方被起用。初为福州宁德县主簿，不久调官行在，除敕令所删定官。孝宗即位后，赐进士出身，除枢密院编修官兼编类圣政所检讨官。因主战抗金，陆游一直遭到朝中主和派的排挤，但他一有机会就上书朝廷，提出许多抗金救宋的策略和政治措施。隆兴元年（1163），他因与张焘论曾觌、龙大渊结党营私事，触怒孝宗，出为镇江通判，接着以“交结台谏，鼓唱是非，力说张浚用兵”而免官。乾道五年（1169）出任夔州通判。乾道八年入四川宣抚使王炎幕府，并亲上南郑前线抗金。其时为陆游人生最得意之时期，诗风亦为之大变。可惜为时仅八个月，陆游便回到后方，通判蜀州，摄知嘉州，又摄知荣州，参议四川制置使幕府，又因“燕饮颓放”故，被罢嘉州新命。淳熙五年（1178），陆游离川东归，任提举福建常平茶公事，次年改除江南西路常平茶盐公事，第三年因救灾而被劾，又投闲置散六年。淳熙十三年，起用为严州军州事，淳熙十五年，任满回家。次年官礼部郎中，又被何澹所劾，罢官返里。这次罢官后，陆游一直隐居于山阴三山别业和会稽石帆别业，过躬耕生活，直至宁宗嘉定三年（1210）六月二十四日赍志以殁。

终陆游一生，得意时期加起来不足六年，而遭受的打击却达八次之多。正是这么多打击，激发了陆游的爱国主义情怀和忧国忧民思想。陆游在《初冬杂咏》一诗中说：“书生本欲辈莘渭，蹭蹬乃去为诗人。”也就是说，作诗并非陆游本愿，他希望像伊尹、吕尚那样辅佐明主，为国出力。他又在《春晚读书感怀》中说：“此诗倘不作，丹心向谁明?”现实迫使他以诗言志，平生创作近万首充满爱国精神的诗词，为现存诗歌数量最多的诗人，在中国文学史上产生了深远的影响，他的爱国精神也一直激励着后人。

陆游留给后代的宝贵财富是：对国家忠，对人民爱，对自己保有独立人格。唯其如此，陆游的形象才那么光彩夺目。

陆游的诗歌涵盖面非常广泛，几乎涉及南宋前期社会生活的各个领域。他有描写田园风光、日常生活的诗。陆游热爱生活，善于从各种生活情景中发现诗材。无论是高山大川还是草木虫鱼，无论是农村的平凡生活还是书斋的闲情逸趣，“凡一草、一木、一鱼、一鸟，无不裁剪入诗”。《游山西村》一诗，色彩明丽，并在景物的描写中寓含哲理，其中“山重水复疑无路，柳暗花明又一村”已成为广泛流传的名句。他的《临安春雨初霁》，描写江南春天，虚景实写，细腻而优美，意韵十足。

陆游有豪放的爱国诗，也不缺缠绵的爱情诗。陆游的词，最著名的当属《钗头凤》：“红酥手，黄縢酒，满城春色宫墙柳。东风恶，欢情薄。一怀愁绪，几年离索。错、错、错。春如旧，人空瘦，泪痕红浥鲛绡透。桃花落，闲池阁。山盟虽在，锦书难托。莫、莫、莫！”

唐琬读到这首词后，痛苦眷恋的内心又一次掀起了情感的波澜，于是和了一首情感哀怨、同样催人泪下的词：“世情薄，人情恶，雨送黄昏花易落。晓风干，泪痕残，欲笺心事，独语斜阑。难、难、难。人成各，今非昨，病魂常似秋千索。角声寒，夜阑珊，怕人寻问，咽泪装欢。瞒、瞒、瞒。”

陆游与唐琬的婚姻悲剧都被写进上述两首词里了。唐琬在那次见面后染上疾病，3年以后就去世了，陆游又活了50多年。在这余生中，陆游每到沈园，大多有诗怀念唐琬。庆元五年（1199），75岁的陆游再游沈园。这时候唐琬已香消玉殒44年之久，但陆游的缱绻之意却反而随着岁月的流逝而加深。他追忆着深印在脑海中那惊鸿一瞥，在荷花池畔题下《沈园二绝》：“城上斜阳画角哀，沈园无复旧池台。伤心桥下春波绿，曾是惊鸿照迎来。梦断香消四十年，沈园柳老不吹绵。此身行作稽山土，犹吊遗踪一泫然。”

人生之路虽短，而怀念无期。陆游一次次提起已显得沉重的羊毫笔，平静而坚定地表达珍藏于心底的至死不衰的爱情。84岁时作《春游》：“沈家园里花如锦，半是当年识放翁。也信美人终作土，不堪幽梦太匆匆。”

陆游是南宋文坛多才而高产的大家，尤其在诗歌领域，成就最为突出。现存《剑南诗稿》85卷，所录诗作就多达9300多首。陆游在散文创作方面也有很高的成就，所作散文以语言洗练、结构整饬著称，

沈园

《钗头凤》词壁

被后人推为“南宋宗匠”。现存《渭南文集》50卷、《放翁逸稿》2卷，另有《南唐书》《老学庵笔记》等单行于世。

陆游在绍兴居住时间最长的住所是三山别业，位于今绍兴胜利西路北侧。陆游自幼迁徙过多个地方，因为陆游祖上原在甬里，后徙嘉兴，再迁钱塘，又从钱塘迁到山阴鲁墟。陆游曾祖陆珪建宅于吼山，祖父陆佃住绍兴府城内斜桥，后筑室陶山，父亲陆宰先住小隐山，后迁云门。陆游孩提时在云门读书，直到南宋乾道元年（1165）41岁时才在三山卜建别业。

陆游在三山别业度过了30年时间。纵观《剑南诗稿》，凡85卷，9300多首诗，其中写于此间30年的诗作超过6000多首，占三分之二。他在此"赎衣时已迫，贷米岁方艰"（《病中戏咏》），"一杯芋糁羹，孙子唤翁食"（《秋思》）。

然斗转星移，昔日作诗之地仅存陆家池，池边立有石碑一方，上书"陆游故居遗址"。有幸的是现在三山别业已经准备恢复，只是原样如何尚待研究。

陆游有几千首诗与此地有关，读诗能知道三山别业的独特风貌。

《南门散策》："结宇溪一曲，两山左右之。"说明陆游三山别业在行宫山、韩家山之间。

《山脚散步由舍北归》："偶散东冈步，因成北渚游。"《夜归偶怀故人独孤景略》："买醉村场半夜归，西山落月照柴扉。"说明三山别业不在正中，而是接近于西山。

《晨起看山饮酒》："虚窗天柱晓，小瓮橐泉香。"说明三山别业轴线正对天柱峰。《有叟》："有叟镜湖边，茆茨八九椽。"《弊庐》："敧倾十许间，草覆实半之。"可知别业规模十余间，一半是草屋。

南端为堂，称为务观堂，包括南堂、渔隐堂、居室。堂东有小轩名为昨非轩。东为老学庵。靠近西山有两座山房。如此布局都可找到对应的诗句以为证。

务观堂里，"山重水复疑无路，柳暗花明又一村"，穿过曲里拐弯的山间小道，迎面豁然开朗，眼前一建筑，裸木草顶。

南堂后为渔隐堂与居室。《居室记》："陆子治室于所居堂之北，其南北二十有八尺，东西十有七尺。"渔隐堂、居室与南堂不同，《居室记》中曰："岁暮必易腐瓦、补罅隙，以避霜露之气。"清楚说明此二处盖的是瓦顶。《居室记》中还有："冬则析堂与室为二，而通其小门以为奥室。夏则合为一。"可见渔隐堂与居室相连。《初冬杂题》曰："身在范宽图画里，小楼西角剩凭阑。"说明居室有楼。

通过这些诗句的描述，我们对三山别业的规模、构架、形制了解得十分清楚。据《老学庵笔记》记载，老学庵是陆游晚年蛰居的书斋，取自"老而学者，犹秉烛夜行"之句。故其笔记以斋名而名。学庵建在镜湖之滨，面临碧水。《题庵壁》："万叠青山绕镜湖，数椽自爱野人居。"又《题老学庵壁》："此生生计愈萧然，架竹苫茆只数椽。"可知其为架竹、苫茆、只数椽的野人居，古拙而典雅。

庵居之东置龟堂。《龟堂东窗戏弄笔墨偶得绝句》："北庵睡起坐东厢，无事方知日月长。"《龟堂一隅开窗设榻为小憩之地》："小展窗扉无大费，略加苫盖有余凉。"《新开小室》："并檐开小室，仅可容一几。东为读书窗，初日满窗纸。"

老学庵的西边有小轩。《书感》曰："会凭香火消前业，已筑茆茨讼昨非。"（陆游自注："余村居筑小轩，以昨非名之。"）轩前有竹，《南轩》曰："南轩修竹下，枕簟终日眠。"

现陆游的三山别业恢复工作基本完成，内部装饰和功能正在逐步完善。

东风夜放花千树

——辛弃疾在绍兴

嘉泰三年（1203）六月，南宋伟大词人辛弃疾被任命为绍兴知府兼浙东安抚使。任职虽只短短六个月，但这是他被重新起用的关键一步。

辛弃疾（1140—1207），南宋词人。原字坦夫，改字幼安，别号稼轩，历城（今山东济南）人。出生时，中原已为金兵所占。21岁参加抗金义军，不久归南宋。历任湖北、江西、湖南、福建、浙东安抚使等职。一生力主抗金。曾上《美芹十论》与《九议》，条陈战守之策，显示其卓越军事才能与爱国热忱。其词抒发力图恢复国家统一的爱国热情，倾诉壮志难酬的悲愤，对当时执政者的屈辱求和颇多谴责，也有不少是吟咏祖国河山的作品。其作品题材多样又善化用前人典故入词，风格沉雄豪迈又不乏细腻柔媚之处，作品集有《稼轩长短句》，今人辑有《辛稼轩诗文钞存》。辛弃疾存词600多首，强烈的爱国主义思想和战斗精神是辛词的基本思想内容，其中较有代表性的有《青玉案·元夕》《丑奴儿·书博山道中壁》《菩萨蛮·书江西造口壁》《南乡子·登京口北固亭有怀》等。他是中国历史上伟大的豪放派词人、爱国者、军事家和政治家。辛弃疾在抗击金人的战斗过程中，将原字“坦夫”改为“幼安”，旨在效仿西汉大将霍去病（公元前140年—公元前117年），他奋勇杀敌，带领将士打败异族侵略。辛弃疾在文学上与苏轼齐名，号称“苏辛”，与李清照并称“济南二安”。济南由此也成为当时全国的文学中心。有人这样赞美过他：稼轩者，人中之杰，词中之龙。

鉴湖旁，陆游居住的草堂里，南宋的两位伟大诗人终于相见了。此时陆游已经78岁，早已告老还乡，辛弃疾比陆游小15岁，也已63岁，两位过了知天命年纪的老人相见，显得格外激动。

辛弃疾在《破阵子》中写道：“了却君王天下事，赢得生前身后名。可怜白发生！”一心想替君王收复失地，博得生前和死后的美名，只可惜白发已生，壮志难酬。

一个是“当年万里觅封侯，匹马戍梁州”，一个是“金戈铁马，气吞万里如虎”，相同的经历让陆游和辛弃疾心意相投。他们一生仕途沉浮，收复中原是他们一生的精神寄托。两位诗人论今谈古，神交已久，一日相见，深感知己难逢。

辛弃疾常去探望陆游，在陆游家做客。辛弃疾见陆游居住的草屋破败不堪，几次提出要为陆游修筑家舍，但陆游总是委婉谢绝，陆游对辛弃疾说，这种小事不用麻烦，你考虑的应该是国家大事，早日收复中原。

这年冬季，辛弃疾告诉陆游，他将追随右相韩侂胄北伐中原。韩侂胄将出兵北伐，陆游心中十分激动，他恨不得自己回到年轻时代，能奔赴疆场。他对好友辛弃疾的北伐志向和勇气十分赞赏。辛弃疾临行前，陆游写了长诗《送辛幼安殿撰造朝》为其壮行。

这年底，韩侂胄派辛弃疾进驻抗金重镇京口（今江苏镇江）担任知府，辛弃疾登上京口北固亭，抚今追昔，写下了名垂千古的诗篇——《永遇乐·京口北固亭怀古》。

千古江山，英雄无觅孙仲谋处。舞榭歌台，风流总被雨打风吹去。斜阳草树，寻常巷陌，人道寄奴曾住。想当年，金戈铁马，气吞万里如虎。

元嘉草草，封狼居胥，赢得仓皇北顾。四十三年，望中犹记，烽火扬州路。可堪回首，佛狸祠下，一片神鸦社鼓。凭谁问：廉颇老矣，尚能饭否？

辛弃疾这首诗，前一部分写出了历代英雄豪迈气概，后一部分却透露了英雄末路的悲凉。然而，这次被陆游和辛弃疾寄予厚望的北伐，却由于投降派的掣肘、用人失察和将领叛变而失败，韩侂胄也被自己的政敌杀害。

辛弃疾每到一个地方，总是从农事入手，任职绍兴期间也不例外。到任不久，他就向朝廷报告了害农六事，要求核查处理。害农六事具体已不可考，其中有两项尚有记载：一是关于"折变"问题；二是多收斗面米问题。这些在《文献通考·田赋考》上都有记载："嘉泰三年，知绍兴府辛弃疾奏：州县害农之甚者六事，如输纳岁计有馀，又为折变高估趣（催）纳，其一也；往时有大吏为郡四年，多取斗面米六十万斛及钱百馀万缗，别贮之仓库，以欺朝廷曰用此钱籴此米，还盗其钱而去。愿明诏内外台察劾无赦。从之。"

当时农民一般按照每亩一斗的标准，以谷物的形式缴纳税赋，有时应国家需要，改缴钱帛，即所谓"折变"。因此，地方政府以"折变"为名，雁过拔毛，对农民随意搭车收费，调高比例渔利。关于"斗面米"，犹如清代之"火耗"，界于合法收费与乱收费之间。比如，一个郡守一任四年能多收斗面米60万斛，钱百余万缗，原本这钱是税收收入，本应上缴国库，但他却假称60万斛米是用百馀万缗钱籴买来的，从而将钱中饱私囊了。

另外，针对贩盐私商"盐虀为害"的问题，辛弃疾也曾采取措施设法消弭。任内他还对辖区内官员设置进行了调整，如奏请添置诸暨县尉，省罢诸暨县枫桥镇税官等。对一些有才干的属官或予以称赏（如会稽县尉朱权），或招至幕下（如诸暨县主簿赵汝燧），等等。虽任职只短短半年，便已呈政通人和、欣欣向荣的气象。

绍兴是会稽故地，典章文物，颇盛一时。卧龙山下的蓬莱阁，为五代吴越国王钱镠所建；城外东南四十里有秦望山，相传秦始皇曾登之以望东海，有李斯会稽石刻为证；另外，勾践卧薪尝胆，兰亭曲水流觞，皆风流蕴藉。辛弃疾在绍兴期间写绍兴的词中，以《汉宫春 · 会稽蓬莱阁观雨》《汉宫春 · 会稽秋风亭怀古》和《上西平 · 会稽秋风亭观雪》最为有名。

《汉宫春 · 会稽蓬莱阁观雨》："秦望山头，看乱云急雨，倒立江湖。不知云者为雨，雨者云乎？长空万里，被西风变灭须臾。回首听月明天籁，人间万窍号呼。谁向若耶溪上，倩美人西去，麋鹿姑苏？至今故国人望，一舸归欤。岁云暮矣，问何不鼓瑟吹竽？君不见王亭谢馆，冷烟寒树啼乌。"

辛弃疾六月十一日到任，同年十二月二十八日即奉召赴临安，次年春上离开绍兴，故知登蓬莱阁之举，必在嘉泰三年的下半年。据词中"西风""冷烟寒树"等语，可断定是作于晚秋。这首词以自然喻人世，以历史比现实，托物言志，寄慨遥深。

《汉宫春 · 会稽秋风亭怀古》："亭上秋风，记去年袅袅，曾到吾庐。山河举目虽异，风景非殊。功成者去，觉团扇、便与人疏。吹不断，斜阳依旧，茫茫禹迹都无。千古茂陵词在，甚风流章句，解拟相如。只今木落江冷，眇眇愁余。故人书报，莫因循、忘却莼鲈。谁念我，新凉灯火，一编太史公书。"

秋风亭，据载乃辛弃疾所建。艺术上，此词大量用典，"稼轩词龙腾虎掷，任古书中俚语、廋语，一经运用，便得风流"。其意迫于史，意蕴深厚，兴致繁复，简直是一首多乐章的命运交响曲。流露出词人对祖国的热爱，对国家衰败的哀叹。

《上西平 · 会稽秋风亭观雪》："九衢中，杯逐马，带随车。问谁解、爱惜琼华。何如竹外，静听窣窣蟹行沙。自怜是，海山头，种玉人家。纷如斗，娇如舞，才整整，又斜斜。要图画，还我渔蓑。冻吟应笑，羔儿无分谩煎茶。起来极目，向弥茫、数尽归鸦。”

从“观雪”两字，我们可以推断此词乃词人即将离绍时所作，表达词人即将离绍的惆怅和希望能在镇江得到重用的心情。

这三首词，题为观雨、观雪、怀古，均别有寄托，表现了词人对当时形势的沉思，这正是词人在绍期间爱国情思之表达。

纵观辛弃疾一生，他以将军之才进入词坛，为当时南宋词人的萎靡之吟注入了一股新风，他以杰出的思想和艺术成就独树一帜，屹立于千秋词林。而他在绍兴的半年时间，是他光辉人生中不能忽视的一个片段。

一船明月一帆风

——状元佥判王十朋

王十朋（1112—1171），乐清人，南宋绍兴二十七年（1157）得中状元。出任绍兴府佥判期间，《宋史》言“裁决如神，吏奸不行”，很有政绩。

王十朋在廷试中，高宗“以法天、揽权为对”，王十朋回答说：“臣愿陛下以正身为揽权之本，而又任贤以为揽权之助，广收兼听，以尽揽权之美。则所求无不得，所欲如意，虽社稷之大计，天下之大事，皆可以不动声色而为之矣。”王十朋深得高宗赏识，赐状元及第。原授左承事郎佥书建康节度判官厅公事，又诏：“王十朋系朕亲擢第一人，欲试以民事，何得远阙，可特添差绍兴府佥判。”

王十朋任绍兴府佥判，正好两年。佥判，全称为签书判官厅公事，其职责仅为协理郡政，总管文牍而已，为州府之幕僚，无决策权，这制约了王十朋才干的发挥。

王十朋莅任伊始，即以“民事堂”榜所寓廨舍，并作诗以记之，以此“自警”。次年，又有《民事堂赋并序》之作，“日以败官旷职为忧”，与同僚“朝夕讲论，无非民事之是要者”，提出“啖民脂以饱妻子兮，犹雀鼠之偷太仓。苟不民事之是思兮，又将奚逭乎天殃”。《民事堂赋并序》对诸多民事，直率地提出不同的看法。可以说，其与范仲淹《清白堂记》可并称为绍兴廉政、勤政的两篇力作。

离任之际，王十朋又作《留别民事堂》，反省两年的政绩，深为自责，写下了“两年宦东州，民事了无补。俯仰愧斯堂，何以报明主”的诗句。

绍兴二十八年（1158）四月初，立夏前后，淫雨弥旬，害及农桑。王十朋因此作《与赵安抚乞疏狱》：“伤和无乃有冤民，蠹政尚疑多大族。使君有术开青天，按劾奸贼疏滞狱。”赵安抚出身皇族，其高祖德昭，为宋太祖的次子，所以，王十朋欲借此抗衡大族，为民申冤，鲁六伤犬案为一突出的案例。

鲁六伤张侍郎家犬，知府已判“鲁六勘杖八十”，王十朋却迟迟不出判决，反而作《与安抚论张侍郎论鲁六伤犬》，认为“事涉不明，厢界供征，出于符合”，“若将鲁六断罪，事属无辜，深恐议者谓府属观望，轻人重犬；不独某坐误断之罪；其于张侍郎名德亦有所损”。既给知府讲明误判的严重性，又给了张侍郎面子。最后，鲁六无罪释放。

王十朋决案，常辅以教化，使判决更为合理合法。

陈友直之父妾阿何讼其不孝案。王十朋判：“陈友直当以妾母之礼敬待阿何，不得故有凌辱；其家事当有陈友直管掌。庶于经于律，皆无违碍。”

王十朋不仅在决案中重视教化，而且十分重视祠庙的教化作用，《与陆会稽修曹娥旌忠庙》《与江山阴修慰孝庙》《与赵安抚乞降祝版祀上虞舜庙》等一系列的“手札”，就是证明。这与他在诗文中对佛的嘲讽形成了极为明显的对比。

绍兴二十八年（1158）秋，王师心知绍兴府，倡改清白堂为范文正公祠堂，并于范仲淹家求得遗像，刻石绘像于堂。次年闰六月庚申，合府官员祀之，王十朋作《范文正公祠堂诗并序》，以记盛事，并表达了他对范仲淹的崇敬之情。还作诗《清白堂》：“钱清地古思刘宠，泉白堂虚忆范公。印绶纷纷会稽守，谁能无愧二贤风？”

王十朋在绍两年间，水旱灾情连发，民生艰难，在不少诗文中，都表达了他的忧虑及记录了他的作为。绍兴二十八年（1158），“大风淫雨，继以怒涛涨溢，为害滋甚”，仅上虞一县，“有淹死者一百六十八人，飘荡屋宇四百五十三家，逃移者一百二十七户，禾苗腐烂，颗粒不收，人民困饿，号泣待尽”，他见到申报后，即作《与安抚监司论灾伤》书，建议催促各县从速申报灾情，以便措置赈恤；并上报朝廷，“以广圣主畏天灾，恤民隐之意”，书尾言：“某备员幕职，不敢不闻。言涉狂妄，皇恐死罪。”

在皇上下诏开义仓救荒之后，竟“斗米大半杂以糠，横索民钱名贴量”，王十朋感到十分气愤，“见之不言咎谁当，言之人指为轻狂”，只好“作诗聊语同舍郎”，遂有《粜米行》之作。他并不甘心于此，又作《与提举论灾伤赈济》，建议：公税租及私债均延缓一年偿还；广行告谕，招流民返回原籍复业；公私集资修复上虞海塘。新知府到任后，任命王十朋为救灾指挥官，使那年的大灾得以度过。

山阴、会稽连岁水旱，究其根本，在于鉴湖“一半以湮废”，为此，绍兴二十九年（1159），王十朋又撰《鉴湖说》，详尽记述鉴湖为田的发展过程，陈说废湖之利害及复湖三难，列举各家之议，是鉴湖晚期不可多得的重要史料，与曾巩1069年所作《越州鉴湖图序》，徐次铎1196年所作《复湖议》，可合称为鉴湖晚期三大历史文献。而王十朋的文章又有承上启下的作用。

王十朋在文首开宗明义地点明鉴湖的重要性：“东坡先生尝谓杭之有西湖，如人之有目。某亦谓越之有鉴湖，如人之有肠胃。目翳，则不可视；肠胃秘，则不可以生。”这一恰当的比喻，后来为人们一再引用。纵观鉴湖盛衰的历史，南朝与南宋两次政治重心的南迁，两种截然不同的对待，产生完全相反的后果，是显而易见的：南朝时期，利用鉴湖（时称长湖、大湖、南湖）的巨大潜力，加以开发，促进了会稽经济的大发展和社会大进步，既为朝廷提供财力的支持，也为会稽奠定了唐与北宋前期全盛的局面。南宋都城临安，虽与绍兴更近，但竭泽而渔的做法，使鉴湖最终湮废，从而，也使绍兴走向了衰落。从这个观点来看，王十朋《鉴湖说》实是在鉴湖生死关头的一次呐喊。“今占湖为田者，皆权势之家，豪强之族也”，由此可见，对废湖之事，王十朋矛头直指官吏与豪族，《鉴湖说》亦可称为声讨此类人的檄文。

绍兴元年（1131）四月十四日，隆祐皇太后崩于行宫之西殿，遗诏：“殓以常服，不得用金玉宝贝。权宜就近择地攒殡，候军事稍息，归葬园陵。所制梓宫，取周吾身。勿拘旧制，以为它日迁奉之便。”自此，会稽县上皇村宝山遂成南宋攒宫之地，今称宋六陵。梓宫自都城临安发引，由西兴经运河，转鉴湖及御河至攒宫，沿途道路、桥梁之类，皆命绍兴府所管八县分地修营，成为惯例。

绍兴二十九年（1159）九月廿日，显仁皇太后崩，十一月十六日发引，廿六日掩攒。这是继隆祐皇太后，以及绍兴十二年（1142）九十月间，徽宗和显肃、懿节皇后攒葬之后的南宋第三次国丧。但由于梓宫龙舟“比旧为大，城门桥堰之类，势不免毁”，王十朋心急如焚，作《与桥道顿递使董侍郎（苹）》，建议龙舟“丈尺之数，乞依往岁徽宗皇帝御舟之例”；又代知府王师心作《札子》，直上高宗，避免了一场劳民伤财事件的发生。在这一涉及皇族的敏感的上书中，也表明了王十朋为民请命的胆略与智慧。他以徽宗旧例为由，又以“陛下遵奉遗诏，凡营奉之费，悉出慈宁，不以一毫病民，以彰皇太后仁俭之德”以及“日者奏请梓宫发引，利行甲方，然毁民居稍多，陛下恻然曰：‘兹岂求利耶！’乃改乙方”两事称颂皇上，从而使高宗易于接受其建议。

同样，在对攒宫的修缮问题上，王十朋也大胆地提出看法。攒宫修造，每年一小修三年一大修，率以为常。绍兴二十八年（1158）大修时，他目睹“将已成之宇，撤之更造；不损之器，毁而更置；不枯之木，拔而再植，其害非一端也”，遂作《与王安抚》，建议其“为上言之”。后又为知府王师心作《札子》，上书高宗，“不必以三年大修、每年小修为拘。但令本府常预备瓦木工匠之类，以俟不时之需：凡遇栋宇或损则更之，器用或旧则更之，松柏或枯则补之”。既实事求是，避免浪费，又制约了官吏贪婪邀功之心及腐败的滋生。

王十朋在绍两年，以民事为重，以民为本，给绍兴留下的不仅仅是政绩，更重要的是他的思想，以及他不朽的诗文。

王十朋有《会稽三赋》，最有名的要数《会稽风俗赋》。赋文很长，首先叙说会稽之历史沿革，极力夸耀历史悠久，人杰地灵。再言会稽诸山之秀美，山峰含义之广泛，物产之丰富。最后点出绍兴名人、名典、名文等，可以说是叙述绍兴人文地理的美文，具有十分重要的历史意义。

一代皇陵几棵松

——宋六陵灾变录

宋六陵位于绍兴城东南18公里的攒宫，现越城区富盛镇境内。陵区占地2.25平方公里，有南宋六位皇帝的陵墓，即高宗永思陵、孝宗永阜陵、光宗永崇陵、宁宗永茂陵、理宗永穆陵、度宗永绍陵，此外还包括北宋哲宗皇后孟氏、亡国之君徽宗及一批后妃与皇室重臣的坟墓，是江南地区规模最为庞大的一座皇家陵园。

宋六陵的营建，始于宋哲宗昭慈圣献皇后孟氏在临安病逝之后。嘉泰《会稽志》卷六《陵寝》有如下记述："绍兴元年（1131）四月十四日，奉隆祐皇太后遗诰：'殓以常服，不得用金玉宝贝，权宜就近择地攒殡，候军事宁息，归葬园陵，所制梓宫，取周吾身，勿拘旧制，以为他日迁奉之便。'此攒宫之始也。"攒宫，意为攒集梓宫。因为孟皇后曾经垂帘听政，所以当"以相臣为山陵使"，至六月初，攒宫告成。攒宫卜地就在会稽县，而道路桥梁类皆命越州所管八县分地修营。此后南宋六位皇帝就相继埋葬在这里。

南宋自高宗赵构立朝至少帝赵昺投海，立九帝，经153年，而六陵中的六位皇帝相继在位时间连续148年。

高宗赵构，字德基，是南宋的第一代皇帝。北宋大观元年（1107）生，他是宋徽宗的第九个儿子、宋钦宗的弟弟，被宋徽宗封为康王。宋靖康二年（1127）即位，改元建炎，从此开始南宋历史。在位36年，重用秦桧，以“莫须有”罪名杀岳飞，签订“绍兴和议”，使南宋成为金国的附庸国。绍兴三十二年（1162）退位当太上皇，淳熙十四年（1187）死，享年81岁，谥号神武文宪孝皇帝。

孝宗赵昚，字永元，原名伯琮，是南宋的第二代皇帝。他是宋太祖少子秦王赵德芳的后裔，绍兴三十二年（1162）五月被正式册封为太子，六月，宋高宗禅位太子，赵昚正式即位。淳熙十六年（1189）二月，赵昚禅位给太子赵惇，绍熙五年（1194）病死，终年68岁。赵昚是南宋最有作为的皇帝，统治期间政治比较稳定，经济也有一定的发展。他36岁登基，在位27年。后人评价他聪明英毅，卓然为南宋诸君之首。但从1163年到1189年他统治的这段时间内，却也是金朝圣主金世宗完颜雍在位期间。即位初期，赵昚锐意恢复，但没有成功。一是退居幕后的高宗时时干预，二是金世宗号称尧舜，国内政治清明，无可乘之机。赵昚不能遂其志，仅能退而求其次，改善一下宋朝的屈辱地位，诚如人们所说的，赵昚治虽不足，孝却有余，庙号“孝宗”，可谓受之无愧。

光宗赵惇是南宋的第三代皇帝，生于绍兴十六年（1146）九月，是孝宗赵昚的第三子。淳熙十六年（1189）二月，孝宗禅位给赵惇，改年号为绍熙。光宗即位后，罢免主战派大臣，朝政为主和派所操纵，他很想趁国泰民安励精图治，重振宋室江山，但皇后李后悍妒跋扈，喜欢弄权，使本就精神失常、体质不健的光宗疲惫不堪，后于庆元六年（1200）八月忧郁而亡，终年54岁。

宁宗赵扩是南宋的第四代皇帝，宋光宗的第二个儿子，生于乾道四年（1168）十月，曾被封为嘉王、平阳王，光宗在位时被立为太子。绍熙五年（1194），孝宗驾崩，在太皇太后主持下举行禅位大典，逼迫光宗退位，赵扩登基成为新君。嘉定十七年（1224）八月病死，终年

57岁。赵扩在位30年，一生庸庸碌碌，无所作为。由于他昏庸无能，是非不分，忠奸不辨，因而先有韩侂胄把持朝政，后有史弥远专制掌权，一生受制于权臣，连维系国统的皇嗣也由权臣一手操办。

理宗赵昀是南宋第五代皇帝。初名与莒，入宫后宁宗赐名贵诚。他是宋太祖的十世孙，山阴尉赵希垆的儿子，被宁宗收为养子。嘉定十七年（1224）闰八月，宁宗病死，宰相史弥远废皇位继承人竑，矫诏拥立贵诚为帝，赐名为赵昀，定当年年号为宝庆。景定五年（1264）十月病死，终年60岁。理宗在位40年，先后八次更改年号，但朝政始终不见得有一丝更新的迹象。他怠于政事，权柄下移，重用奸相，推崇理学，终致朝政日非，兵连祸结，疆土日蹙，王朝岌岌可危。他死后十多年，南宋就灭亡了，有人称他为“误国之君”。

度宗赵禥是南宋第六代皇帝，宋太祖十一世孙。原名孟启，他的父亲荣王赵与芮是宋理宗的弟弟，他本人被理宗收为养子。景定元年（1260）六月被立为皇太子，赐字长源，成为正式的皇位继承人。理宗崩后继位当皇帝，年号咸淳。赵禥在位期间，昏庸荒淫，不理朝政，奸相贾似道一手遮天，无恶不作，最终导致襄阳之战失败，蒙古兵顺江而下，势如破竹。咸淳十年（1274）七月，度宗在惊恐绝望中死去，年仅35岁。他是南宋最后一个有葬身之地的皇帝。

元世祖至元二十二年（1285），时任江南释教总摄的西僧杨琏真珈与泰宁寺僧允泽等人在宰相桑哥的支持下，率众僧及凶暴之徒，赶到绍兴陵园，将整个南宋皇陵破坏殆尽，这是宋六陵遭到的最大一次浩劫。《南村辍耕录》和《癸辛杂识》记述了事情的详细经过：至元二十二年九月，杨琏真珈与允泽率领部众蜂拥到陵区，陵使罗铣竭力相争，不让开陵，允泽拔刀相逼，罗铣无奈大哭而去。这伙歹徒有恃无恐，先盗挖宁宗、理宗、杨后等陵。理宗在位30年，死后珍宝随葬尤多。盗贼开启理宗棺盖时，一股白气冲出，只见理宗栩栩如生。珠光宝气缭绕其身，棺底垫以织锦，包以金丝网罩。棺中宝物被一抢而光后，歹徒又将理宗尸体倒悬，撬走口含的夜明珠，沥取腹中的水银。事后不久，他们又盗徽宗、高宗、孝宗、光宗诸帝陵。据清《历代陵寝备考》引《南村辍耕录》记载，西僧杨琏真珈发徽宗陵得“马乌玉笔箱”“铜凉拨锈管”，高宗陵得“真珠戏马鞍”，光宗陵得“交加白齿梳”“香骨案”，理宗陵得“伏虎枕”“穿云琴”“金猫睛”，度宗陵得“玉色藤丝盘”“鱼影琼扇柄”。诸陵宝物被盗，尸骨却被弃于草莽之间。

六陵被盗挖以后，宋代遗民、绍兴义士唐珏时年23岁，闻知帝陵被毁，龙体遭劫，忧心如焚。遂邀集里中少年，乘夜潜入陵园，收拾六陵遗骨。事前各置木匣若干，覆以黄绢，上署帝号、陵名，将诸帝遗骸收藏匣中，“六陵各以为函”，密埋于绍兴兰渚山天章寺前，并树以冬青以为标志。“独理宗颅巨，恐易之事泄，不敢易为伪骨。”翌日凌晨，事情完毕，唐珏出百金，酬谢众人。

七日之后，杨琏真珈复取理宗头颅，截为饮器取乐，又下令裹取诸帝骨骸，杂以牛马枯骨，在临安故宫中筑一高十三丈的白塔压之，名曰“镇本”，以压胜江南人民之意。杭州民众以为塔下真的埋有皇骸，常怀着悲切的心情瞻仰此塔，且不忍仰视。他们不知道皇骸早被唐珏等人秘密转移了。

历代陵墓，虽多有盗掘，而惨酷如宋六陵者，还真不多见。明袁宏道在《游六陵记》中写道：“六陵萧骚岑寂，春行如秋，昼行如夜，虽聊鞭叠骑，而时闻伥啼鬼哭之声。读唐义士诗，痛楚入骨，为之沥泣。自古亡国败家虽多，未有若斯之惨酷者也。”明张汝霖也有诗吟咏此事：“世外几番寒劫火，野人犹自说攒宫。六陵草树荒烟下，半壁山河落照中。义士伤心偷瘗骨，前朝遗恨失和戎。杜鹃巧作青山泣，并带松声咽晚风。”

杨琏真珈盗掘宋六陵一事，当时曾震动朝野。元世祖得悉杨琏真珈的罪恶后，即召还诛之，并将理宗颅骨移入管理全国佛教事宜和藏族地区行政事务的宣政院，赐之“皇帝之师”。

明朝初年，翰林侍讲学士、文学家危素在翰林院见明太祖朱元璋，向太祖详细地讲了宋六陵被盗的情况。太祖听了连声叹息。明洪武元年（1368）正月，朱元璋诏令御礼相臣宣国公李善长，遣工部主事谷秉义移北平大都督府及守臣吴勉，索饮器于西僧汝纳，叫其以理宗顶骨来献，并厝于金陵高座寺西北。次年六月令浙江行省进《宋六陵图》，于是命启瘗南归，藏诸旧陵。护葬者礼部尚书崔亮，绍兴知府张士敏勒碑记年月。其余陵墓，也从天章寺前迁遗骨回攒宫。陵上封以松树。“陵前丰碑重立，上刻诸帝陵名。”至此，南宋皇帝理宗赵昀的颅骨，在被劫取在外漂泊了近一个世纪之后，终于又重新返回到了原本想暂时存放梓宫的绍兴陵园。

明洪武三年（1370），朱元璋遣官访历代帝王陵寝，令各行省臣“审视陵庙并其图以进”，浙江行省进宋诸陵。历经近百年，宋六陵“唯孝理二陵献殿三间，缭以周垣，余仅存封树”。明洪武九年，“令五百步之内禁人樵采，设陵户二人，有司督近陵之人看守，三年一传制。遣道士斋香帛致祭于孝宗理宗二陵，登极则遣官祭告”。此时的宋六陵布局，理宗陵有顶骨碑亭，其右为义士祠。

清雍正七年（1729），皇帝敕地方官对皇陵加意防护，春秋致祭。

宋六陵

后逐渐荒芜。清人王居琼曾感而赋诗，作《穆陵行》曰：“六陵草没迷东北，冬青花落陵上泥。黑龙断首作饮器，风雨空山魂夜啼。当时直恐金棺离，凿石通泉下深锢。一声白雁渡江来，宝气竟逐奴僧去。金屋犹思宫女侍，玉衣无复祠官护。”

抗日战争时期，绍兴沦陷，日军屯兵于攒宫山上，陵周古木被砍伐殆尽。

1989年，宋六陵被列为浙江省重点文物保护单位。2012年开始，浙江省文物考古研究所组织开展对宋六陵遗址的考古调查和挖掘工作并已取得一系列成果。目前，宋六陵遗址公园建设项目也已在规划中。

第五章

阳明故乡心学城

明朝时期

浙江文史记忆·越城卷

明代时，绍兴府隶属浙江行省布政使司，共辖8县，府、县各有城，城内实行坊隅制，城外实行都里制。绍兴府城城区分4隅，西二隅属山阴，西南隅9坊，西北隅14坊；东二隅隶会稽，东南隅8坊，东北隅8坊。

明代，由于自然环境恶化，水患增多。幸有戴琥、南大吉、汤绍恩等，不顾个人荣辱升迁，不计个人利害，与乡贤绅衿一起，共同修葺海塘，兴建堤闸，疏浚河道，改善了水环境，保持了民众生活安定。

明代，绍兴水稻种植面积继续扩大。万历年间（1573—1620），绍兴农民开始引进种植玉米、甘薯等作物，绍兴作为“江南粮仓”的地位进一步巩固。明嘉靖十六年（1537）三江闸正式建成以后，绍兴平原水乡的水环境得以进一步改善，渔业外荡养殖渐成一定规模。此外，绍兴农村普遍栽桑养蚕，蚕多丝多，外地商人来绍兴采购蚕丝，兴商拢市，商贸业十分发达。

明中叶，绍兴府出现了一批带有资本主义萌芽色彩的酿酒、酱园工场。绍兴逐步形成了腐乳、酱油、贡瓜、香糕等风味独特的地方名产，或为贡品，或畅销国内外。山阴、会稽的一些酱园从业人员，陆续去外省开设酱园，酿制腐乳、酱油，酱制品等。

绍兴酒业则继续保持宋时之盛况，酒类品种还增加了薏苡酒、地黄酒、鲫鱼酒、豆酒等，其中以绿豆制曲所酿制的豆酒，广受欢迎，颇负盛名。当时，绍兴酒远销京师，一批酒坊，如东浦“孝贞”，湖塘“叶万源”“田德润”“章万润”等，闻名海内。

学术思想领域呈繁荣景象，产生的著名人物有心学大师王阳明，理学家刘宗周，心学思想家王畿，医学家张景岳，三次随郑和下西洋的地理学家马欢，杰出的艺术家、文学家徐渭，富有创造精神的绘画大师陈洪绶，誉满东邻日本的著名爱国学者朱舜水，丹心耿烈、刚直不阿的爱国之士沈炼，傲视权贵、具有民族气节的文学家张岱，临危不惧、以身殉国的爱国文学家王思任，浙东学派的创始人、敢于猛烈抨击封建君主制的进步思想家黄宗羲，等等。

吾心自有光明月

——心学大师王阳明

王阳明（1472—1529），名守仁，字伯安，号阳明，出生于明代绍兴府余姚县。明成化十七年（1481），王阳明父王华得中状元，因恋鉴湖山水，举家迁居山阴，造状元府于山阴县东光相坊光相桥侧畔。王阳明曾筑室会稽宛委山阳明洞天而自号古越阳明子，故被称为阳明先生。

王阳明画像

王阳明天资聪慧，在京师就读时，曾问塾师："何为第一等事？"塾师答以"惟读书登第耳"，他却以为"登第恐未为第一等事，或读书学圣贤耳"。弘治二年（1489），他在江西"谒娄一斋谅，语宋儒格物之学（朱熹之学），谓圣人必可学而至，遂深契之"，还家之后，整日端坐，讲读五经，不苟言笑，立下了当一代圣人的决心。弘治十二年，王阳明参加第三次会试及第，赐进士出身，观政工部，从此踏上仕途，历官南赣巡抚、南京兵部尚书、左都御史，在江西赣州等地剿匪，推行保甲制度，平定宁王朱宸濠的叛乱，受封为新建伯，谥文成，从祀孔庙。王阳明从政之余，读书不辍，曾师事娄谅，泛览儒、释、道三家。一生经历成化、弘治、正德、嘉靖四朝，面对社会危机，深感于“天下事势如沉疴积痿”，已到了“何异于病革临绝之时”，所以决心要寻求一种能使天下事势“起死回生”的良方。他以为当时读书人沉溺于理学，只作沽名钓誉之阶，无补于社稷安危。他经过千辛万苦，建立了企图拯救世界的身心之学，即心学。

王阳明的最大成就是他的心学理论。阳明心学是明朝中后期影响最大的哲学思想，主旨是尊重人性及人性释放。后传至日本、朝鲜半岛、东南亚各地，弟子及仰慕者众多。

阳明心学源于孔孟，孟子过世后，儒教身心之学丧失殆尽，王阳明重整心学，并将其发扬光大，开创了身心之学的新学风。在王阳明看来，心即理，心即良知。无论圣人还是凡夫，无论贤士还是愚人，无论学者还是白丁，只要是人，心中皆有良知，良知是永远不灭的光明，是每个人与生俱来的东西。只要听从良知的命令，无论遇到任何困难都可以轻松克服，并且不会误入歧途。只要在事事物物上都“致良知”，那么任何人都可以成为圣人。人心像镜子，圣人的心如明镜，因为圣人天天在抹拭镜子，没有灰尘；普通人的心不够明亮，因为普通人缺少抹拭镜子的功夫。这个抹拭心镜的功夫也叫致良知。

王阳明创立的人人都可以成为圣人、满街都是圣人、人人心中有良知的学说振奋了弱者的心灵，给那些深陷权势和名利的漩涡而不能自拔，遭受现世重压而不能逃脱的世俗中人指出了一条正大光明、强而有力的生存之路。“良知”说不仅鼓舞了知识分子，也鼓舞了不通文墨的平民百姓，它迅速在都市和乡村中传播开来，成为风靡一时的学说。

阳明心学被认为是行动哲学，这与王阳明独创的“知行合一”说有关。“知行合一”说是王阳明在龙场悟道后提出的学说，此学说的中心是“行”，而不是“知”，这是一种实践主义的思想。所谓的“行”，并不是与“知”对应的“行”，也不是局限于具体的实践行动。王阳明曾说：“一念发动处即是行。”可以看出，“行”包含的范围很广，心中萌发的意念也可以看作是“行”。“知行合一”说面对的是当时只说不做、空谈误国的社会风气，也抨击了以八股文为工具的科举考试的弊病。八股取士，选出的文官会说不会做，选出的武官会用刀枪，但不会指挥战争，这是明朝衰落的重要原因。“知行合一”说就是想解决当时的社会大问题。当然，“知行合一”说也有不科学的地方，王阳明及时发现了此说的弊病，在晚年就概括了“良知”学说。想以“良知”改造人、改造社会。

推崇阳明心学，做事低调、治学严谨的学者很多。他们的学问都做得很精深，德行也很高尚。很多学者对于自己的“一念之动”和行为都会进行深刻的反思，并能“戒慎恐惧”，保持“慎独”，做一个真正的正人君子。

王阳明纪念馆

有关王阳明的绍兴遗迹主要是阳明洞天、伯府第和兰亭墓园。阳明洞天在绍兴会稽山脉宛委山麓，曾是王阳明筑室修炼身心的地方。“阳明洞天”之名来自道教的“洞天福地”，“洞天福地”是道教仙境的一部分，多以名山为主景，或兼有山水，被认为此中有神仙主治，乃众仙所居，道士居此修炼，则可得道成仙。分而言之，“洞天”意谓山中有洞室通达上天，贯通诸山。唐代司马承祯编集的《天地宫府图》中，定为“十大洞天、三十六小洞天和七十二福地”，构成道教地上仙境的主体部分，都是实指的。“阳明”在道教中指东方青帝，即太阳神。阳明洞天在会稽山区的宛委山，故又称会稽洞天或宛委洞天，在“三十六小洞天”中居十位。另外，会稽山麓的若耶溪在“七十二福地”中居十七位。

宋代王十朋的《会稽风俗赋序》写道：“洞曰阳明，群仙所栖。”在他的记载中，以阳明大佛最为奇异。阳明大佛俗名大佛岩，是位于阳明洞天北部半山腰的天然巨岩，因似巨大的弥勒佛坐像而得名。大佛坐西朝东，呈吉祥坐状，座像高一百八十米，双膝间距约七十米，形态逼真、惟妙惟肖。即使在三里之外，也能远远看到岩佛端坐在青翠秀美的宛委山中，故当地人又称为“弥勒岩”或“天然坐佛”。

明代徐渭曾作诗《阳明洞》：“阳明洞天小，名为道流芳。马融今别去，传经冷石房。”诗中的“石房”应是指山洞。可惜现在因地质变迁，找不到洞天的具体位置。阳明的重要弟子，如王畿、钱德洪、徐珊、董沄、王艮等天下巨儒硕士，均曾学于阳明洞天。今天，在绍兴南部会稽山景区宛委山阳明洞天，阳明草庐也已复建完毕。草庐五开间，其中草庐内正中央的王阳明雕塑像高两米。整个阳明洞天内，草庐、长廊、古亭、修竹、小花和阳明洞天禹穴、龙瑞宫刻石融为一体，构成一幅优美的洞天福地图。

王阳明故居新建伯府，在绍兴民间多称伯府，这是王阳明晚年在绍兴的住宅，位于绍兴老城区光相桥东侧西河以南，即现上大路王衙弄的伯府第。王阳明在江西平定宁王朱宸濠之乱后，朝廷封其为新建伯，王阳明在原父亲王华状元府第的基础上扩建了新建伯府，伯府名由此而来。新建伯府曾是华东明清时期最宏伟的私人宅邸之一，占地面积十六亩。主要建筑有豪华的伯府大厅，绍兴民间有顺口溜："吕府十三厅，不如伯府一个厅。"由此说明伯府大厅的宏伟大气。除大厅以外，还有天泉楼，饮酒亭，碧霞池，以及连接饮酒亭与碧霞池水榭的天泉桥。除这些主体建筑以外，宅的北边有假山，假山设为观象台。其余地方尚有五十余间楼房，供门生弟子及家人居住。后因近代三次大火，伯府的主体建筑烧毁殆尽，仅存新建伯府的石门框及碧霞池。伯府西南边是伯府船埠头，用来停泊交通船只。除此以外，在光相桥以东的下大路，建有阳明书院，王阳明殁后改为阳明先生祠，后改为文成祠。阳明书院、伯府大厅、天泉楼都是王阳明讲学的地方。在光相桥以西的下大路，还有王家族居地，为王阳明的弟妹辈居住的地方，族居地边上有王家宗祠。

绍兴伯府的碧霞池

王阳明墓位于绍兴市柯桥区书法圣地兰亭镇以南二里许的鲜虾山。墓坐北朝南，背依山岗，顺依山势，逐级升高，视野开阔，一揽越中山水。墓冢直径十米，墓道全长七十余米，百余级台阶，四层平台，全部用石材精心雕刻而成，气势雄伟，是浙江地区较典型的明代墓葬建筑。墓地二千余平方米的山麓地带，数十棵合抱古松环侍左右，营建了庄严肃穆的环境氛围。墓始建于明嘉靖八年（1529），清康熙、乾隆年间曾多次修葺。乾隆四十九年（1784）高宗弘历南巡过后，进行过一次修缮，建御赐“名世真才”题额并建四柱冲天式石牌坊于墓前。2015年以来阳明墓园不断扩展，总占地五百八十亩。墓园建设一期二百多亩，已基本完成。新建成的阳明墓园，将成为人们祭祀王阳明的“朝圣”之地。

良知两字是参同

——心学传人王畿

明朝心学大师王阳明门生众多，号称“门下七派”。但王阳明最喜欢的大弟子只有王畿与钱德洪两人。王畿（1498—1583），中国明代思想家，字汝中，号龙溪，人称龙溪先生，绍兴府山阴（今浙江绍兴）人，为王门七派中“浙中派”创始人。

明正德十六年（1521）九月，王阳明以南京兵部尚书任归里省祖墓，此后因丁父忧，有六年居留绍兴，讲致良知之学。王畿是王阳明“同郡宗人”，中举后会试不第，而个性又落魄不羁，对王阳明讲学颇不以为然，据《明儒学案》记载：“每见方巾中衣往来讲学者窃骂之，居与阳明邻，不见也。先生（魏良器）多方诱之。一日，先生与同门友投壶雅歌，龙溪过而见之曰：‘腐儒亦为是耶！’先生答曰：‘吾等为学，未尝担板（呆板），汝自不知耳。’龙溪于是稍相就，已而有味乎其言，遂北面阳明。”当时王畿年仅24岁。所谓方巾中衣讲学者，指当时那些应付科举，道貌岸然的程朱理学者。王畿既是一位不拘礼法的任侠狂士，对此自然要骂之为“腐儒”。然而，新兴的阳明学派，其教学方法却并不呆板，师生之间有时不妨“投壶雅歌”，生动活泼的教学方法正是王阳明教育的特点之一。王畿先由教学形式上对阳明之学感兴趣，继之听了阳明的几次讲学后，体会到王学与朱学不同，进一步从教学内容上“有味乎其言”，于是，正式行拜师礼，师从王阳明。

王畿聪明好学，悟性极高，很快从哲理上彻底领会了阳明心学的宗旨。这是他一生重大的转机，决定了他以后的人生道路。从此，他不再以仕途为念，而一意于良知之学了。正如他后来常说的“深山之宝，得于无心”。虽然和同郡好友钱德洪同时考中进士，但由于当时朝廷的权贵不喜阳明之学，且他临行时已向恩师表示过不参加廷试，故偕钱德洪等同门友人同舟回到绍兴。王阳明听说他的得意门生自京城弃考回来，非常高兴，亲自前往迎接，还笑着对他们说：“吾设教以待四方英贤，比之店主开行以集四方，奇货既归，百货将日积，主人可无乏行之叹矣。”此时在王阳明的心目中，王、钱已成为他的“奇货可居”的嫡传大弟子了。

自此，凡四方求学之人初入王门，均由王、钱等高足分头先教之，他俩因此被称为“教授师”。王畿的可贵之处，是他一方面全面继承了其师的基本学说，尤其是不以孔孟之道的是非为是非的反传统思想，另一方面，又提出了自己的独立见解，而且得到了老师的谅解与认可。

明嘉靖六年（1527）九月初七，王阳明将出征广西的前夜，王畿与钱德洪在停泊于伯府大码头即将出征的舟中讨论为学宗旨，钱德洪认为阳明的“无善无恶心之体，有善有恶意之动，知善知恶是良知，为善去恶是格物”四句是定论，这就是所谓的“四句教”，或“四有说”。王畿则认为“心体既是无善无恶，意亦是无善无恶，知亦是无善无恶，物亦是无善无恶”。这就是著名的“四无说”。两人争持不下，当晚即至阳明处求证。王阳明遂在天泉桥上作了解答，主张两者应相互取益，以“四句教”为本，这就是著名的天泉证道。

对王畿来说，天泉证道的意义在于他从此在王门中独树一帜，后来有人讥笑他“称祖师爷三十年”就是从这一年开始的。

天泉证道次日，王阳明即奉命出征广西，王畿与钱德洪送王阳明渡钱塘江，游杭州，然后溯江而上，过钓台。冬初，至严滩而别。在严滩，王阳明与两位大弟子有严滩问答，再申有无、实幻、工夫本体合一的究极之说。这是天泉证道的继续。离开严滩，途经江西南昌时，有王门江右弟子邹守益、魏良弼、黄弘纲、何廷仁等率同门学子百余人前来请教。王阳明对他们说："军旅匆匆，从何处说起？"并向他们介绍了天泉证道和严滩问答的主要内容，明确表示：今后有关学问方面的问题可多与德洪、汝中讨论。这样，王畿的"四无说"通过师说而广传于王门弟子中间，王畿在王门的地位也因之大为提高。时年，王畿刚至而立之年。

明嘉靖七年（1528）十一月二十九日，王阳明卒于安南（今江西大余县），钱德洪闻讯大为惊骇，匆匆奔丧至江西广信（上饶），讣告同门。次日至贵溪，遇阳明棺木，扶柩至玉山，检收先师遗书。王畿在先师灵前痛哭流涕，并服斩衰以从。衰为五服中最重的丧服，用最粗的麻布做成，从中可见王畿之悲痛。

王阳明去世后，王家外侮内讧并作。外侮，指朝廷尽革阳明封爵和赠谥等；内讧指阳明养子正宪与嗣子正亿争夺家财与爵荫。为保阳明年幼嗣子，王畿与钱德洪共同筑室于阳明墓旁，约同门弟子数人，互相轮守，以备不虞。

明嘉靖九年（1530），王门学子为纪念王阳明而集资兴建的天真精舍在杭州落成。王畿与钱德洪轮流居守，王畿还在西湖旁建造金波园住下来，其对先师的一片赤诚可见一斑。

由于当权者对王学的排斥，王学传人王畿也遭牵连。王畿中进士后，仅担任南京兵部主事、武选郎中等有名无实的职务，故把其主要时间与精力都放在钻研学问与讲学上。

王畿在两京讲学期间，门庭若市，车马塞途，主会场无法容纳，不得不设立分会场。以往开会时，一直以官位与资历排座位，王畿与钱德洪提出座位以年龄高低排列，后来就成为王门讲学的惯例。这种情况在古代是极少见的，从侧面反映了阳明学派自由活泼的学风，也反映了王畿本人不以名利为念，平和近人的性格。不久钱德洪因父母年老需照顾，离京返乡。讲学中凡有分歧，都请王畿折中，王畿遂成为阳明学派事实上的盟主。

当时主持国政的夏言拟选庶吉士辅佐太子。夏婿吴春是王畿门生，吴春首荐王畿，夏言摆架子要王畿亲至相府向他求官，被视世事若浮云的王畿谢绝了。夏言大怒，从此以后，处处排斥王畿，斥其为“伪学”，而王畿也从此结束了他的居官讲学时期，时年45岁。

王畿回归民间，成为一介平民以后，即马不停蹄，席不暇暖，四处讲学，正如黄宗羲说：“先生林下四十余年，无日不讲学，自两都及吴、楚、闽、越、江、浙、皆有讲舍，莫不以先生为宗盟。”自嘉靖二十二年（1543）至嘉靖四十五年，即王畿从46岁至69岁，这23年是他一生中最重要的时期，他的思想逐渐丰富，形成了自己完整的思想体系，尤其在解释何谓修身、格物等问题上，王畿的观点甚至比老师更进一步。

明神宗万历十一年（1583）八月十五日，王畿去世，终年85岁。王畿历经明朝自孝宗至神宗共五代皇帝，见多识广，一生主要精力皆专注于学术研究与讲学，桃李满天下，使王学成为明中晚期代替朱学而兴的思潮，开了我国早期启蒙思想的先河，对晚明的哲学、文学、经学乃至史学都产生了不可低估的影响。

人人心中有良知

——南大吉的亲民实践

南大吉（1487—1541），字元善，号瑞泉，陕西渭南人。幼颖敏绝伦，稍长治《礼》兼通《易》。明正德庚午举人，正德六年（1511）进士，历官户部主事、员外郎、郎中。明嘉靖二年（1523），以户部郎出任绍兴府知府。致仕回乡后，建造湭西书院，以教四方来学之士。编撰了渭南历史上第一部县志——《渭南志》，质量上乘。其著作还有《瑞泉集》等。嘉靖二十年卒，终年55岁。

南大吉是王阳明的高足之一。他不仅政绩卓著，而且为阳明心学的发扬光大起到积极推动作用。当时王阳明居越讲学，南大吉对薛侃早年在江西编纂的《初刻传习录》爱不释手，但以收录未全为憾，遂搜集整理王阳明致周道通、陆元静、聂文蔚等人的书信，刊刻成书，是为《续刻传习录》。王阳明称誉南大吉为“真有朝闻夕死之志者”。黄宗羲在《明儒学案》中将南大吉列入“北方王门”，视其为阳明之学传播到北方的关键人物。

明嘉靖四年（1525），王阳明在越讲学，南大吉与王阳明论学有悟。一天，南大吉问王阳明：“大吉临政多过，先生何无一言？”王阳明曰："何过？"南大吉历数其事。王阳明曰："吾言之矣。"南大吉曰："何？"王阳明曰："吾不言，何以知之？"南大吉曰："良知。"王阳明曰："良知非吾常言而何？"南大吉笑谢而去。居数日，复自数过加密，且曰："与其过后悔改，曷若预言不犯为佳也。"王阳明曰："人言不如自悔之真。"南大吉笑谢而去。居数日，复自数过益密，且曰："身过可勉，心过奈何？"王阳明曰："昔镜未开，可得藏垢；今镜明矣，一尘之落，自难住脚。此正入圣之机也，勉之！"

南大吉向王阳明问道颇有所得，遂命名莅政之堂为亲民堂，并请王阳明为之作记，乃成《亲民堂记》。《亲民堂记》较详细地记录了南大吉问道的内容。这篇文章还叙述了《大学》中"明明德""亲民""止至善"三大纲领的关系。当然，其根本在于致良知之道。

一天，南大吉向王阳明问政。王阳明答："政在亲民。"南大吉问："亲民何以乎？"王阳明答："在明明德。"南大吉问："明明德何以乎？"王阳明答："在亲民。"南大吉问："明德、亲民，一乎？"王阳明答："一也。明德者，天命之性，灵昭不昧，而万理之所从出也。人之于其父也，而莫不知孝焉；于其兄也，而莫不知弟焉；于凡事物之感，莫不有自然之明焉：是其灵昭之在人心，亘万古而无不同，无或昧者也，是故谓之明德。其或蔽焉，物欲也。明之者，去其物欲之蔽，以全其本体之明焉耳，非能有以增益之也。"

王阳明说，无欲便可感知明德，人伦道德的具体化就在于亲民。因此明明德与亲民是一体的。既不能堕入佛老的虚无，也不能只重亲民，不知明明德，而陷入霸者的功利之道。

南大吉进一步问："亲民以明其明德，修身焉可矣，而何家、国、天下之有乎？"于是王阳明论述了"明明德"中万物一体的要诀："人者，天地之心也；民者，对己之称也；曰民焉，则三才之道举矣。是故亲吾之父以及人之父，而天下之父子莫不亲矣；亲吾之兄以及人之兄，而天下之兄弟莫不亲矣。君臣也，夫妇也，朋友也，推而至于鸟兽草木也，而皆有以亲之，无非求尽吾心焉以自明其明德也。是之谓明明德于天下，是之谓家齐国治而天下平。”

南大吉出任绍兴知府后，发现府衙中有官吏为谋私利与社会上一些不法之徒沆瀣一气，一些巨商大贾亦和官府勾结，相互利用，社会关系盘根错节、十分复杂。有为吏清正者则被排挤、打压或受诬陷，致使官场风气不正，社会治安堪忧，百姓遭殃。“同知靳塘多智谲，在任久谙诸利弊”，南大吉到任后，几乎凡事都向他咨询。靳塘为此十分自负，认为南大吉不过是一介书生，故言行轻慢，做事亦十分放纵，甚至徇私枉法。南大吉经过连续一段时间的暗访，已掌握了同知靳塘等人的所为，但表面上仍不露声色。三个月后的一天，南大吉高坐堂上，召府中大小官员聚集于庭下，说：“你们怎么能是非不分，胡乱判案？把善的说成是恶的，明明作恶多端的却又听之任之，为何如此欺瞒于我？快拿文案来！”有吏将文案呈给南大吉后，南大吉将其中的数十个案子一一作了剖析，指出判案错误之处。他所说的事实非常清楚，证据也十分确凿，庭下的官员个个都被震慑。

接着，南大吉颁发了一道整饬之令，在邑内惩奸除暴，不管是权势还是巨豪都不能网开一面。当时绍兴境内有石天禄、戴显等八名盗贼祸害一方，百姓苦不堪言，但这些大盗因为有官府庇护而逍遥法外。南大吉将他们悉数逮捕归案，依法处置，为民除了害。此后，每逢审判重罪的囚犯，南大吉必身穿红色官服，手执象牙笏，秉烛焚香，大开重门，令众人望见以为神人在此，凛然不可侵犯。对那些因仗正义而被诬告蒙冤的属吏，亦都一一为他们昭雪平反。南大吉办案公道，不畏权贵，“有学士侵王右军、谢太傅故地，悉剖归其主”。这在当时是极其棘手的一件案子，前几任知府皆恐得罪权贵而不敢办理，而南大吉则秉公作了处置。由于南大吉坚持正道，坚守内心的良知，不畏邪恶势力，严明法纪，执法如山，绍兴官场风气和社会治安有了明显好转。

南大吉还修建了绍兴古城的许多文化设施。大禹是古代的一位治水英雄，南大吉十分敬仰大禹求真务实、吃苦耐劳、大公无私、躬身为民的高尚品格。他刚到绍兴上任不久，就会同礼部员外郎郑善夫议禹祀之事，找到了禹墓和禹庙地址，重修禹庙“正殿七间，东西两庑各七间，中门三间，棂星门三间，大门一间，宰牲房一所，窆石亭一座”。并瞻仰祭祀大禹。立石刻“大禹陵”三大字，覆以亭。由南大吉亲手题写的这块石碑一直保存至今。

绍兴府治，位于卧龙山东南麓。隋唐时，将州宅建于卧龙山，山上亭台楼榭，胜迹非凡。在重修府署后，南大吉请山阴知县修复了稽山书院，增建了尊经阁，还请阳明先生写了《稽山书院尊经阁记》。此后，又于旧基重修了龙首书院，书院“前曰大观堂，后曰吏隐轩，周墙缭焉”。因书院位于卧龙山之首，故于门侧题曰“龙首书院”。接着，南大吉又重建了历史建筑镇东阁。镇东阁，源于五代时钱镠镇东之军门，又始于旧子城之镇东门。宋元以来名镇东阁。明嘉靖元年（1522），毁于火。嘉靖四年，南大吉在原址重建，阁“七丈，轮奂甚伟丽”，成为古城内的一处地标性建筑。

绍兴民居

绍兴因水而生，因水而名。绍兴城市的发展史，实际上是一部治水的历史。历代以来，大凡到绍出任太守的官员都将治河作为首要任务。明代乡贤季本曾说“善治越者以浚河为急”，坊间也有“太守清，河水清；太守墨，河水浊”的民谣。南大吉上任后，看到越地的水利情况令人担忧，部分运河淤积严重，承南部山水之源的部分河道水流不畅，易发旱涝之灾。于是他就组织百姓疏浚了若耶溪中游的上灶溪，又修筑了坡塘以备旱涝。

南大吉还重新疏浚了城墙内外的护城河，使内外河道水系畅通，人们大为称道。他在对古城内河进行清淤疏浚时，对一些破损的桥梁一并作了修筑。府东河上原有一座火珠桥，因位于火珠山下而名，南大吉在对该桥作了修缮后，将桥改名为宝珠桥。嘉靖十六年（1537），绍兴知府汤绍恩在重修此桥时，将“宝珠桥”三字刻于桥上，以表达对南大吉的敬重。此后，宝珠桥的桥名一直沿袭至今。特别值得一提的是，南大吉对城中的府河着力进行了整治。府河横贯绍兴府城南北，是一条主干河道，也是历史上山阴、会稽两县的分界河。府河承载城市的航行及供排水功能，其他河道都属于支河。当时沿河一些商贾富户，肆意在河上搭庐舍，往河中倒杂物，使河道逐渐由阔变狭，由深变浅，不但淤隘难以行舟，而且水流不畅，易旱易涝，危害很大，日久导致“商旅日争于途，至有斗而死者矣”，邑民怨声载道。南大吉为百姓所想，为民生安危所系，下令对府河进行辟宽和疏浚，拆除沿河违章建筑，恢复旧有的防堤河岸。南大吉此举，“去豪商之壅，削势家之侵”，触动了沿河豪强的利益，使失利之徒胥怨交谤，从而谣之曰：“南守瞿瞿，实破我庐；瞿瞿南守，使我奔走。”诬言南守像虎狼猛兽，把房子都拆了，使人无家可归。但南大吉心底坦荡，光明磊落，不为邪恶势力所屈服。河道重新浚通以后，舟楫畅通，“行旅欢呼络绎”。

第二年，遭遇大水，也因为之前对城乡河道作了疏浚，河渠排泄畅通，使越人免于水灾之害。老百姓都交口称赞南大吉之功，争相以歌谣传唱南公之德：“相彼人矣，昔揭以曳矣，今歌以楫矣。旱之熇也，微南侯兮，吾其燋矣。霪其弥月矣，微南侯兮，吾其鱼鳖矣。我输我获矣，我游我息矣，长渠之活矣，维南侯之流泽矣。”人们敬称南大吉为南侯，可见，南公浚河深得民心。“南公尽拟斥庐舍以广河，计所斥率六尺许，真郡中一大利也。而豪右向仗为世业者，辄共哗，以为大不便。”这些人罔顾事实，群起而告之，且“会有郡人居吏部者，亦衔之”。豪商与官吏上下呼应、内外夹攻，南大吉由是被中伤而遭朝廷罢去官职。南大吉离开绍兴返乡时，绍兴士民拽袖拦车竭力请留，邑民含泪曰：“吾去慈母，吾将安哺乎？吾去严父，吾将安持乎？”道出了对南知府的爱戴之情和对他遭到不公正待遇的悲愤之心。

南大吉虽然遭到了不公正的待遇，但却丝毫不计较个人的得失荣辱。他在返乡途中曾给王阳明写了一信，王阳明由此感慨而言：“南大吉勤勤恳恳，惟以得闻道为善，急问学为事，恐卒不得为圣人为忧，亹亹千数百言，略无一字及于得丧荣誉之间。”南大吉治河，取得了很大成绩，王阳明写《浚河记》予以肯定。王阳明记载南大吉浚河的功绩，以两则民谣对比，十分生动而有说服力。

千年遗泽在三江

——汤绍恩治水

汤绍恩，字汝承，号笃斋，四川安岳人。明嘉靖五年（1526）进士，古代著名水利专家。

明嘉靖十四年（1535），汤绍恩出任绍兴知府。汤绍恩性情宽厚，有长者之风。日常生活中，他里面穿“疏布（粗布衣服）”，外面穿父亲遗留给他的旧袍。在为政上，汤绍恩有大局意识，不钻牛角尖，也不以自己清廉而到处炫耀。汤绍恩做人低调，做事高调，他“修学宫、设社学、缓刑罚、恤贫弱、旌节孝、济灾荒”，一个关注民生、为民办实事的官员形象跃然纸上。但以上这些，都不是汤绍恩被绍兴人记住的原因。他留给绍兴最大的财富是修建了著名的三江闸水利工程。

史籍记载，当时，会稽、山阴、萧山三县内河之水，均汇于三江口入海。然而，三江口潮汐汹涌，经年累月，泥沙堆积如山丘。每遇雨季，三县内河外泄之水，遭遇三江口沙丘堵塞，无法迅速外排，常常导致内涝，良田淹没，人民财产损失惨重。涝时，为尽快泄洪，官府只得要求挖开海塘堤坝。这样能暂时解决问题，但新的问题也随之而来，如果不能及时修复堤坝，到了用水季节，江河里没有水，农作物就要遭受干旱。所以，每年秋冬时节就要修筑堤坝，如此反复，老百姓苦不堪言。

明嘉靖十五年（1536）七月，汤绍恩组织相关人员查阅水利资料，带人勘查各条水道。一天，汤绍恩等人来到三江口，见江岸的彩凤山与龙背山对峙，江边有石头延伸向江心，另一边也有石头突出，顿时眼睛一亮。汤绍恩把地势图画下来，带回府衙，召集众人开会，非常肯定地说："两山对峙，这个地势表明，山下一定有基石，正好可以在这里修建水闸。"他又带着众人来到现场，找来熟悉水性的人下江去勘探，果然发现江底"有石如甬道，横亘数十丈"，是一个天然修建水闸的好地方，大家都同意在此修建水闸。工程立即开工了，但在修建中，又闹出了很多事情。修建水闸第一步是截流，而截流需要大量石头。汤绍恩叫石工们在洋山上采集巨石运到江里，又把装满碎石的笼子沉入水中，填补缝隙。一点一点地，终于截流了。

三江闸工程由汤绍恩亲自主持，历时六个月竣工。三江闸全长310尺，闸身全部用附近彩凤山、龙背山巨石垒成，每块重千斤以上。石与石牝牡相衔，胶以灰秫，灌以生铁，衔接得十分牢固。闸留28孔以应上天28星宿（故又名为三江应宿闸），并刻《水则》于柱石，以方便水位观测与调度。

明嘉靖十六年（1537）三月，汤绍恩又在三江闸外加筑大堤。此后，又相继兴建平水泾溇闸、撞塘闸等。

三江闸等工程竣工以后，一度肆虐为患的钱清江从此被纳入山会平原河湖系统之中，成为一条内河。钱清江以北的萧山平原诸内河，也被纳入此系统之中。萧绍平原最终形成了能外扼潮汐、内主泄蓄、河湖密布、土地平整、灌溉方便、旱涝不虞的三江水系。自北宋末年鉴湖湮废致使洪涝灾害连年发生以来，山阴、会稽的水利面貌又一次得到了根本改变，水患不断的山会平原，再一次被改造成为富庶的江南鱼米之乡。史籍称从此绍兴再"无干旱水溢之虞"，为发展农业、渔业、养殖业、航运业等创造了极大的便利。

明嘉靖十七年（1538），汤绍恩又把鉴湖水系与三江水系连接起来。山阴、会稽、萧山三县水利面貌得到进一步改善，绍萧平原的土地尽成膏腴，富甲天下。

汤绍恩后来官至山东右布政使，退休后回家，明万历二十二年（1594），97岁的汤绍恩去世，葬在故居汤家湾山麓下。

汤绍恩主持兴建的三江闸，使江海两分，系古代治水“节江制海”实践的巨大成功，也是“现存我国古代最大的水闸工程”暨世界上最早的水利工程之一。后人把汤绍恩建三江闸与大禹治水、李冰治都江堰等水利工程相提并论。汤绍恩也被评为中国古代治水杰出人物，有“浙江李冰”“绍兴恩公”之誉。

除兴建三江闸，汤绍恩还主持了海塘修筑、新塘开掘、鉴湖改造、绩堰恢复、纤道维建、航道疏通等水利工程，首次完整地实现了绍兴古代水利工程“拒潮、抗旱、排涝、灌溉、供淡、交通”六位一体的功能体系，造福绍兴约450年，与绍兴目前拥有的关于水和水城文化的种种殊荣息息相关。就绍兴数千年的水利史而言，汤绍恩既是大禹治水精神最具代表性的传承者，又是继大禹之后古代治水建立功勋的集大成者，享有“公缵禹功”“功全禹迹”“禹稷同功”“缵禹之绪”“智侔神禹”“洞开缵禹绪”“功垂禹绩侔”“一方之神禹”等盛誉。明徐渭曾撰祠联云：“凿山振河海，千年遗泽在三江，缵禹之绪；炼石补星辰，两月新功当万历，于汤有功。”

清康熙四十一年（1702），康熙帝亲临绍兴巡察后，敕赐汤绍恩为灵济侯，御笔为汤公祠题写匾额：“钦定灵济”。清雍正三年（1725），又敕封汤绍恩为宁江伯。

21世纪初绍兴建了曹娥江口门大闸，汤绍恩的应宿闸至此完成了历史使命。自明中叶到21世纪初曹娥江口门大闸的启用，应宿闸一直是绍兴的最重要水利工程。

壮志不改天地间

——忠节之士沈炼

在明代历史上，有一位志向远大、文武兼备，为政清廉、疾恶如仇的县令，被誉为杰出的忠贞之士。他，就是会稽人沈炼。

沈炼（1507—1557），字纯甫，号青霞，明会稽人。嘉靖十七年（1538）进士，历任溧阳县令、茌平县令、清丰县令、锦衣卫经历。为官清廉，颇重教化。且疾恶如仇，因几次上疏揭露严嵩、严世蕃父子罪状，遭廷杖五十，削官为民。后又受严党诬陷，惨遭杀害。沈炼当时与沈束、赵锦、徐学诗合称为“越中四谏”。

沈炼为官任上，正是明朝严嵩、严世蕃父子专擅国事之时。沈炼虽有远大志向和才能，但生性刚直、不附权贵，所以在担任县令后一直未能得到升迁。初任溧阳知县时，因脾气刚烈，与前来考察巡视的御史大人发生争执，被调到茌平任职，后来又任清丰县令。他在清丰任上曾经写有《清丰风俗论》一文，阐述了自己对为官之道的理解：“守令之道宜如何？法制、教化，非拆而为二，若东西而南北者也。风俗之所以不至大坏者，讵非法制之功哉？因法制而教化之道行焉，使之深思而远虑，感发于礼义，斯守令之道已。故善为政者，以法制为教化，而风俗兴；不善为政者，以教化为法制，而风俗弊。”沈炼清醒地认识到了法治的重要性，体现了以法教化、执政为民的思想。在三任县令期间，他为政清廉，关爱百姓，深受民众的敬重。

嘉靖二十三年（1544），沈炼丁父忧去职。守丧期满后，补清丰知县。后调锦衣卫任经历。嘉靖二十九年冬，蒙古鞑靼军入侵，威逼京城。皇帝召集文武百官商议退敌之策，从早晨到中午没有一个人发言。临近退朝时，国子监司业赵贞吉一人大声说道，臣以为天子应该拿出金银丝绸招募军队，亲自重赏勇猛之士，文武百官自会同心守城，敌人定会退兵。作为经历的沈炼其实是没有资格上朝的，他当时作为锦衣卫帅陆炳的跟随来到朝中，在一个角落站着，看清楚了整个过程。赵贞吉发言后，朝中百官没有一个人响应，角落里的沈炼已经憋了很久，终于忍不住站了出来，慷慨激昂地表达了自己对赵贞吉的支持并且还作了补充。吏部尚书夏邦谟斥责沈炼，说他没有资格在朝中说话。沈炼面对斥责并不害怕，大声回答道，他是锦衣卫经历沈炼，大臣们都不开口说话，那么只有像他这样的小官来说了。虽然沈炼的发言仿佛一块石子投入平静的水面，激起了些许波纹，但最终朝廷的商议还是不了了之。

面对北方军情吃紧，而内阁首辅严嵩擅权瞒报。沈炼心急如焚，在朋友家喝酒时，感伤国事，当场写下长篇奏疏，揭发严嵩父子的十大罪状，要求罢斥以谢天下。沈炼揭发的十条中有六条涉及贪污受贿，其余四条批严嵩身居高位，不为皇帝分忧，还妒贤嫉能。显然，沈炼太憨直，方法不当。他的奏疏触及诸王、将帅及各地封疆大吏，打击面太大，引起许多官员的不满。更为要紧的是“擅宠害政”的“宠”字，牵涉皇帝。有皇帝之宠，才有严嵩之祸，根子便生在皇帝身上，于是嘉靖大怒，给沈炼廷杖五十之罚，又“谪佃保安”，也就是罢官为布衣，发配到边境保安州安置。

沈炼在受贬保安期间，当地百姓得知他获罪原因后，无不对他钦佩有加。州城北关的一个商人主动腾出房屋让他居住，里长等帮助他家解决柴米，还有许多人家把孩子送到沈炼这里来学习。由于长期的兵戈加上天灾，当地百姓生活饱受饥寒，沈炼出资买米煮粥，救济饥民，并作《化粮施粥劝喻文》劝说富人出粟赈灾。

虽然僻居保安，但沈炼一直关心着国事形势。他时常同保安乡里人谈论忠义大节之事，也写一些壮怀激烈的诗篇，其中一篇《塞上感怀》这样写道："沙塞黄花带雪开，谪臣中酒坐徘徊。睢阳骂敌心偏壮，上国思君意未灰。南北风尘常按剑，乾坤气序更含杯。醉醒数把春秋看，还有程婴救赵来。"一片忧国忧民的情绪洋溢在诗里行间。

沈炼性格刚烈，被贬后仍不忘忠君爱国。沈炼的忠义感染了老百姓，他们也一起痛骂权奸严嵩。应当说，沈炼在保安的物质生活很充实，精神生活很愉快。但是，沈炼的愉快便是朝中权贵的不愉快，权奸的耳目众多，自然时有所闻。让严嵩最不愉快而不愿忍的是沈炼缚了草人，上书李林甫、秦桧、严嵩字样，醉后与一批弟子用箭穿刺，慷慨悲歌。不仅如此，沈炼还直接修书到宣大总督府揭露边陲将领不务军事、养寇纵寇的丑事，以宣泄胸中愤懑。当时保安旱灾，饥民无数，沈炼筹款放赈，救济众百姓。面对边患，沈炼击剑习射，结交武士，守城御敌。这一切对于一个被放逐的罪臣来说，都是对手拿来陷害他的"罪证"。

嘉靖三十六年（1557），宣大一带有白莲教之乱，严嵩指使他的党羽，即先后任巡按御史的李凤毛与路楷，在捕获的两个反抗者的名单后加上沈炼的名字申报朝廷，于是沈炼以交接敌人、泄露边情罪被斩于宣府。沈炼遭灭门之祸，两个儿子沈衮、沈褎在父亲被杀后，亦为杨顺、路楷所诬而杀害。沈襄，字叔成，号小霞，沈炼的长子。沈炼被害时，沈襄在南方戍边，后杨顺、路楷移文去逮沈襄，沈襄到宣府时，杨顺、路楷因其他罪行被逮捕了，沈襄就侥幸活了下来。

沈炼的冤案直到隆庆初年才得以昭雪。

笔底明珠抛野藤

——开宗立祖的艺术奇才徐渭

徐渭（1521—1593），明山阴人。初字文清，后改文长，号天池山人、青藤道士，或署田水月。徐渭有着崎岖坎坷的人生，他生于明正德末年，一生经历了嘉靖、隆庆、万历三朝。徐渭6岁开始读书，自谓“书一授数百字，不再目，立诵师所”。他15岁拜家乡一位叫彭应时的武举人为师，学习射箭与剑术。这为他日后七年抗倭的军事生涯打下了坚实的基础。最值得徐渭骄傲的是，他参加了著名的绍兴城西“柯亭之战”、城东的“皋埠之战”以及钱塘江入海口的“龛山之战”。这些战役和抗倭经历，徐渭都以诗文进行了记载。徐渭因多才多艺被当时总督七省军务的胡宗宪招入幕府，担任记室，代拟文稿。呈献给嘉靖皇帝的两篇《白鹿表》使其名声大振。但后因胡宗宪牵连严嵩案入狱，徐渭惧牵连，精神受到刺激，竟然多次自杀未成，后因杀妻，被打入死牢。经朋友营救，改判长期监禁。新老皇帝交替时，大赦天下，系狱七年后，徐渭获释。后半生，徐渭漫游各地，多次为幕，并创作了大量的书画和诗文。耿介不阿的性格导致晚年的徐渭贫病交加，最后在“几间东倒西歪屋，一个南腔北调人”的境遇中结束了坎坷一生。

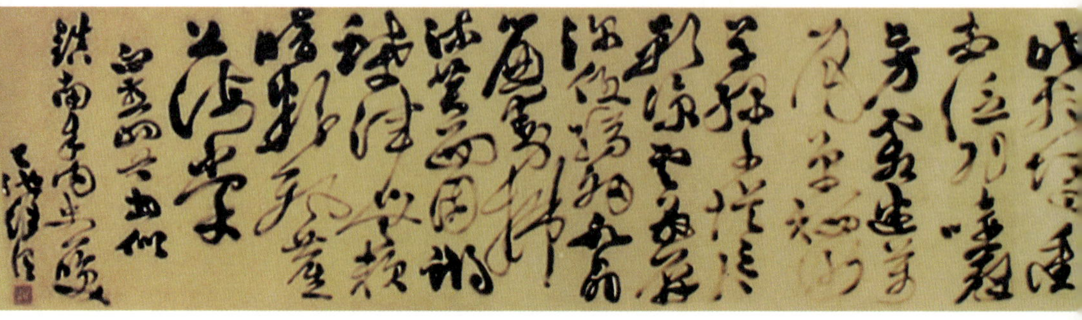

徐渭草书《白燕诗卷》（局部）

就书法、绘画、诗文、戏曲四者而言，徐渭自谓“吾书第一、诗二、文三、画四”，可以说这是徐渭对自己艺术成就的较为客观、清醒的评价。徐渭学书首推王羲之，从他所作的《兰亭次韵》《再游兰亭诗》《兰亭》等诗，可见其对书圣及《兰亭集序》的神往之情，他认为王羲之是书坛圣人。徐渭书法学的是魏晋时代钟王楷书，行草书远宗晋人索靖，近学黄山谷、苏轼、米芾、祝允明等宋明诸家。在书学渊源上，徐渭受杨珂及陈鹤的影响最大。杨珂多作草书，陈鹤的草书效法怀素，真书则取晋人法。“渭素喜书小楷，颇学钟王。”徐渭传世楷书不多，在行草书方面，徐渭很欣赏张弼，故而在体势上间接继承张旭、怀素二人之狂草。徐渭《草书春雨诗卷》，字形运笔尚可明显看出祝允明的影响。徐渭草书章法有一种密集的形式，如《草书杜甫诗轴》《应制咏剑词轴》等，亦是自祝允明草书蜕变而来。祝允明的草书写得较密，几乎没有行距，字密集铺排在一起，各行之字互相迎让穿插，即是发徐渭密集章法之先河。袁宏道云：“不论书法而论书神，诚八法之散圣，字林之侠客也。”诚然，徐渭是不会为法所缚的，即使是书学道路的起点——临摹古人书法，徐渭也要有自我，不肯屈膝于古人。其《书季子微所藏摹本兰亭》云：“非特字也，世间诸有为事，凡临摹直寄兴耳，铢而较，寸而合，岂真我面目哉？”他还主张“取诸其意气而已”。徐渭善取古人“书神”，而始终不失自家本色，故有英气生趣而“精奇伟杰”（陶望龄语）。徐渭《行草应制咏剑轴》，纸本，丈八巨制，气势恢宏，以草书笔意写行书，为其晚年书法代表作。徐渭的书法是无法之法的典型，观者连字迹也分辨不清，可以说无法到了极点。但就在这样的作品中，每一笔画都很到家，显示出坚实的笔力，字与字的俯仰也极注意，一字或数字欹侧似倒，接下来总有相挽相救的一字或数字，在杂乱中求平衡，显得奇趣横生。故而，这类作品并非真正的无法，而是把书法之法放到更大的天地中去表现，不拘一点、一画、一字的得失。为自己取得了最大的表现自由，给观者以最深刻的印象。徐渭以一种与传统作斗争的心态进行创作，毫不在意别人的眼光，他所创作的书法作品不拘一格，时而粗劣散乱，被称为“野狐禅”。但他对气势、神韵有着极致追求，作品带有充分的感情色彩、个性特征，可以说达到了中国古代书法史上的高峰水平。从《前破械赋》和《后破械赋》开始，徐渭在狱中创作了大量的书法作品。这些作品挣脱了传统儒家道德的束缚，不拘法度抒发心中的痛苦和愤懑之情。他进入了一种忘我的创作境界，他的行草书具有一种癫狂的醉态，笔墨流动，仿佛非理智清醒的人所为。陶望龄在《歇庵集》中评价：“渭于行草书尤精奇伟杰。”

徐渭中年学画，其画能吸取前人精华而脱胎换骨，一改因袭模拟之旧习，重写意摩生，不求形似求神似，以其特有之风格，开创了一代画风。山水、人物、花鸟、竹石无所不工，以花卉最为出色，公认为青藤画派之鼻祖。

徐渭是一个开大写意画派的杰出画家，他的大写意花卉奔放淋漓，追求个性的解放，所画“无法中有法”“乱而不乱”。徐渭的写意画，不管花鸟、山水、人物，其布局都灵活善变，视题材、主题和画幅形式的要求，出奇制胜，确实达到了“旷如无天，密如无地”“能如造化绝安排”的艺术境地。他深得用墨三昧，善于用水用墨，大泼墨、大破墨尤见功力，淡破浓、浓破淡，极尽墨法之变化，淋漓润活，生意盎然。徐渭的水墨画技法全面，充分体现了他纵横奔放的才华，把中国写意画推向又一个高峰。明代许多名家中，能如徐渭于绘事兼长各科、挥洒自如、情景交融的，可谓屈指可数。他的作品，带给人们的艺术享受是隽永的。从一定意义上说，徐渭是明清大写意画派的开山大师，他的绘画艺术是我国文人画发展到明代的一个新的突破。

徐渭文学上也有突出成就。他反对明代前后七子的“文必秦汉，诗必盛唐”复古运动的扼杀个性的形式主义倾向，主张清新自然的创作风格，诗文多直抒胸臆，反映怀才不遇和愤世嫉俗的思想，表现出艺术的真情实感。其诗主张独创，反对拟古，其散文受苏轼影响，文笔潇洒自如。徐渭亦从事杂剧写作，有如泣如诉、充溢郁勃奇崛之气的《四声猿》，或借古喻今、鞭挞黑暗，或歌颂女子的聪明智慧。他对南戏有深入的研究，写下了中国古代戏曲史上划时代的第一本南戏概论性著作《南词叙录》，对南戏的渊源、发展及表现形式、作家、作品均有所涉及，并提出自己的看法。徐渭是中国戏曲史上第一位系统整理宋明南戏的专家，同时建立起我国的曲学体系——从前人的零碎片谈提升至全面考察，开启了日后的曲学发展。

徐渭青年时立志科举，可以说是科场狂生，然而命运捉弄，徐渭竟布衣一生，沦做幕僚。然而，徐渭不经意中以自己的经历造就了幕学体系，丰富了幕学理论，后人把徐渭敬为幕祖。在徐渭之前，绍兴地方已经有做幕僚的风气，绍兴读书人多，但及第者有限，天生我材必有用，聪明才智要发挥，做幕僚就是科场失意的士子的体面归宿。但徐渭之前，做幕僚不成气候，没有规矩。徐渭这一生做过胡幕、李幕、吴幕、张幕等多次幕僚，总括而言，胡宗宪幕最有成就，吴兑宣府幕最快乐，他总结所有为幕的经验，形成了做幕僚的一套基本规范。徐渭后三百多年，幕僚事业大有发展，绍兴曾有上万的著名幕僚，即历史上的“绍兴师爷”。

徐渭是智慧的化身，徐渭靠智慧做过很多为民请命、仗义任侠的事，由于徐渭没有官名，正史及包括地方志都没有记载，这些故事只能流传在老百姓的记忆中。

徐渭留在绍兴的故居有酬字堂、青藤书屋。酬字堂已经没有踪影了，祖居青藤书屋一直闪耀着不朽的光芒。

青藤书屋一景

青藤书屋原名榴花书屋，屋主是徐渭的父亲徐鏓。书屋作为徐渭的出生地和成长地，是他一生的精神家园。青藤书屋坐落于绍兴古城中心的前观巷大乘弄内。青藤书屋南、西、北三侧和邻居用地相接，东侧为入口主庭院。为保证书屋的采光通风，书屋的南北两端设置了小院。庭院朝东，从大乘弄推开乌黑厚重的实拼院门，几竿疏竹迎面而来，一个典雅而极具文人气的院子豁然眼前。院子不算太大，约20米见方。院中间最显眼的是一棵颇具古意的石榴树，老宅旧名榴花书屋即出于此。院中一条蜿蜒的卵石拼花小路穿院而过，路的尽头便是青藤书屋东山墙上的入口了。门的北侧，几块太湖石沿着山墙中间围成一个朴素的假山，上方镶嵌的石匾镌刻徐渭亲书的飘逸字体“自在岩”。门的南侧，是一个精巧古朴的洞门，上书“天汉分源”。“天汉”古指银河，寓意“天池之水天上来”。院子的另一角是一丛独木成林的芭蕉，正是徐渭笔下的最爱。进了洞门，是书屋南侧的一个小庭院，在浓郁的女贞树荫里，一缕阳光透过树冠倾泻在盘曲的古藤和背后的白墙上，时光仿佛穿越到几百年前的明代晚期。

院中屋前有池，方不盈丈，池水不涸不溢，号称天池。池中有一石柱，柱上刻“砥柱中流”，“流”字已不存。石柱上架梁而建的就是书屋。书屋两沿柱上刻楹联“一池金玉如如化，满眼青黄色色真”，乃徐渭手书。这表明徐渭在青年时期就具备了艺术大师敏锐的感知力、表达力和想象力，也从一个侧面反映出他在青藤书屋度过的自在时光。

徐渭号青藤道人、天池山人均源于此，足见此地是徐渭一生情之所系。

书屋主体建筑非常简单，朝南三开间平房。木屋架抬梁式结构，望砖，青瓦屋面。南屋为绍兴本土的石板地面，北屋则是传统的御窑金砖铺地。白墙和灰色地面及深褐色屋面形成强烈的对比，自有一番别样的清新与厚重。主屋架偏北，山墙主屋部分设有防火的马头墙，既加强了主屋的防火，又增加了山墙的美观。南侧屋面顺势坡下，为主屋拓展了使用空间。书屋用隔墙分为南北两间。进入书屋就是南室，因为南院女贞树和古藤掩映，室内光线略显幽暗。正壁悬挂着徐渭画像及“青藤书屋”匾额，两边有对联“几间东倒西歪屋；一个南腔北调人”。这正是徐渭一生的真实写照。南窗临水池，窗前的书案当是徐渭当年学习、创作之处。窗户两边挂着徐渭手书的对联“未必玄关别名教，须知书户孕江山”，横批是“一尘不到”，从中可感受到青年徐渭在静以修身治学的同时，胸怀指点江山的激情和抱负。北屋是徐渭事迹展示陈列室。

徐渭婚后移居岳家，从此告别榴花书屋，随后几年书屋也出卖了。崇祯六年（1633），进士金兰仰慕徐渭，在大云坊建碑“徐文长先生故里”，并在书屋授徒讲学。明崇祯末年（1644），中国艺术史上的另一位大师陈洪绶慕名前来，寓居于此多年，手书“青藤书屋”匾，以表敬慕。从此“榴花书屋”易名为“青藤书屋”，翰墨相承，传为千古佳话。清康熙年间（1662—1722），施胜吉购得此屋，重新修葺，一时文士云集，名闻遐迩。清乾隆年间（1736—1795），陈无波购入书屋，也是尊徐爱屋护院，请郑板桥题写“青藤书屋”。其后又有平步青等名家学者在此讲学。1955年陈氏后裔将此屋捐赠给国家。

千古相传唯慎独

——蕺山学派宗师刘宗周

刘宗周（1578—1645），初名宪章，字启东（一作起东），号念台。明末山阴人，阳明心学传人，是阳明心学的纠偏者。因讲学绍兴府城之蕺山书院，创立蕺山学派，后世尊称其为“蕺山先生”。

刘宗周于万历二十九年（1601）考中进士，经万历、天启、崇祯三朝，历任礼部主事、尚宝司少卿、通政司右通政、顺天府尹、工部侍郎及南京左都御史等职。刘宗周在朝为官，三落三起，虽出仕几十载，但一生真正当官只四年多。刘宗周学问见识非同一般。万历年间，他敢于替东林党人说话；天启年间，他毅然弹劾权势熏天的魏忠贤和客氏；崇祯时，他多次上疏，进献国策，以图摆脱国家的危机。后崇祯时期，刘宗周在他的《与周绵贞年友书》中写道：“今天下事日大坏，莫论在中在外。”但刘宗周还是希望崇祯皇帝“超然远览，以尧舜之学，行尧舜之道”。崇祯斥其迂腐之言，欲要重处，最后降旨把他革职为民。崇祯十七年（1644），李自成攻破北京城，崇祯自缢身亡。1645年7月，清兵攻陷南明小朝廷，福王被捕惨遭杀害。7月6日，在杭州监国的潞王降清。7月8日，刘宗周听闻消息后放声恸哭：“此予正命时也。”就此绝食，绝食二十天而死。

刘宗周为官的严于操守、厉于修身与他的“补偏救弊”的“慎独”理论和“敬诚”学说是分不开的。

作为明末的儒学大师，他对儒学的贡献是多方面的。他看到明末阳明心学末流之弊，因而为之全力救正。刘宗周的学说有六个方面：他的气一元论的宇宙观、以气质为本的人性论、“良知不离闻见”的认识论、以“意”为本的诚意说、以“独”为本的慎独说、以“儒”为宗的辟佛论。而其中最为主要的是“慎独”理论和“敬诚”学说。

刘宗周认为“君子之说，慎独而已矣。……学问吃紧工夫，全在慎独。人能慎独，便为天地间完人”。在他看来，“慎独”包括了上至对宇宙本体的认识，下至个人的道德修养等一切重要学问和做人的道理。“独”即是人的主观意识的“心”，也就是王阳明所谓的“良知”，他还认为“慎独”能使人的修养达到“中和”的境界，是实践“中庸之道”的必要途径。他反对朱熹“戒慎属致中，慎独属致和”的看法，亦修正王阳明个人独处时约束自己行为的纯修养功夫，而主张以人类独具的心智功能进行自觉陶冶，强调“人虽匹夫，必有志也”。人应有志进取，迁善改过；人应以仁义为准，不弃生轻死；人应死而有益于天下，为尽道而死；“与其墨墨而生，毋宁烈烈而死”，要爱国勤民，死得其所。由此看来，“慎独”不仅仅是一般的道德修养方法，而是融合一切的理学思想。如何能做到“慎独”呢？他认为，“慎独”要与“敬诚”相联结，“敬诚”是“慎独”之功夫。他说：“《大学》之要，诚意而已矣。格致，诚意之功也。《中庸》之要，诚身而已矣。明善，诚身之功也。”他认为忠信无欺就是诚，不在诚字上立脚的人犹如禽兽。意念是后天的，应防恶念，举善念。他揭露当时社会的病根是：诚与伪对，妄乃生伪。妄念一出，真与伪、信与欺则流行。他不拘师说，指出王阳明的致良知是“宛转说来，颇伤气脉”。关于刘宗周“慎独”理论，其门生黄宗羲说：“先生之学，以慎独为宗，儒者人人言慎独，唯先生始得其真。”

刘宗周讲学二十载，历东林、首善、证人、蕺山等书院，其中证人、蕺山均在绍兴。在讲学过程中，刘宗周经常与过往学者如东林书院的刘永澄、高攀龙、黄尊素，首善书院的邹元标、冯从吾，石篑书院的陶奭龄等论学，于是形成以“慎独为宗”的蕺山学派。

“浙东学派”始于南宋，延续下来的有明中期王阳明的心学，明末刘宗周的“慎独”学说，到清代，已是浙东学派的全盛时期，有一代大儒黄宗羲、朱之瑜、万斯同、全祖望、章学诚、毛奇龄、毛万龄等著名学者为代表。浙东学派的思想从王阳明的“阳明学派”一脉相传下来，到了刘宗周的蕺山学派，便由刘宗周的大弟子黄宗羲撑起“浙东学派”的旗帜。黄宗羲在《明儒学案》一书中，把阳明心学列为儒家思想的正脉。以他为代表的浙东学派的学者，率先提出“经世致用”这一实学思想。

蕺山书院与刘宗周关系密切。蕺山书院的历史，最早可追溯到八百多年前的南宋乾道年间（1165—1173）。因最早在这里办学的是从相州南迁而下的韩家，故后人谓其“相韩旧塾”。刘宗周晚年在蕺山边的证人书院讲学，去世后，黄宗羲把证人书院建到甬上。绍兴的刘宗周弟子就扩建了“相韩旧塾”，并改称蕺山书院。该书院在乾隆初年正式定名为蕺山书院，之后二百多年名气大涨，全祖望、蒋士铨、李慈铭、宗稷辰等先后来到蕺山书院执掌讲席，刘宗周所开创的学术思想与人文精神得以进一步发扬光大。

只留清气满乾坤

——舍生取义的祁彪佳、王思任、余煌

明清鼎革之时，退居绍兴的阳明心学传人苦思良策，浴血奋战，最终感到大势已去，选择舍生取义，竟有28位尚书、侍郎级的饱学之士绝食、投江自杀，其忠义之举世间绝无仅有。

祁彪佳（1602—1645），字幼文、虎子，又字弘吉，号世培，别号远山堂主人。出身于山阴官宦之家，其父做过江西右参政，又是藏书家。祁彪佳自幼受到儒家思想的教育与熏陶。他17岁中举，21岁成进士，历任福建兴化府推官，福建道御史，苏浙巡抚，弘光朝大理寺丞，右剑都御史等职。

明天启三年（1623），22岁的祁彪佳初任福建兴化府掌管刑狱的推官，时僚属士绅皆以其年少，出身纨绔家庭、不熟悉民情而忧虑，或以为可欺。而他掌管事务仅数月，有关民风利弊、狱情钱谷皆了然于胸。治猾吏、禁豪右、惩刁讼、绝贿赂，剖决详明，吏民皆大畏服。明崇祯四年（1631）起为福建道御史。针对当时局势，他屡次上疏，如《赏罚激劝疏》《合筹天下全局疏》，直言谏诤，条陈民间疾苦。崇祯六年，祁彪佳巡按苏（州）松（汉）诸府，吴中无赖假天罡党欺凌

百姓，祁彪佳立即逮捕为首者四人，因民怨鼎沸而杖杀之，起到了杀一儆百的效果。崇祯七年，宜兴陈一教仗恃与首辅周延儒有姻戚关系，陈家子弟及家奴恃势横行乡里，无恶不作，逼得乡民焚其居发其祖坟。事发后，祁彪佳依法捕治为首者，而对陈一教子弟及家奴也不徇私情，依律一一作了严惩，百姓冤屈得申，权贵为之侧目。为此，权相周延儒对祁彪佳心怀嫉恨，后借考核之机将祁彪佳降俸处分以报复。次年，祁彪佳以侍养为名辞官归家。家居期间，恰逢绍兴府各县连年遭灾，他联合地方贤达，全力投入救灾赈济工作，推行私粜法、分粜法，设粥厂法、分米法，设药局法等救济灾民。在他的带动下，富家大室闻风布施，救治灾民几万人。与此同时，祁彪佳还详尽记载救荒举措、实施办法及其效果，在此基础上辑录古今救荒办法，撰写《救荒全书》，为赈灾积累了丰富经验。崇祯十五年，祁彪佳应召赴京担任官吏考察大计，秉公办理，无敢以一钱一简至其门，舆论大服。计典毕，改南京畿道，连上三疏，力陈诏狱缉事、廷杖之弊，疏劾周延儒党羽吴昌时，朝臣皆为他担心，他却丝毫不以为惧。南明弘光初年（1644），刘肇荃驻京之骑兵劫掠百姓财物，浙江入卫都司兵见之不平遂相冲突，浙兵战败，骑兵乘势焚掠，死伤兵民计400余人。祁彪佳严治刘肇荃及其所属首恶，并慰问抚恤被难兵民。巡按苏松诸府期间，所至访问父老，体察民情，痛斥豪强兼并，针对百姓不堪重负的遭遇，上奏《陈民间十四大苦疏》，要求弘光朝廷采取切实措施，减轻百姓负担，并特别指出“三吴赋税重于他地，而差解之役更倍之”。为此，他实施清积察、省赃赎、禁滥差、定解法、平漕兑、节供应、敦风化等举措，使三吴百姓普遍得到实惠。

南明弘光二年（1645）五月，清兵攻陷南京，福王被抓，南明弘光政权宣告结束。六月，潞王监国杭州，授祁彪佳兵部侍郎、苏松总督，未上任杭州便失守，潞王降清，祁彪佳返里。清兵旋即渡江，兵临绍兴。清军统帅贝勒李罗素闻祁彪佳清名，以书币礼聘。祁彪佳听说绍兴有些绅士已被清廷收买，渡江去做贰臣，心中愤慨万分，于是决定以死报国，毅然写下了绝命书，写道："时事至此，论臣子大义，自应一死。……况生死旦暮耳，贪旦暮之生，致名节扫地，何见之不广也！……虽不敢比踪信国（文天祥）亦庶几叠山（谢翱羽）之后尘矣。"还写下了绝笔诗"含笑入九原，浩然留天地"，之后便自沉于自家寓园的池水中，以自己的生命谱写了一曲恪守民族气节之歌。南明唐王追赠祁彪佳为少保、兵部尚书，谥"忠敏"，清乾隆四十一年（1776）赐谥"忠惠"。

王思任（1574—1646），字季重、金星，号遂东、谑庵，明山阴人。少时攻举业，师从黄葵阳且深得葵阳器重。万历二十三年（1595）中进士，先后任兴平、当涂、青浦知县，迁袁州推官，擢刑部主事，转工部主事，晋屯田郎中。鲁王监国绍兴时，任礼部主事兼詹事，进礼部尚书。

王思任初任兴平知县时，即以善断疑案和冤狱而闻名。继任当涂知县时，适逢太监邢隆到当涂一带开矿。开矿是万历年间的一项苛政，所至之处，民不聊生。王思任以谐谑稳住邢隆，巧妙地以明朝龙脉所在为由，将邢隆骗走，保住了当涂一带不受骚扰。任青浦知县时，清田均役，将无田有役改为役必以田，五年三四役改为五年一役，五十亩当大役改成七十亩以上大役，极力为百姓争取利益，使民负得以减轻，却因此与漕运使相忤而落职。出任江州备兵使者时，大力整顿防务，不仅保住江州不受兵祸，还发兵解除了邻邑黄梅县之危。离职时，"江州为之罢市，哭声裂匡山之谷"。此话虽有些夸张，但可见其任内政绩得到百姓的高度赞誉。

王思任曾作《感述》一诗曰："骨傲口不驯，触眼遭时忌。贬逐走东西，稍登忽韭替。"把其一腔愤懑和对现实的失望都表达了出来，这也正是他一生颠沛流离生活的真实写照。明末，正是东林党和阉党斗争剧烈的时期。东林党虽然是反对阉党的知识分子团体，但声势所及，不免有一些沽名钓誉之徒厕身其间，行事也不免偏激过当，王思任采取了"君子群而不党"之态，没有卷入这场纷争，但他反对阉党骄横跋扈。当他改任袁州推官时，魏忠贤曾派人收买，王思任不仅婉绝，并作《脚板赞》云："曾入帝王之门，曾踏万峰之顶，曾到齐晋云间欺官之署，曾走狭邪非礼亡赖之处，而不曾投刺于东林魏党，乞食墙间，沽名井上。所以然者，脚底有文，脚心有骨。"以此表明自己不愿依附于权势的心迹。

清顺治二年（1645）五月，南京陷落，明福王仓皇走芜湖，而权相马士英亦拥兵奉太妃入浙江。此时，王思任上疏太妃，指出弘光朝廷从不曾切实讲求报仇雪耻。清军进逼杭州，马士英欲渡江入越。王思任致书拒之云："吾越乃报仇雪耻之国，非藏垢纳污之地也，职请先赴胥涛，乞素车白马，以拒阁下。"当鲁王监国绍兴时，清兵渡江在即，面对颓势，王思任屡次上疏，极言种种弊政。怒斥权相马士英专擅朝政、祸国殃民，要求"立斩士英之头，传示各省，以为误国欺君之戒"。次年六月，清兵陷绍兴，鲁王亡走海上，王思任于凤林山祖墓旁筑草舍以居，名为孤竹庵。清巡按御史王应昌邀其出山，亲朋好友也多以利害相劝，但他始终不为所动，闭门大书曰"不降"，并留言"社稷留还我，头颅掷与君"。决心以于谦为楷模，献身恢复明朝的大业。清贝勒博洛驻节城中后，王思任不剃发，不入城，绝饮食，于1646年9月22日卒。临终前，连声高呼"高皇帝"，犹如宋代抗金将领宗泽濒死时之三呼"过河"。由此被誉为绍兴历史上最有名的硬骨头文人之一。

余煌（？—1646），字武贞，明会稽人。自幼有大志，生性好学不倦，博览综籍，精通经史。言谈俊爽，举止端方。名士王开阳见后十分器重他，说："此儿他日必大魁天下。"并把外孙女嫁给他。明熹宗天启五年（1625），余煌廷对第一，成为绍兴在明代的最后一个状元，授翰林院修撰。明崇祯四年（1631），母亡，回家守孝。

余煌自幼侍亲至孝，侍父益为严敬，晨昏问安，无一松怠。应对中如有错处，就自跪受杖，仰面受责，极尽人子之礼。乡人赞美不绝。服满，奉召入京，起为左中允，历左谕德、右庶子等官职，后充经筵讲官。

明崇祯十一年（1638）六月，余煌急请归里，皇上“赐银币驰驿，礼遇甚隆”。回抵故里，他不以个人之事干扰当地官衙，但对百姓有益之事则力任不逊。三江闸为越城咽喉，山阴、会稽、萧山三县百姓凭它而生产、生活，但岁久倾圮。一些官员以工资浩繁、工程艰巨而空坐长嗟。余煌倡议修复，并于崇祯十二年修成，他亲笔作《三江应宿闸记》，记述建闸历史和此次修闸之必要。又作《三江修闸成规》，依据此次经验，提出修闸之步骤，内外大小坝高、宽度，用木、竹匠技术和人数限额，写得详尽明确，成为后人修闸规则。又有越西之天乐乡，濒临大江，潮水为患，耕种不时，数万亩水田受其害，百姓呼声不断。但当地地形复杂，修治不易；又事涉山阴、萧山两县，处事难以一致。余煌力任其事，奔走呼号，组织民众，横截江流，筑猫山闸，启闭有法，使水潦之田成膏腴之壤。百姓深感盛德，立生祠以志纪念。

明崇祯十七年（1644），明亡。余煌闻之，恸哭连日，欲以死殉先帝。这一年清兵入京，是为清顺治元年。次年，清大军南下，南明朝廷四散。不久，明太祖十世孙鲁王朱以海入浙。当时进入浙江有五位王，惟鲁王为贤。八月，鲁王临绍兴，即监国位，史称鲁王监国。时浙东画钱塘江自守。鲁王起余煌为户部侍郎、礼部尚书，余煌都推辞不就。是年秋，“浙东大水，漂沉民舍，越人衣食于舟”。但各处税捐征比不绝于道，乡民沉舟束手，苦难万分。而又政出多门，军队“沿门供亿，搜牢勒输”，横行乡里，民不堪命。鲁王监国起王思仁为礼部尚书，余煌为兵部尚书，以弹压内外。余煌再次推辞，鲁王不同意，方才受职。余煌上任后，整顿军旅，分清统属，对文武票符，分别处理；对奸宄乘时报复者，严行追缉。于是兵丁收戟，民情稍安。

清顺治三年（1646）三月，绍兴城戒严。五月，钱江失守，清兵渡江，各藩四散，鲁王航海逃遁。绍兴城内一些人想闭门死守。余煌叹曰：“临江数万之众，犹不能当一战，乃欲以二三老弱守孤城乎？”接着大开九门，让兵民出走。不久清兵入城，因城门未闭，兵不刃血，人们十分感念。余煌认为自是明代大臣，天子门生，与一般百姓有区别。因此，心怀惨烈，拜别家属，于五月底入山。六月二日复入城，至渡东桥投水自沉，但为舟人救起。初四，余煌朝服端正，袖石于身，复觅渡东桥深水处自溺殉国。衣带间藏绝命词，意为：八骏四方奔驰，老马自然而逝；我如汨罗江上的屈原，以自沉来了却心事；我做不到像文天祥那样，在刑场上慷慨捐躯。余煌的壮举感动了越城许多义士，时穷节见，不少人赴渡东桥殉国自沉，出现了一幕幕历史壮剧。

第六章

天工开物作坊城

清朝时期

浙江文史记忆·越城卷

清顺治二年（1645）六月，多铎率清兵入杭州，同时，明朝官绅张国维等迎接鲁王朱以海于绍兴，建立了鲁王政权，史称“鲁王监国”。张国维主张坚决抗清，得到人民的支持。但为了与黄道周在福建福州建立的唐王政权争“正统”，两个政权的政治集团之间势同水火，不能配合作战，终遭清统治者的离间，而导致失败。清顺治三年（1646），清朝统治者诱降了鲁王政权拥有重兵的方国安。六月一日，清兵渡钱塘江，两浙失守，张国维在东阳投池死，鲁王逃亡海上。六月中旬，清多铎部将博洛率兵由杭州破绍兴，是为清政权定越之始。

清沿明制，绍兴府下辖山阴、会稽、萧山、诸暨、上虞、嵊县、新昌、余姚八县。府治山阴县，现在的越城区是原山阴、会稽城区和两县农村的一部分。

清代前期，清朝统治者激起了浙东人民的强烈反抗，后来，他们在策略上作了些调整，康熙、乾隆多次南巡绍兴，雍正还多次下诏削除绍兴堕民籍，调整了统治方式，以缓和民族矛盾和阶级冲突，经济社会得到不断发展。

鸦片战争时期，绍兴人民两次参与了抗英斗争，英烈葛云飞是其中的杰出代表。

1853年，太平天国定都天京，东南地区震动。1861年，太平军占领绍兴，绍兴成为太平天国在最后几年的重要基地，1863年太平军从绍兴败退。太平军进军浙江以后，绍兴成为清政府重要的军饷供应地，在清政府“较初次筹饷所捐而倍之以十”的捐税政策压迫下，绍兴下层民众响应太平军，爆发了多次起义，其中规模较大的是余姚十八局佃农反清斗争和诸暨莲蓬党起义。

在清代，学术上最有影响的是黄宗羲的梨洲学派，提出实行民主性政治的启蒙思想、“工商皆本”的经济思想。黄宗羲、章学诚经世致用的浙东史学成为清代史学的主流。除此之外，就是走出了一批又一批绍兴师爷，他们以自己的能力谋生，也以自己的智慧影响国家。在晚清，绍兴最大的特点是出人才，一大批精英人物不再热恋科举，而是面向世界出国留学，寻找救国救民的方法和本领。清代的绍兴是文化艺术、教育、科技发展最快的地区之一。

随着洋务运动的深入，绍兴的实业发展较快，绍兴城区成为沿海资本主义工商业先发地区，农工商业各有特色，有些还引领潮流，带动一方。

清乾隆年间（1736—1795），绍兴农民已引进种植马铃薯，旱粮生产发展较为迅速，甘薯、玉米等已“合府普遍种植”，粮食产量高于全国平均水平。筑箔养鱼兴起，水乡特色经济发展势态较好。

清代，绍兴境内酿酒作坊增加，规模扩大，黄酒最高年产量达7万多吨，当时有“越酒行天下”之誉，一批规模较大的酿酒作坊，纷纷在北京、天津、上海、杭州等大城市开办批发零售业务，产品同时销往东南亚国家。宣统二年（1910），沈永和善酿酒和谦豫萃加饭酒，参加南洋劝业会展评，获清政府农工商部颁发的“超等褒奖”和“特等文凭”奖状。

清初，会稽县王化乡祝家村辟有“御茶湾”，茶叶每年都要进贡朝廷。用“贡熙”“熙春”命名的茶叶，还出口到英国伦敦市场，价格之高，不亚珠宝，因而有“绿色珍珠”之称。清中后期，平水珠茶以其优良的品质，大批出口至欧美及东南亚地区，平水亦由此成为浙东著名的茶叶集散地。

清末，绍兴府继续保持浙江四大丝绸生产基地之一的地位。

乾隆年间（1736—1795），绍兴境内市集续增，根据乾隆《绍兴府志》记载，府城内有照水坊、酒务桥、大云桥东、越大市、清道桥、

绍兴酒库藏

龙兴寺前、大云桥西、驿地、江桥诸市。

鸦片战争后，绍兴市场开始买卖洋货。甲午战争后，绍兴民族工业兴起，商品种类增加，行业扩大，专业细分。清宣统三年（1911），城内有行栈290家，其中米行60家、棉花行27家、煤油行7家；有商店1719家，计74个行业，如米业、酒业、酱业、茶食业、南北货业、百货业、绸布业、钟表业、金银业、油烛业、茶漆业、铜锡业等。

清代，是中国传统文化发展到达顶峰，并亟待总结、反思、创新和变革的时期。在文化领域，绍兴出了像黄宗羲、章学诚、罗振玉等这样的名家，物质文明与文化发展交融，谋求制度的变革渐渐成为社会强音。

所致力者莫如史

——史学双璧章学诚、李慈铭

清代，绍兴出过不少史学家，其中最有影响的是章学诚和李慈铭。章学诚被称为浙东史学殿军，在史学、方志学、校雠学、谱牒学等方面都有突出成就。而李慈铭被称为考据学殿军，在文学、史学、考据学等方面颇有建树。

章学诚（1738—1801），原名文教，清会稽人。父亲章镳是一位进士，做过湖北应城知县，对史学特别爱好。章学诚幼小体弱多病，5岁才能开口说话，虽然资质愚钝，却勤学好思。20岁以后，发现自己是个“史才”，大有意气落落、不可一世之势，于是更加发愤读书，隆冬盛夏，读至午夜而不知疲倦。尽管家境清贫，藏书无多，但他与乃父一样，常以借书、抄书、作笔记为乐事。父子俩，一位是如饥似渴的读书人，一位是废寝忘食的读书人，所读之书又都是“史部之书”。所不同的是，章学诚读史，更注重于分析利弊得失，总结经验教训，提出自己的独立见解，养成了不可多得的思辨习惯，为他后来的治学奠定了坚实基础。

章学诚一生足迹遍及大江南北，先后主纂或协纂过12部地方志。

27岁那年，他从北京国子监肄业，回湖北省亲。当时，他父亲从蓝城知县任上去职，应天门知县之聘，正在主持编纂《天门县志》，对史学、方志学已有深入研究的章学诚，不仅参与了县志的编纂工作，而且还特地写了《修志十议》一文，对编纂地方志提出了十点系统看法。这既是他史学才能的初试锋芒，也是凝聚着他毕生心血的《文史通义》的开始。此后，他在修志领域一发而不可收，这一方面出于他对治史的一往情深，另一方面也是为了能扶养家眷。在往后的日子里，他相继主纂过《和州志》《永清县志》《亳州志》和《湖北通志》这样一些足可经世致用的名志佳作。章学诚的杰出贡献是，他在总结前人修志得失，结合自己长期修志的实践经验基础上，提出了一整套系统、完备而又深刻的方志学理论。他以思想家特有的敏锐，第一次提出“志属信史”的观点，对地方志的性质作了科学界定。编纂地方志的目的，则如国史一样，是为了经世致用，有裨风教。为了充分体现志书的性质和实现修志的目的，他首创了以“志”为主体，以“掌故”“文征”为两翼的方志分立三书的主张，纠正历来志书体裁运用混乱的现象，他还分别对志、纪（记）、传、表、图、录、考以及索引等体裁的合理运用作理论考察。对于志书的义例，特别是内容的选择、记述范围的确定等问题，也发表了许多精辟的见解。此外，为确保方志事业的世代相传，他还特别提出州县设立志科（修志机构）的主张。这些事关志书性质、作用、内容、范围、体裁、义例、机构等一系列问题的提出与解决，标志着我国方志学理论的成熟和方志学的建立。

无论是修志、讲学还是做幕僚，章学诚都没有放弃他的治学之路。即使晚年回到家乡之后，在两耳重听、双目失明、贫病交加、生命垂危的情况下，他还是念念不忘著述大业，直到他64岁逝世时的最后一刻。毕生著述，除所纂的多部志书外，主要著作有《文史通义》《校雠通义》《史籍考》等。其中不少著作，今已散失。即便是现存的《文史通义》，也几经曲折才得以保存了下来。

章学诚用30多年时间写成《文史通义》，既是他的智慧结晶，也是他的代表之作。他在史学、方志学领域里的开拓、创新和成就，不仅推动了史学、方志学的发展，而且将之提高到了一个崭新的学术境界，对国内外史学、方志学产生了深远影响。用他自己的话说，既为千古史学开辟了蓁芜，又为后世史学立下了开山之功。

历代史学家，在史学思想、史书编纂到史学评论等方面，经过长期的实践与探索，形成了具有中国特色的史学理论。而章学诚的杰出之处在于，他能抓住历史学的宗旨、任务、方法和观念等史学灵魂，从根本上给整个传统史学赋予崭新的内容和意义。他深刻回答了史学的根本宗旨、任务是总结历史发展规律（“明道”）和为现实服务（“经世致用”）；他对“六经皆史”这一史学性质的关键问题，作了透彻的分析和阐述，恢复了“六经”作为史书的本来面貌，从而扩大了历史研究和史料搜集的范围；他从历史事实（“史事”）、历史叙述（“史文”）出发，对历史理论和观点（“史义”）这个历来被史学家所忽视的重要课题作了阐发，给史学注入了灵魂；他按史籍的内容和功能的不同，首次提出“撰述”（著作）和“记注”（资料）应当分家的主张；对史家修养，他在前人“才、学、识”的基础上，提出了“史德”这一重要命题，从而大大完善和丰富了古代史家修养的理论。

李慈铭（1829—1894），初名模，字式侯，后改名为慈铭，字悉伯，号莼客，室名越缦堂，人称李越缦，清会稽人。少有异才，12岁即能诗为文，有越中俊才之称。可是后来11次参加南北乡试，无不落第而归。咸丰九年（1859）北游京城，将捐资为户部郎中，不料为人欺哄，丧失携资，落魄京师，其母因此变卖田产以遂其志，而家道由此中落。后于同治九年（1870）中举，光绪六年（1880）中进士，补户部江南司资郎，10年后才授山西道监察御史一职。光绪二十年，甲午战争爆发，败讯传来，李慈铭忧愤咯血而卒，时年66岁。

李慈铭读书之勤，夜以继日；读书之博，无所不窥。凡经史子集以及稗官、梵夹、诗余、传奇等，无不涉猎。每读一书，必求其含义之深浅，致力之先后，然后以日记的形式，记下自己的读书心得和客观评述。这些散见于《越缦堂日记》中的读书笔记，都是作者读后有感而发，多有创建或独到之处。

李慈铭在文学创作领域的独特建树、自成一家，也为文学史家们所器重。他工于诗，长于词，骈文也有独到之处，而且创作颇丰。生前汇而成集的作品就有《越缦堂诗初集·续集》《白华绛跗阁诗集》《杏花香雪斋诗集》《霞川花隐词》《桃花圣解庵乐府》《湖塘林馆骈体文》《越缦堂骈体文》等10余种。

李慈铭深受汉学考据影响，对训诂、校勘、目录、版本、金石诸学均有研究。因此在治史方面，承乾嘉学派遗风，以考镜源流、钩稽史实为毕生致力之所在。在考据学方面，是继钱大昕、王鸣盛、赵翼之后的“有清一代之后殿者”。对于考据之学，李慈铭有着非常明确的宗旨，那就是为了“经世致用”，而不是为了考据而考据。经李慈铭校勘、考证的史籍有《史记》《汉书》《后汉书》《三国志》《晋书》《宋书》《梁书》《魏书》《隋书》《南史》《北史》等共11种，成书30卷。民国时期，北京图书馆根据所获李慈铭手稿，汇集出版，总称《越缦堂读史札记全编》。此外，李慈铭还著有《唐代官制杂钞》《宋代官制杂钞》《元代重儒考》《明谥法考》《南渡事略》《历代史賸》《闰史》《后汉书集解》等10余种史学著作。

李慈铭一生著作等身，已经汇集成书的集子将近50种，总字数在七八百万字以上。除上述文学、史学著作外，尚有经学、小学、方志学等方面的力作传世，而其中尤以《越缦堂日记》规模最为宏大，影响最为深广。洋洋数百万言的日记，堪称李慈铭治学之大成，有“日记之大观、掌故之渊薮”的美誉。

日记本来是写给自己看的一种流水账，因此也不必如写文章，须摆空架子，所以反而可以看出真面目来。用鲁迅的话说，这或许就是日记的正宗嫡派。而李慈铭由于禀性直率，胸无城府，但又志在立言，意存褒贬，“欲人知而又畏人知”（鲁迅语）只好以日记形式来写文章，至于身后被翻印出版，他自然也顾不得那么多了。因此，《越缦堂日记》实在是一种著述，虽算不上是日记的正宗嫡派，却别具一格。所记上自朝章，中至学问，下迄相骂，很有看头，因而不必等到身后，就是在身前，也早就有人借来借去地传抄开了。这就是《越缦堂日记》的魅力所在。

《越缦堂日记》之所以备受学界青睐，除了因为李慈铭名重朝野外，主要还在于日记的内容。日记对清咸丰到光绪40年间的朝野见闻、朋踪聚散、人物评述、史事记录、古物考据、书画鉴赏、山川游览、风土民情、社会风貌等无不详细备载，足资后代文史学者采撷。同时，日记中尝有大量读书札记，内容涉及经史百家，具有相当高的学术价值，是古籍研究和学术史研究不可多得的典籍。此外，日记中还有大量诗词、骈文的创作，作品具有唐宋遗风，对于研究晚清文学史具有不可或缺的参考价值。

茂林修竹尚依依

——开宗立派的书画大师赵之谦

赵之谦（1829—1884），初字益甫，号冷君，后改字㧑叔，号铁三、憨寮，又号悲翁、悲盦、无闷、梅庵等。他一生历经忧患坎坷，但仍始终独立求索，留下了辉煌的艺术成就。赵之谦祖辈经商，但到父辈时已家道中落，少年赵之谦是在清贫艰苦中度过的。像很多绍兴文人前辈一样，赵之谦仍勤于书斋，聪明好学，诗、书、画、印无不通晓，尤精于篆刻。他曾以书画为生，参加过三次会试，均未中。42岁时赴江西为官，曾先后任鄱阳、新奉、南城诸县县令，卒于56岁。他一生中经历的两次战乱，对他来说是刻骨铭心的记忆。

19世纪中叶，中国近代社会进入了十分动荡的年代，太平天国运动蓬勃发展，席卷江浙一带。赵之谦逃亡他乡，不久其妻女在战乱中病卒，使他对太平军的造反耿耿于怀，并在其诗文和篆刻作品中屡屡提及。

赵之谦在江西南城任职期间，法国进兵越南，侵犯台湾。闽海、南城久圮不治，郡守与赵之谦商议修城以坚固城池，年逾50岁的赵之谦怀着一腔爱国热情，在案牍劳形之中，以衰病之躯尽力支持军需，在他当时一些诗文中也都表达了这种民族感情。

对农民起义的怨愤而无奈，对外国侵略者的仇恨而又无能为力，国难家难，面对自己的遭际和不幸，赵之谦常常沉浸于一种孤寂、悲怆、愤懑和抑郁的心情中，成为他恃才傲物性格的缘由。而他的心情和性格，也不可避免地寄寓于其作品中。

“独立者贵，天地极大，多人说总尽，独立难索难求”，赵之谦一生如其所言，在诗、书、画、印上进行了不懈的努力，终于以自己独立、独特的风格，成为一代大师。赵之谦擅长画人物、山水，而尤工花卉，花草树木多是自慨身世、情感、志趣、秉性之作。他画梅，以梅表达悲怆凄凉的心境，同时寄寓一种高傲不凡的精神境界；他画松，以松表现一种不折不挠、坚韧不拔、顶天立地的性格；他画荷，以荷写照自己的心灵，显示出出淤泥而不染、卓尔不群的傲气；他画蔬荀，以蔬荀气比喻文人的清高不俗，并以此自得、自诩。

随着人们审美时尚的变化，许多晚清文人画家已尝试将色墨交混画法运用于写意花鸟。赵之谦更以丰厚、艳丽的色彩和饱满的水墨大胆涂抹、挥洒淋漓，不受传统拘束，在花鸟画上作出了新的开拓。他的《异鱼图》《瓯中物产卷》《瓯中草木图四屏》等传世画作，画的是前人所未画的题材，都成为中国绘画史上不朽的杰作。在赵之谦的画作中，诗、书、画、印四位一体，有机结合。而运用各种字体题款，长于诗文韵语，更是他高出其他清末画家之处。赵之谦以其高超独到的艺术成就，成为近代的绘画巨匠，对吴昌硕等新一代海派艺术家产生了深刻影响，促进了海派绘画流派的形成，而且他的影响还及于北派大家齐白石、陈世曾等人。

赵之谦篆刻初摹西泠八家，后追皖派，形成章法多变、意境清新的独特风貌，并创阳文边款，其艺术将诗、书、画、印有机结合，在清末艺坛上影响很大。其书画作品传世者甚多，后人编辑出版画册、画集多种，著《悲盦居士文》《悲盦居士诗》《勇庐闲话辑》《补寰宇访碑录》《六朝别字记》，其印有《二金蝶堂印谱》。此外，赵之谦撰有

《张忠烈公年谱》，以编年的形式叙述明末抗清名将张煌言的一生。

赵之谦的篆刻传世作品有年款的最早的为24岁时刻的“躬耻”印，表现的是浙派风范。赵之谦的聪明在于不囿于一家一派，他深入皖宗，师法邓如石的同时还上溯秦汉，将艺术的触角伸向方方面面，并且是又广又深。汉碑篆额、钱币文字、镜铭文字统统入印，呈现出丰富的面目来。他在“松江沈树镛考藏印记”印的边款中刻“取法在秦诏汉镫之间，为六百年来抚印家立一门户”，又在“钜鹿魏氏”印边款中刻“古印有笔尤有墨，今人但有刀与石。此意非我无能使，此理舍君谁可言”，这些边款文字可以看出他的自视甚高。

赵之谦在35岁时作“树镛审定”印刻边款：“悲庵作此，有丁邓两家合处”。另有“赵之谦印”边款：“龙泓（丁敬）无此安详，完白（邓石如）无此精悍”。可见当时赵之谦一心想另辟道路，打开新局的雄心壮志和对成功的自信。如赵之谦所刻的一直为人称道的“丁文蔚”印，单刀直入印面，用刀狠、准、稳，神采飞扬，开启齐白石印风之先河。正如钱君匋所说：“篆刻之写意派大约导源于此，对后辈影响很大，黄士陵、吴昌硕、齐白石等的篆刻风貌都可从赵之谦的篆刻中找到源头。”赵之谦在边款上更是以北碑体入款，进行了给后辈许多启示的有益尝试，还开创了印侧刻图像的艺术形式。

在书法上赵之谦法古而不泥古，赵之谦所处的时代书风，正是碑学昌盛之际，赵之谦也不可能不受时代的影响。但他的惊人之处在于与时代节奏和而不同，有自己的面目。真、草、篆、隶都有自己的风格，他的杰出贡献是将碑刻表面的一些张牙舞爪、乱头粗服的缺点洗涮干净，还以本来面目，如他在《题杨大眼造像》中说：“造像笔中有刀，古刻工且不可及如此。”赵之谦的眼光十分犀利，他在碑刻中看出了用笔，所以赵之谦是不会被碑的表面现象牵着鼻子走的。

赵之谦能保持清醒的头脑，与时人写碑迥异，同中求异以形成自己的风格，创造出另一番宛转流利的写碑风味来。这正如当代书家启功先生在《论书绝句一百首》中所说的：“学书别有观碑法，透过刀锋看笔锋。”事实上，百余年前的赵之谦早已别样观碑了。赵之谦敏锐的眼光，已洞穿了刀意而直入笔意，腕下的柔毫穿越刀味而直达书法的本来面目——笔意。赵之谦将碑味调教得如此流美，其意义不仅是书法上的一种创格，而且对碑刻的学习起到指南针的作用。

赵之谦的绘画影响力不亚于他的书法、篆刻，在绘画领域里他以书法通画法，独具手段。潘天寿先生在《中国绘画史》中说会稽赵之谦“以金石书画之趣作花卉，宏肆古丽，开前海派之先河”。赵之谦的绘画以花卉著称，可以说赵之谦给当时渐趋没落的清代花卉画风注入了新的活力，一扫纤细靡弱、甜媚的习气，恢复了生机。

赵之谦的绘画在构图上匠心独运，融入“疏可走马，密不通风”的布印法，在强调疏密、轻重、浓淡的对比中，给人以强烈的视觉冲击力。同时他的画将书法、篆刻艺术的因素融入其中，给人耳目一新的感觉。赵之谦的画风为后继者如任伯年、吴昌硕、齐白石等吸收，中国画大师潘天寿在赵之谦的基础上更是发扬光大。

赵之谦绘画的用色别具一格，色彩瑰丽鲜明而又不艳媚，如他的牡丹、桂花等，虽艳裹浓妆里，却清气徐来。徐邦达《中国绘画史图录》中说：“用鲜艳的色彩来配合放逸的笔法，继承但又超出了陈淳、徐渭以来粗笔花卉的传统。赵之谦、任颐二人先后创立了崭新的面貌，被称之为‘海派’画的领导人。”

赵之谦在绘画上的影响力还在于他扩展了绘画题材，取材于自然生活，描摹对象极为广泛，奇花异果、海产方物、民间小物品都成为其笔下的资粮。如赵之谦在一折扇上画的近于漫画表现形式的《钟馗图》，对后世影响很大，齐白石的《题不倒翁》明显受赵之谦的影响。在赵之谦的身后，吴昌硕、齐白石、潘天寿等绘画大师们，踩着这位巨人的肩膀，又开创了中国画的新气象。

正如沙孟海在《吴昌硕先生诞辰一百四十周年纪念开幕词》上所讲：“元初以来，直到今天七百年中国，屈指计算四门学问（指诗、书、画、印）都可列上第一流的，只有赵孟頫、王冕、赵之谦和吴昌硕四家。”

赵之谦还是收藏大家，藏书秘册甚多。家有藏书楼为“二金蝶堂”“仰视千七百二十九鹤斋”。藏书印有“赵之谦”“二金蝶堂藏书”“为五斗米折腰”“鹤庐”“二金蝶堂双钩两汉刻石之记”等。

在晚清艺坛上，赵之谦是一位不可多得的“诗、书、画、印”四绝的多面手，一位极具革新精神的“闯将”。可惜其寿不永，只活了56岁，使他的艺术终未达到顶峰、至臻至善。

在绍兴已经找不到赵之谦故居了，有幸的是在今儿童公园内，即原来赵园的基础上，保留了一个赵之谦纪念馆，也算是今人可以直观的一个名人文化记忆。

满川风雨看潮生

——近代文化教育的兴起

报刊和图书，都是近代社会面向大众传播文化的工具。清末，绍兴社会开始走向开放、活跃。初步发展壮大的资本主义经济、日渐高涨的政治变革运动和日渐开放活跃的社会，都要求有与之相适应的传递信息、知识及新思想观念的传播工具，近代报刊图书出版事业应运而生。晚清时期绍兴报刊图书出版事业走在时代的前列，起步早，发展快，在全省乃至全国都具有一定影响。

报刊作为大众传媒的一种，既是社会发展的动力，也是社会变迁的产物。鸦片战争后，伴随着西学东渐，报刊这种大众传播工具被带入中国。胡道南创办的《经世报》是绍兴人最早创办的报刊，绍兴境内第一份报刊是《绍兴白话报》。此后，《绍兴医药学报》《商业杂志》《越报》《叒社年鉴》等四种陆续出刊。

《绍兴白话报》，是晚清较早也较为著名的白话报，是绍兴境内第一份白话报纸。清光绪二十九年（1903）五月创刊，创办人为光复会会员王子余，徐锡麟、陈仪参与其事。该报宗旨为“唤起民众爱国，开通地方风气”，栏目有“论说”“大事记”“绍兴五千年人物谈”“小说”“绍兴近事”等。该报摘载国际国内大事，且对绍兴时局多有评论，共出200期。总发行所设在仓桥街万卷书楼，分售处遍及府属各县，外埠设有宁波、杭州、福州、上海、北京等发行所。清光绪三十四年，因改出《绍兴公报》而停刊。清宣统二年（1910）二月，王子余等人复办《绍兴白话报》，宗旨为“注重提倡自治，改良社会”，力求“以浅显文字，求人易解；低廉价格，期人易购”，共出60余期，翌年十一月终刊。

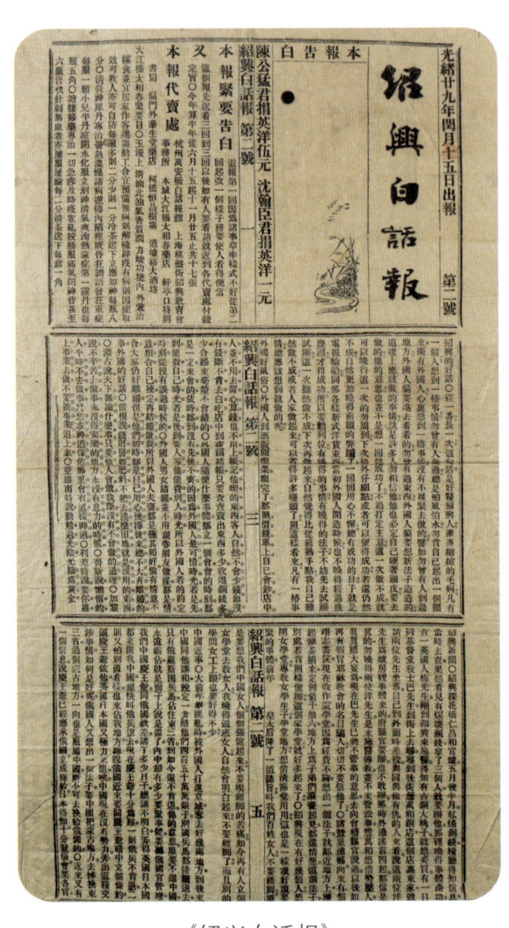
光緒廿九年閏月十五日出報 第二號

紹興白話報

本報告白

陳公猛君捐英洋伍元 沈翰臣君捐英洋一元

紹興白話報 第二號 一

本報緊要告白

這報第一回因為諸事草率樣式不好從第二回起改一個樣子務要使人看得便當

這個報先送看三回到三回以後如有人要看請就近到各代賣處付錢定實○今年算半年從六月十五起十一月廿五止共十七張

又本報代賣處

杭州萬安橋白話報館 上海棋盤街紹興教育會事務所 本城大江橋大和春藥店 軒亭口特別書局 偏門外泰生堂藥店 柯橋恒昌樹塲 道墟裕大酒坊

大江橋太和春藥室○玉液上清油此油氣香質潤力峻功捷內外兼治揉食並宜居家作客遠塲動工合宜預備無病則解穢辟疫有病則因症取效可教人亦可自防每服多則二分少則一分冷茶送下立應如神每瓶八分○清暑神犀丹專治暑熱溫邪諸病逆傳內陷痙厥昏狂譫語發狂重症每服一顆小兒半丹涼開水化服立刻神清氣爽海熱瘀症第一靈丹也每顆五角○塘棲痧藥專治一切急痧及時疫霍亂絞腸腹痛氣閉神昏甚至六脈皆伏針刺無血者亦屢服屢驗每二分清茶送下每盒一角

《绍兴白话报》

《绍兴医药学报》，是我国近代最早的中医药期刊。光绪三十四年（1908）五月，由绍兴名中医裘吉生、何廉臣领导的神州医学会绍兴分会创办。该报宗旨为“于国医学之足以保存者则表彰之，于西医学之足以汇通者则进取之，于中西医学之各有短长处则比勘而厘订之，共勷绵力，力谋进步”，栏目有“论文”“学说”“医案”“小说”“杂录”“通讯”“专件”“近闻”等，重在研究中西医学，“凡生理病理证治方面以及卫生事宜、看护要则，与夫通俗简便疗法靡不广收博采，逐期刊列报章”。刊物为32开，月刊，颇受各界读者欢迎，投稿者甚众。上海、苏州、潮州、天津、奉天（沈阳）、汉口、杭州、湖州、宁波等地设有代派处，并行销南洋各岛及日本。民国九年（1920）1月，因问症征方者日多，加设《绍兴医药星期增刊》，裘吉生主编，16开，随《绍兴医药学报》发行。民国十二年，与《绍兴医药学报》同时停刊。

1897年，山阴乡绅、维新人士徐树兰（仲凡）捐银1000两，筹得捐款4000余元，仿天津中西学堂，以二等学堂（相当于中学）规制创办绍郡中西学堂。该校奏明清廷备案，领绍兴乃至浙江近代教育之先，开启了浙江省普通中等教育的历史。徐树兰自任校董，延访中西教习，开设文学、译学、算学、化学等新学科。每学期招生，少则数十人，多则百数十人。学生依年龄及国学程度，分为三种程度，如今日之高小、初中、高中（数学及外国语例外）。

1899年，蔡元培应邀出任绍郡中西学堂的“总理”（校长）。他力排守旧势力的阻挠和干扰，大刀阔斧地实行改革。蔡元培根据自己所学，主要对文科进行了调整，除保留原有中西学的教学内容之外，再增加一些新的西学科目。他还创办了名为养新书藏的图书馆，努力解决学校图书资料不足的难题。

古越藏书楼

在蔡元培主事的近两年时间里，有力地推进了新式教育。绍郡中西学堂因此一跃成了清末国内新式学堂的佼佼者。

该校在1901年改为“绍兴府学堂”，成为当时绍兴府的最高官办学府。以“经算”闻名的徐锡麟被聘为经学兼算学教习。徐锡麟教授算学时把“中算”和“西算”互相引证，深入浅出地阐明各种计算原理，并带学生进行实地测量，还撰写《运动指约》，系统阐述测量地形和炮弹射程的方法。第二年，徐锡麟兼授新开的地理课，更加重视实践教学，带领学生走出课堂测量绍兴地形，还绘制了《绍兴府图》，制作地球仪供教学之用。徐锡麟的实践教学探索得到官方的认同，1903年徐锡麟升任副监督（副校长）。徐锡麟升任副监督后，加大改革力度，除废止总校职、停收附课生、附设师范部等外，还大力倡导学生的体育活动，尤其注重兵式体操，进行军事训练，还经常组织学生“远足”，游览绍兴名胜古迹。这些改革，大大改变了学堂过去死读书的风气，提高了教学效果，开一代新风。

徐树兰从西方的图书馆得到启迪，认识到藏书楼宜与学堂相辅而行，以为府县学堂之辅翼，以备阖郡人士之观摩，外府县诸君也可到本楼阅书。因此，在开办中西学堂的过程中，他参酌各国规制，1900年独家捐银在绍兴城西古贡院购地1.6亩，开工营造藏书楼。该楼建成于1903年，分四进，前三进皆楼房，作藏书之用，第二进建有厅堂为公共阅览室，内桌椅器物皆备，命名为古越藏书楼。1904年正式向全绍兴公众开放阅览。

古越藏书楼的诞生，推动了中国图书馆事业从封闭的封建藏书楼向近代公共图书馆的过渡，其整个过程通过革新藏书理论、藏书制度和藏书分编技术三步实现。之后十年间，公共藏书楼、公共图书馆创办蔚然成风，这都与徐树兰建古越藏书楼有着直接关系。

万古名桥出越州

——水乡与桥乡的变奏曲

绍兴是著名的江南水乡，城内河道纵横，小桥流水，素有桥乡之誉。至清光绪年间，城内拥有33条河道，229座桥梁，桥梁密度为每平方公里31座，几乎家家临水、户户临桥，可以说石桥连街接巷，五步一登、十步一跨。石桥之多，堪称全国之最，是“三山万户巷盘曲，百桥千街水纵横”的水城桥都。沿河民宅粉墙黛瓦，鳞次栉比；水中鱼贯而行的舟楫倒影浮荡，桨声欸乃；横跨在河道上的大小石桥巧思迭出，造型各异。“古城小桥多，人家尽枕河”，形成了绍兴水城的独特景观。

由于水城的特殊地理环境，街坊多依河分布，民居多傍水而建，桥便与人们的生活须臾不可分离。屋旁、桥头、岸边，筑有通向水面的台阶，俗称踏道。有马鞍形踏道、元宝踏道和一字踏道等，既便于登舟乘渡，又利于浣衣洗物。

桥梁中有拱桥、梁桥、廊桥、庙桥、折边桥、拱梁组合桥等桥型。古城内的七折边形石拱桥、五折边形石拱桥，桥型独特，全国罕见，如广宁桥、谢公桥、拜王桥、迎恩桥等。此外还有半圆形、圆弧形、马蹄形石拱桥，桥型玲珑俊秀、典雅轻盈，如大木桥、题扇桥、锦麟桥、大庆桥等。不少古桥的桥身和望柱上，雕刻有狮、龙、鱼、花等图案，形象逼真，栩栩如生；桥上隽永的楹联，其字体或端庄凝重，或飘逸俊秀，体现了一种韵律美和形式美，且包含着丰富的桥史资料，具有极高的艺术和文化价值。

石拱桥

宋代建造的八字桥，一桥跨三河，布局合理，建造稳固，是我国现存最古老的城市桥梁，被列为全国重点文物保护单位；始建于宋嘉泰年间（1201—1204），于明万历二年（1574）重修的广宁桥，为绍兴现存最长的七折边形石拱桥，国内罕见；始建于东晋，于清乾隆、清嘉庆年间重修的光相桥，系单孔半圆形石拱桥，结构典雅，雕筑别致。这两座桥都被列为浙江省文物保护单位。此外，在古城区内还有被列为市级文保单位的谢公桥、迎恩桥、拜王桥、探花桥等，这些桥梁不仅集自然环境、人工建筑于一体，而且蕴藏着丰富的桥文化内涵，是重要的历史文化遗产。

绍兴是著名的水乡，在鉴湖上及其周边，还有很多名桥。著名园林专家陈从周曾有诗曰："垂虹玉带门前事，万古名桥出越州。"

告成桥。又名禹桥，在禹庙前，跨禹池北口而立，今为出入禹陵、禹庙通道。相传为纪念大禹治水成功而建。

灵汜桥。唐元稹有诗《寄乐天》:“莫嗟虚老海壖西，天下风光数会稽。灵汜桥前百里镜，石帆山崦五云溪。冰销田地芦锥短，春入枝条柳眼低。安得古人生羽翼，飞来相伴醉如泥。”灵汜桥在古鉴湖边，现在已消失。

东跨湖桥。出偏门吊桥不到半里，即到东跨湖桥。桥因南北跨越鉴湖而得名，北接鉴湖街与马臻路相连，南通跨湖桥直街而达马臻墓、马太守庙。

杏卖桥。位于汇入鉴湖的漓渚江口西面。鉴湖淹废后，此处水面收缩，故杏卖桥南北向卧于鉴湖碧波之上。是绍兴城出常禧门连接西南水乡的必经之路，直通漓渚、福全等地。桥名得于陆游“小楼昨夜听春雨，深巷明日卖杏花”之句。

画桥。画桥位于杏卖桥西的鉴湖北岸南塘上，在鉴湖淹废之前建造，陆游在其诗中多次提到画桥。

柳桥。柳桥在陆游三山故里附近，虽然不太有名，但却是对陆游的生活非常有影响的桥梁。因此，在陆游的诗中很有名。直写柳桥的诗就有《柳桥秋夕》《柳桥晚眺》《柳桥秋夜》等。

纤道桥。纤道桥是在航道的浅水里建造的专供纤夫行走的纤道。这种古纤道在绍兴仅存一处，即浙东运河的柯桥与钱清段。

纤道桥

西跨湖桥。西跨湖桥在湖塘老街西端。陆游当年就有《西跨湖桥》五言绝句：“东西二十里，相望两平桥。傍水多投钓，穿云有负樵。”

绍兴不仅桥的数量多，而且还有许多保存完好的古桥。

光相桥。桥在今绍兴市区西北，因桥畔原有光相寺而得名。该桥南北向，横跨老城河，系单孔半圆形石拱桥，全长20米。光相桥始建于东晋。

虹桥。位于今绍兴西廓门外，相传宋理宗赵昀少时曾在这里游泳，绍兴民间又称此桥为“浴龙桥”。

夏履桥。位于柯桥区夏履镇夏履村。相传因夏禹治水时路过此地，曾在此遗履而得名。

都亭桥。位于今鲁迅纪念馆西南侧。据《越绝书》记述，秦始皇东游至会稽时，曾驾临此地。

拜王桥。唐朝末年，钱镠平董昌之乱以后，郡人曾拜谒于此。到五代后梁时，钱镠被封为吴越王，故取名拜王桥。此桥在城区府山直街南端。

题扇桥。位于今蕺山南面。相传是晋代大书法家王羲之为卖扇老妪题扇的地方，桥上旧有“晋王右军题扇处”石碑一方。

一壶能遣三军醉

——从“投醪劳师”到“越酒行天下”

绍兴酿酒的历史非常久远。《吕氏春秋·顺民篇》记载：“越王苦会稽之耻……有酒，流之江，与民同之。”史称“投醪劳师”。

东汉永和五年（140），会稽太守马臻发动民众围堤筑成“鉴湖”，为当时越州的酿酒业提供了优质、丰沛的水源，也为日后绍兴酒提高酒质以及驰名中外奠定了基础。

到了南北朝，“山阴甜酒”已列为皇宫内饮品，并有诸多酿酒学说传世，如贾思勰所著的《天工开物》，是后世研究绍兴酒的重要专著。唐、宋时期，越酒酿造技艺不断完善，越州也成天下闻名之“酒乡”。到了南宋，越州改名为绍兴，使当时越酒成为宋室皇家的御用酒。历代有众多著名诗人如贺知章、李白、杜甫、白居易、元稹、辛弃疾、陆游等，都和绍兴酒结下不解之缘。

清初，绍兴酿酒业发展兴旺，当时，不仅有名酒曲、名黄酒的出现以及众多制曲、酿酒专著的问世，而且在清康熙《会稽县志》中曾有“越酒行天下”之说。

晚清、民国时期，绍兴黄酒在国际国内都曾获得最高荣誉，在

1915年美国巴拿马太平洋万国博览会获金奖，又在1929年杭州西湖博览会获得金奖。

中华人民共和国成立后，国家非常重视对绍兴酒这一传统产业的保护和发展。1952年周恩来总理亲自批示拨款兴建“绍兴酒中央仓库”。1958年，浙江省轻工业厅组织编写《绍兴酒酿造》一书，为提高绍兴酿酒技艺提供了科学依据。

绍兴黄酒产地主要分布在绍兴鉴湖水系区域，包括绍兴市越城区、柯桥区以及上虞区东关镇。截至2008年，黄酒总产量达45万吨，占全国黄酒总年产量240万吨的19%，并多次获国内外金奖、银奖、名酒的称号。2000年，绍兴酒被国家质量技术监督局列为首批中华人民共和国原产地域保护产品。同年，“绍兴黄酒”“绍兴老酒”被国家工商行政管理局商标局核准注册证明商标。

绍兴酒采用自然发酵方法酿造。以精白糯米、优良小麦和鉴湖水作为原料，俗称三者为“酒中肉、酒中骨、酒中血”。糯米以当年产、米粒洁白、颗粒饱满、气味芳香、不含杂质者为上。绍兴酒制用曲，一般采用本地产小麦制作，选用完整饱满、粒状均匀、无霉烂虫蛀、无农药污染、含水分15%以下的黄皮小麦制作。“汲取门前鉴湖水，酿得绍酒万里香。”鉴湖水质优良，自然形成了绍兴酒的独特品质。研究发现，鉴湖水具有清澈透明、水色低、透明度高、溶解氧高、耗氧量少等优点。

花雕坛制作

绍兴酒经长期发展演变，逐渐形成不同风格品种，且代有创新。清代，绍兴酒基本形成状元红酒、加料京装酒、真陈善酿酒、远年花雕酒四大品种。中华人民共和国成立后，经国家专卖统购，按类型定为元红酒、加饭酒、善酿酒、香雪酒等四大传统品种。

除四大传统品种外，主要传统绍兴酒尚有：女儿酒、竹叶青酒、鲜酿酒等。

绍兴是我国有名的酒乡，“越酒甲天下，游人醉不归”。在绍兴人的生活中，时时刻刻离不开酒，并且经过历代传承，至今还保留了许多有趣的饮酒习俗。

旧时的绍兴，城乡内外，酒肆如林。格局大致相仿，都是曲尺形柜台，板桌长凳，店面简朴，风格独特。店面粉壁上总写着斗大的“酒”字，屋檐下也有挂酒牌的，十分醒目。店堂内柜台正中上方竖着一块长形的青龙匾，上书“太白遗风”“闻香下马”“刘伶停车”“杜康佳酿”等字眼，以招徕顾客。有些店铺，内设“雅座”，还都悬挂着山水、人物的画卷和书法条幅，内容不外乎与酒有关。其盛酒器皿，有用锡制的酒壶或用白铁皮做的串筒。当天气寒冷时，可以放在热水中加温，那滚烫的老酒，喝起来更加芳香醇口，特别醉人。

绍兴人喝酒，习惯于慢呷缓饮，不善于“干杯”式的一饮而尽，所以是真正的“品酒”。如果你是一人小酌，则半斤加饭酒，一碟茴香豆或花生米，可喝上个把小时。三五人小聚，则烫上三五斤酒，摆上七八碟酒菜，比如兰花豆、咸煮笋、茶叶蛋、豆腐干、猪头肉、白斩鸡、熏鱼、酱鸭等。在绍兴，爱喝酒的人到处都可找到酒店，行路人在乡间的小店中，还可立在柜台外，舀一碗酒，买一点下酒菜，乐滋滋地呷着，呷完了再赶路。

绍兴的各种习俗，几乎都离不开酒，包括四时八节、婚丧喜庆、往来应酬、亲朋聚会，真是“无酒不动”。单就饮酒的名目而论，则多达三四十种，如生孩子要吃“剃头酒”“满月酒”“周岁酒”；结婚要吃“喜酒”“会亲酒”“三朝酒”“回门酒”；祝寿要吃“寿酒”；造新房要吃“上梁酒”“进屋酒”；各种节时要吃“年节酒”“散福酒”“元宵酒”“端午酒”“七月半酒”“中秋酒”“重阳酒”“夏至酒”“冬至酒”等；平日互相邀约的“日常酒”，其他还有“插秧酒”“丰收酒”“利市酒”

“开业酒”“分红酒”“行会酒”“接风酒”“饯行酒”“洗尘酒”；等等。因此，有些人家，一年要吃几百斤酒。

每年立冬，是绍兴黄酒开始投料发酵酿制的日子。千百年来，从立冬开始到第二年立春，绍兴人把这段最适合酿制黄酒的时期称为“冬酿”，并在立冬这一天，祭祀“酒神”，祈求福祉。之后，这种民间演庆活动逐步演变成演绎绍兴酒俗和风情的“开酿”节，传递出绍兴黄酒数千年独特的文化魅力。

饭稻羹鱼古越风

——舌尖上的越味

越地多彩的饮食文化，始于越先民的“饭稻羹鱼”，河姆渡遗址已经清楚地证实，早在六千多年前，先民们已利用蒸气烹饪。始于远古的蒸法，至今仍是绍菜的妙笔。

春秋战国时，越国人“鸡山养鸡、樵湖养鸭、南池养鱼”。据传“越菜之首”“清汤越鸡”源出于卧龙山山麓。东汉时期，鉴湖凿成，淡水养殖兴起，越地真正成了鱼米之乡。唐宋时期，绍兴是南方的经济中心，中原烹饪方法流入，“南料北烹”，越菜开始自成体系。明清时期，越菜进入御膳的世界，八大贡品（鳜鱼、干菜、香糕、越鸡、茶叶、腐乳、贡瓜、绍酒）名扬四海。同时，绍兴师爷是传播绍兴名菜的重要力量。绍兴盐商童岳荐的清代厨膳秘籍《调鼎集》，记述了不少江南名肴，也为绍菜在广度和深度上的传播作出贡献。

近代绍兴城，食府遍布，美食成了市井的享受。1956年五款绍兴名菜“头都醋鱼”“扎肉”“白斩鸡”“酱鸭”“单腐”入选56道浙江名菜。现代的绍兴，越菜传统精华成了国宴，有的被周边菜系吸纳，如杭帮菜系，部分就来自越菜。

传统越菜有四大系列。

腌系列。每到秋末冬初，白菜大量上市，价格便宜。于是不论乡村还是城镇，家家都要腌制大缸大缸的腌菜，丁口兴旺之家，还须腌上两缸，作为家庭常备的小菜。把白菜放在太阳下连晒数日，直到晒瘪为止，再将其整整齐齐地堆放于屋角，待到外层的菜叶发黄，便需下缸了。下缸前，先把菜缸洗净，晾干，接着把白菜一颗一颗地切去菜根，随后一层白菜一层盐放入缸内，一层一层地踏实，然后放上大石块，过几天再踏一次，一层渍水就浮在上面。一个月以后，缸面渍水黄色泡沫渐渐消失，此时，菜便算腌熟了。除了冬日腌制大缸腌菜之外，绍兴人平时往往将剩余的白菜秧、萝卜秧腌了吃，那叫鸡毛菜。而用芥菜、油菜腌的则称佩红菜。绍兴名菜霉干菜烧肉中的霉干菜，就是青梅季节做的腌芥菜，此时的芥菜最嫩最香，因是青梅时节，故称霉干菜。

霉系列。主要有霉千张、霉毛豆、霉豆腐、霉苋菜梗等。霉千张是最有“个性”的食品，其霉味特别刺激。相传，光绪二十年秋天，时值上虞崧厦镇的迎神大会，“蔡万盛水作坊”创始人王绍荣制作了大批千张供应寺庙。由于量过多而有剩余，只好用豆腐布盖住放一边。第二天，他突然想到这些剩余的千张，掀开布条却发现千张已变黄，散发出一股霉味。他觉得扔了可惜，便把这些千张蒸熟后和工友一起品尝，结果味道十分鲜美。他又把剩余的霉千张切成一寸宽方条，用笋壳丝捆扎，送给邻居吃，大家都说是美味，于是崧厦霉千张的名气就传开去了。绍兴霉豆腐即腐乳，已与绍兴黄酒一样，成为大宗商品，已家喻户晓。霉苋菜梗比较特别。苋菜是江南地区的家常菜，初长时极嫩，故新鲜苋菜常被炒吃。但苋菜长速很快，几天以后，苋菜便有点老了，不宜炒吃。绍兴人一般让苋菜养老，长成甘蔗一样粗，收割以后切成寸许长，在水中浸一昼夜，晾干以后，装坛密封，一星期以后开坛，便有香气溢出，用手按一下，感觉菜梗变嫩了，霉苋菜梗就做成了。为了让霉菜梗慢慢地霉，一般在霉好的菜梗上散几把盐，这样，菜梗更有香味。对于一户人家来说，霉苋菜梗是一碗一碗蒸着吃，吃完了就留下菜梗的卤。这个卤是万能的，卤里边放南瓜就是霉南瓜，放豆腐就是臭豆腐。所以，绍兴的臭豆腐与其他地方不一样，豆腐是不臭的，只是放了霉苋菜梗卤，才变成了臭豆腐。

绍兴霉豆腐

醉、糟系列。绍兴酒除了宴饮和用作调料外，还有一些菜肴是专门用酒来加工的，如醉虾、醉蟹、醉麻蛤、醉红菱等。这些菜无须入锅烧煮，只择其新鲜者，加入酒和其他调味品浸泡，即可上桌。其中醉虾，就是挑选中等个儿的活虾，现泡现吃，只只活蹦乱跳，使餐桌增趣生色不少。至于醉蟹，那是比较难做的一道菜，传说是一个在安徽的绍兴师爷首先发明的。有一年，淮河两岸蟹多为患，绍兴师爷出谋请农民捉蟹，制成醉蟹卖钱渡过困难。至于绍兴的糟菜，是用做黄酒剩下的酒糟，制成糟鱼、糟鸡、糟鹅、糟鸭。也有糟汁烧菜，如糟熘鱼片、糟熘虾仁等。

酱制品系列。绍兴人也爱吃酱制品，如酱香肠、酱瓜、酱萝卜、酱鹅、酱鸡、酱鸭、酱肉等，几乎能酱的东西都要“酱一酱”再吃。酱货的基本做法就是用酱料将菜品浸泡一段时间后，挂到太阳下晒干，也有些是在风口阴干，或两者结合。浸泡的酱料以酱油为主，可以根据个人的口味放入生姜、花椒、黄酒、桂皮等调味品。

年糕、粽子、八宝饭是绍兴人传统的过年食品。年糕是用粳米磨成的粉，蒸、舂而成。绍兴的水磨年糕，闻名遐迩。水磨，即粳米先在水中浸胀，再带水磨成粉，然后沥干，用这种粉制成年糕。清朝洪如嵩的《杭俗遗风补辑》赞美道：“年糕一物，以绍兴、上虞为最，盖皆水磨也。宋恒兴为绍兴人所设，开张荐桥之桥堍下，生意鼎盛。其所制之年糕，坚硬而耐久，为他人所不及。”稍晚于杭州宋恒兴年糕店的，要数绍兴城内于1871年开设的丁大兴年糕店了。其制作的年糕，白亮滑净细匀，下锅不糊，入口滑韧，深受市民喜爱，因而店运昌盛，延续至今。年糕烧煮方便，吃法多样，炒、炸、焐、烤、蒸、爆均可，而且年糕谐音“年高”，寓有“年年高升”的吉祥之意，因而成为越人春节必备的食品。

粽子，用箬叶裹糯米蒸煮而成，形如三角，古用粘黍代糯米，因此称角黍。《本草纲目》中说，因“尖角，如棕榈叶心之形，故曰粽”。粽子还有饭筒、筒粽等别名。粽子起源于古人尝黍和祭祖以庆丰收的活动。魏晋南北朝后，吃粽子才跟纪念屈原挂上了钩，当时常在端午和立夏吃粽。粽子品式繁多，有内裹豆沙、火腿、咸肉、枣泥、果脯、八宝诸品，有咸、甜、荤、素各式，味美可口，老少皆宜。且糯米补脾肺虚寒，箬叶清凉甘香，有益健康。绍兴人因将年糕与粽子合在一起，可讨口彩“高中（考中）”。

春节期间，绍兴民间还有吃八宝饭的习俗。八宝饭由蒸熟的糯米饭，拌上糖和猪油，放点莲子、红枣、金橘脯、桂圆肉、蜜樱桃、蜜冬瓜条、薏苡仁、瓜子仁等果料，缀上红绿梅丝做成，色美味香。八宝饭跟古代的八宝图有关。八宝图上刻画着八样祥瑞之物，包括和合、玉鱼、鼓饭、磬、龙门、灵芝、松、鹤，都包含着吉祥、祝福之意。正因为如此，绍兴人春节除吃八宝饭外，还流行吃八宝菜、八宝鸭。

冬至馄饨夏至面。旧时越中，无论男子女子，在冬至那天，人人都要吃碗馄饨。在夏至，则挨家挨户都要吃一顿面条，谓之“冬至馄饨夏至面”。此俗流传已久。但到底因何成俗，却各有说法。或言冬至日最短，馄饨形团而应节；夏至食面，则用面（条）之长状夏至之长昼。

绍兴馄饨皮薄肉多，其色香味有别于沪杭。绍兴馄饨在用料、落锅、佐料上都有一番讲究：裹馅用的后腿肉要刮去筋头、筋膜，精中有肥，手工斩透，食之味香而润；皮子薄如荆川纸，裹手浮而不散，裹好白里透红。每碗十只，用馅四钱，从不减料。下锅时置生坯于料斗，料斗先在滚水中一漾，然后入水，只只氽起，片刻捞出，不糊不烊，其味鲜美无比。因锅水常换，故称清汤馄饨。佐料用蛋皮、紫菜、味精、猪油、葱花和胡椒。酱油专用咸亨的母油与太油对掺。

绍兴人称面条为面。因夏至麦已经登场，旧时农家节俭，巧手农妇自己擀薄面团，使之成页，然后折成几折，用菜刀切成面条，和青南瓜及冬芥菜烧煮。因自己加工，面条不长，俗称“钉子头面”，现在已很少见。

悬壶济世一片心

——独领风骚的越医

张景岳，明代杰出医学家，为中医温补学派领军人物和提倡医易同源第一人，有“温补大家”“医门之柱石”之称。其学术思想、用药经验对后世影响深远。

张景岳（1563—1640），明会稽人。名介宾，字会卿，别号通一子，因为他善用熟地，有人称他为“张熟地”。张氏世居于四川绵竹县，明初因祖上有军功而世袭绍兴卫指挥使，迁居会稽。张景岳少年随父游历京师（今北京），拜名医金英（梦石）为师。壮年从戎，遍历各地后卸职回京，以医为生，晚年归隐会稽。

《周易》是中国传统文化的源头，中国古代的各种思想和科学技术都受到了易学的巨大影响。张景岳早年对唐代大医家孙思邈说的“不知易，不足以言太医”曾产生过怀疑。后来，随着阅历的增加，对医理、易理钻研的深入，方认识到天地以阴阳二气造化万物，人体以阴阳二气长养百骸。他认为，“易者，易也，具阴阳动静之妙；医者，意也，合阴阳消长之机。虽阴阳已备于《内经》，而变化莫大乎《周易》。故曰天人一理者，一此阴阳也；医易同源者，同此变化也。”张景岳以其对《易经》哲理深刻感悟的睿知卓识，与其丰富的临床经验相结合，首创医易同源，提出著名的“善补阳者，必于阴中求阳，则阳得阴助而生化无穷；善补阴者，必于阳中求阴，则阴得阳升而泉源不竭”的阴阳互补论。同时，他还提出了命门学说，对丰富和发展中医基础理论有着积极的作用和影响。

在中国医学史上，金元是学术争鸣时期，产生了刘河间、李东垣、张子和、朱丹溪四位杰出医家，人称“金元四大家”。这四位大家形成了各具特色的四大学术流派：刘河间的寒凉派、李东垣的补脾派、张子和的攻下派、朱丹溪的养阴派。这四大派的形成，都有特定的历史、社会、人文背景，在特定的背景下取得了很好的疗效，也推动了学术的发展。但如果脱离了这个条件，照搬照套，难免有刻舟求剑之弊。如刘河间的寒凉派，擅用苦寒清凉的药物，过之则难免有损伤。朱丹溪的养阴派提出“阳有余，阴不足”，倡导滋阴学说。张景岳根据自己的随军体验及治疗中的认识，认为人之“所以生精血者，先由此阳气，精血之不足，又安能阳气之有余”，力主甘温固本大法，继许叔微、李东垣之后，从理法到方药，全面发展了温补学说，成为温补学派的领军人物。

1640年，张景岳集自己的学术思想及临床各科、方药针灸之大成，辑成一部全面而系统的临床参考书《景岳全书》，其中多有温补学说的论述。清人章楠曾说“尝见诵景岳者，其门如市”。清代，《景岳全书》几为医所必读，可见张景岳的温补理论影响之深远，流传之广泛。

张景岳的著作首推《类经》，其编撰“凡历岁者三旬，易稿者数四，方就其业”，成书于明天启四年（1624）。张景岳对《内经》研习近30年，认为《内经》是医学至高经典，学医者必应学习。但《内经》“经文奥衍，研阅诚难”，确有注释的必要。《内经》自唐以来注述甚丰，王冰注《黄帝内经素问》成为最有影响的大家，但王氏未注《灵枢》，而各家注本颇多阐发未尽之处。《素问》《灵枢》两卷经文互有阐发之处，所以张景岳“遍索两经”“尽易旧制”，从类分门，“然后合两为一，命曰《类经》。类之者，以《灵枢》启《素问》之微，《素问》发《灵枢》之秘，相为表里，通其义也”。

《类经》分经文为十二类、若干节，全打乱《内经》原来的体例，按性质将经文分类，然后加以注解。此外，还附有《类经图翼》十五卷，以佐诠释。此书由于把《素问》和《灵枢》两经“合而为一”，并分类编注，所以叫《类经》。张景岳认为这样类编，可以条理分，纲目举，晦者明，隐者见，一展卷而重门洞开，秋毫在目。同时，《类经》指出王冰以来注释《内经》的各家不足之处，条理井然，便于查阅，其注颇多阐发。《类经》集前人注家的精要，加以自己的见解，敢于破前人之说，理论上有创见，注释上有新鲜，编次上有特色，是学习《内经》重要的参考书。

《类经》出版后，盛行于世，影响颇大。西安叶秉敬赞叹此书为“海内奇书”。《四库全书总目提要》说它条理井然，易于寻览，其注亦颇有发明。在医史上，它是一部对《内经》的整理和注释比较好的著作。

“绍派伤寒学派”是崛起于明清之际，盛行于清末民初的一大中医学派。既有异于崇法张仲景的一般伤寒学派，也与吴门的温病学派不同，是根据绍兴地处卑下、病多湿阻特点而创立的。辩证重湿，施治主化；崇尚六经，结合三焦；用药轻清，制方灵稳；重视祛邪，强调透达。以俞根初首创《通俗伤寒论》而得名，以胡宝书等人的灵活推广运用而崛起，以晚清何廉臣等人的发展完善而勃兴。

何廉臣（1861—1929），出身于名医世家。祖父何秀山为绍派伤寒名家，何氏从小打下了良好的医学基础。后经两次乡试失利，最终弃儒而专志于医。起初，他从同邑沈兰垞、严继春、沈云臣等医家研习医理。之后，又随名医樊开周临诊三年。后曾离绍出游访道，先后到苏州、上海等地访求名家。1886年，何廉臣来到苏州，客居一年。此间，他与设诊于吴门的绍兴名医赵晴初（1823—1895）结为忘年交，一起探讨浙东风土民情。此后，何氏曾在上海留居三年，与丁福保、周雪樵、蔡小香等沪上名医来往密切。他倡导整理医籍以保存国粹，主张通过整理文献来保存祖国医学精华，在继承的基础上发扬中医。他治学严谨，对《内经》《伤寒》以及明清各家学说均有较深造诣。

晚清绍派伤寒学派人才众，著作多。除何廉臣外，胡宝书、周伯度、张畹香、邵兰荪和赵晴初都是杰出代表。胡宝书著《伤寒十八方》，其“竖读伤寒，横看温病”的学术主张，将六经辨证、卫气营血辨证、三焦辨证有机结合起来，对辨治江南的外感时病益处甚多，药方往往以普通常见药为主，药方能依据病症千变万化灵活应变。周伯度著《六气感症要义》，该书阐述了六气为病，先论后方，方必有解，用之临床实用有效。在书中明确指出：“伤寒之方多可施于六气。六气之病，亦可统于伤寒。是故欲明伤寒，当先详六气。六气者，伤寒之先河也。”此类高见，实非常人所能点睛。

张畹香（1861—1931）著有《暑温医旨》，不以经方和时方划分界限，用六经辨时病，辨证重视湿，施治主张化，采取伤寒辨六经与温病辨卫气营血及其主治方药的综合运用，如“舌苔辨”“伤寒治论”都有独特的临床见解，为绍派伤寒的发扬者。

邵兰荪（1864—1922）擅治温暑湿热及妇科病症，案语简明，将经邵氏治愈的病家所留存方案200余则，分门别类整理成《邵兰荪医案》，大致分为风暑温热病、虚劳病、内科杂病、妇产科病治案。赵晴初撰《存存斋医话稿》五卷，录医话74则，记其所见所闻及心得，阐述医理，辨证用药，改正本草，评论医家，强调辨证论治，反对拘方治病，文字简明，雄辩风趣。

但教方寸无诸恶

——绍兴师爷与堕民

绍兴师爷，是明清时期封建官制与绍兴人文背景相结合的产物，肇始于明，盛行于清，没落于辛亥革命前后，在我国封建统治机构中活跃了约四百年，成为中国封建官衙幕僚阶层的重要组成部分。一般师爷，在原来秀才级别文化程度的基础上，至少须攻读三年“幕学”。只有具备了提供计谋的智术、研究策略的能力、撰拟官方文字的功底后，才能胜任师爷职业。绍兴有培养与造就师爷特有的历史地理环境与经济文化条件。绍兴一向为文化之邦，绍兴人处世精明，治事审慎，工于心计，善于言辞，具有作为智囊的多方面能力。师爷从业者，大抵为家道中落、无缘取仕之士人。绍兴自古就有耕读传家的传统，因此，境内不乏这样的知识分子。

绍兴人入幕为僚，由来已久。明朝一代已有不少绍兴人研习“幕学”，入幕作宾，并闻名于世。当时京中胥办，“自九卿至闲曹细局，无非越人”（王士性《广志绎》）。“今户部十三司，胥算皆绍兴人”（《顾炎武《日知录》）。嘉靖年间被誉为“明代第一才人”的徐渭，即为典型的绍兴师爷。《明史》记载：“徐渭，字文长，山阴人。为诸生，有盛名。总督胡宗宪招致幕府。”徐渭作幕宾五年，政绩卓著，堪称绍兴师爷的早期代表人物。

绍兴师爷在清朝初年，尤其是在顺治、康熙之时，才真正成为一个地域性、专业性极强的幕僚群体。所谓“无绍不成衙”，即是这一状况的真实反映。沈文奎可谓当时绍兴师爷的代表。沈文奎（1598—1654），绍兴人，23岁时只身北上游学。后金天聪三年（1629）冬被后金八旗兵俘于遵化城，旋即迁徙沈阳，入选文馆，开始为清军入关献谋设策，渐为皇太极看重。后金天聪六年八月，皇太极召见沈文奎等，赐以肉食，面询对明言和等朝政大计。沈文奎提出一系列针对性策略，多被皇太极采纳且付诸实行，绍兴师爷由此崭露头角。

绍兴师爷，系幕宾总称，按其职能，可以分为折奏师爷、刑名师爷、钱谷师爷、书启师爷、征比师爷和挂号师爷等。师爷虽非职官，但各级军政主官每每受其制约，且对主官的升黜、荣辱干系很大。绍兴师爷纵横上下，盘根错节，利用亲朋、师生或同乡、同职等关系，构织成网，互通声气，不仅控制地方所有公共事务，而且把持部分督抚州县实权。为此，各地绅士、商人，各级行政官吏等纷纷向绍兴师爷靠拢。当时，甚至连地位显赫的田文镜、曾国藩、李鸿章等封疆大吏，也意识到自己的前途荣辱、升迁任免均与绍兴师爷密切相关，因而亦刮目相看，不轻易得罪。

绍兴师爷中不乏才学超人、办事公正、英勇抗敌、为民请命之人。雍正年间，浙江总督李卫曾派人去苏州逮捕无罪良民。绍兴师爷童华以手续不全为由，予以拒绝。雍正帝闻知此事，斥责童华借此事博取声誉，童华据理力争，最终使雍正帝心服。清道光二十二年（1842）八月，清政府与英国政府签订丧权辱国的《南京条约》。当时，山阴名幕何大庚正在广州知府余保纯衙内任职，何大庚在广州府学明伦堂张贴《全粤义士义民公檄》，怒斥英帝国主义罪行，呼吁广东人民一致对敌。山阴名幕娄春藩在八国联军围攻天津埠头时，“勿为动，仅以何永盛所统练兵千余名，与敌军相峙”，英勇抗击了外国侵略者的大举进

安昌镇的绍兴师爷博物馆

犯。甲午战争期间，绍兴师爷出身、担任辽阳知州的徐庆璋，为抗击日本侵略军，“募饷练兵，号镇东军”，“编团数万人”，随后屡败日军，坚守辽阳长达5个多月，为捍卫民族尊严作出了贡献。

活跃于中国封建政坛的绍兴师爷，品行兼优者不胜枚举。也有为数不少的劣幕，他们或为主官鹰犬，助纣为虐，鱼肉百姓；或欺上凌下，营私舞弊，中饱私囊；或互通声气，包揽诉讼，朋比为奸。正是此类劣幕，败坏了绍兴师爷的声誉。

堕民，又称“怯邻户”“丐户”“乐户”“堕贫”“老嫚”等，与一般平民相比，堕民习俗殊异，地位低下，数百年来，一直被视为“贱民”，不许与一般平民通婚，亦不许参加科举应试，一直在悲苦和被人轻蔑的环境下度日。

根据有关史籍及民俗学者之考证，一般认为，堕民起源于南宋。明末清初学者顾炎武认为，“浙江绍兴府有一种人谓之堕民，世为贱业，不敢与齐民齿”。

堕民主要分布于江苏、浙江等省，浙江堕民则以绍兴一带最多。堕民不得入四民（即士、农、工、商）之列，四民均可直乎堕民之名。堕民统称四民为“大百姓”，四民则贱呼堕民为“隋民”“惰贫”“老嫚”“怯邻户”“乐户”“丐户”“大贫”“小百姓”“轿夫”“轿头侬”“栏公”等。堕民对四民必用尊称，对男性，堕民须称年长者为“相公”、称有职位者为“老爷”、称年轻者为“少爷”、称小孩为“官官”，称新郎为“驸马老爷”；对女性，则称“太太”“奶奶”“小姐”之类。

堕民的信仰与一般平民相仿，以信佛为主，所不同者，为堕民一概崇拜唐明皇。唐明皇首倡梨园，旧时伶人奉其为祖师。演戏为堕民主要职业之一，故堕民尊称唐明皇为“老郎菩萨”。

堕民服饰与一般平民亦有所不同，男人头戴狗头帽，裙以横布，不着长衫；如以演戏为业，则前半头剃光。妇女蓄长约8寸之大束头发，挽成高髻，插如意簪，此种发型俗称“老嫚头”；身穿黑色背心，俗称尼衣，下着黑色折裥裙，忌用红线；若出门，定挽方底有盖圆竹篮，俗称“老嫚篮”。

堕民与一般平民几乎不共职业。做饴糖、挑换糖担、抬轿、理发、配猪种、阉田鸡、演戏、贴“年签”、跳“灶王”等，为男性堕民主要职业。女性堕民，则于四时八节及主家娶媳嫁女、小孩满月得周、建房迁居、寿诞丧葬时上门服务，并讨取赏赐。女性堕民至主家，必说吉语，俗称“多嘴老嫚”。正如鲁迅所说：“（堕民）男人们是收旧货，卖鸡毛，捉青蛙，做戏；女的则每逢过年过节，到她所认为主人的家里去道喜，有庆吊事情就帮忙。”此等职业，旧时视为“贱业”。

明清两朝与国民政府亦曾颁旨发文，试图消除对堕民之歧视。如明洪武四年（1371），朱元璋颁诏禁止再呼堕民。清雍正元年（1723），宁绍台道奉礼部削籍之文，通饬各县削除堕民丐籍。乾隆二十年（1755），绍兴府重申雍正元年旨意，晓示削除堕民丐户籍。乾隆三十一年，绍兴府示遵部议，准许堕民捐监与应试。光绪三十一年（1905），黄补臣、杨月泉和卢洪昶等士绅于三埭街创办同仁学堂，吸收堕民子弟入学。民国元年（1912），南京临时政府大总统孙中山通令堕民与其他百姓“一体享有公权私权”。但旧时，堕民悲惨境遇并无根本改变。中华人民共和国成立后，堕民才真正翻身，其政治地位、行当、经济收入、文化素质，乃至民风习俗，才真正发生了根本的变化。现今，堕民已完全消匿、融合于“公民”之中了。

银台万树含烟翻

——古城的台门文化

绍兴民居，自成一格。历朝以来，绍兴人在外做官经商，功成名就者都要在老家造屋建宅，以荣宗耀祖，光彩门楣。而绍兴传统民居的格局以台门为正宗，所以绍兴的台门就特别多。

台门，是指平面规整，纵向展开的院落式组合住宅。即前有台门斗，而后依次是天井、堂屋、侧厢、座楼、园地，组成一个独立的宅院。台门的面宽和进深则依据住户的身份高低、财力强弱、人口多少而定，宽有三开间、五开间、七开间不等，深有二进、三进、五进、七进之别。通常大的府第，以门面的“间”与深院的“进”数多为气派的标志。台门里的天井，又称“明堂”，地面大都采用石板砌成，称“一马平川”。台门内厅后有“退堂”，实际上是通往后宅的过道，厅两旁的“侧厢”，则是附房。

绍兴的台门有的因聚族而居，以姓氏命名，如杜家台门、寿家台门、周家台门、高家台门等；有的以仕进或官职命名，如状元台门等；有的以建筑方位称呼，如朝北台门、歪摆台门等。

绍兴在明清两代出了不少高官显爵，光文武状元就有十多个。封建时代有“文到尚书武到督”的说法，文官做到尚书，武官做到提督都属“位极人臣”的了。这种官府台门往往以官衔命名，如状元台门、探花台门、榜眼台门、翰林台门、进士台门、文魁台门、御史台门、帅府台门、提督台门、总兵台门等。绍兴城内最著名的官府台门有吕府台门、伯府台门、孙府台门，号称“三大台门”。

位于绍兴城内新河弄169号的吕府台门，是明朝嘉靖年间礼部尚书吕本的私邸，它东起万安桥，西讫谢公桥，占地48亩。南向有十三座厅堂，故称为吕府十三厅。这个官府台门的建筑群，依三条纵轴线和五条横轴线布局。依中央纵轴线依次为大门、台门斗、轿厅、永恩堂（大厅）、三厅、四厅、五厅。依东西两纵轴线依次为牌坊和四座厅。依第五条横轴线是内宅，建有楼房。整个台门三面环水。为便于出入，内设两条南北向“水弄”和一条东西向“马弄”。永恩堂原为大厅，吕本死后改作祠堂，是目前保存最完整的明代官府台门。正厅厅面宽36.5米，进深17米，共分7间。按明代《礼仪注》：凡三品以上高级官员建宅，门前可竖旗杆，正门上方有“第额”，前方砌“影壁”（俗称“照壁”或“照墙”），壁之顶端按官阶，两头可塑龙螭昂首或双凤展翅，下嵌白石，壁面可涂红色（但不准用黄色），面门临街壁面，可饰彩绘，或丹凤朝阳，或松鹤延年。如果面临河道，照墙后筑有“马面踏道”以便官船停靠。此外，大门门环可置兽首铜扣，大门称“戟门”，漆以朱红，门前砌五级至九级台阶，阶两旁有“系马桩”。此《礼仪注》描述的这些建筑，吕府台门内现均荡然无存，沧海桑田，在所难免。吕府台门从现存主要建筑“永恩堂”及门厅等的用材来看，相当讲究，制作规整。

绍兴有句俗话，叫“吕府十三厅，不及伯府一个厅”。这里的“伯府”就是明弘治进士，正德间平定“宸濠之乱”后被封为新建伯的王守仁府邸，绍兴人称“伯府台门”，地址在绍兴城内上大路王衙弄内。由于台门为大火所焚，从现仅存遗址来看，范围很广，现在的王衙池，考《乾隆绍兴府志》，一名碧霞池，“在承恩坊”，应在府邸范围内。观象台、饮酒亭应均属伯府台门建筑。据说伯府台门的梁架用材，全是楠木，因王守仁历任江西巡抚、闽广总督，建府邸时，木材均采运自产地，所谓“吕府十三厅，不及伯府一个厅”，当不虚言。

官府台门因受十分严格的封建礼仪之约束，建筑装饰必须与官衔相符，超过规范就会有“僭越”之罪，轻则降官削职，重则抄家杀头，所以大至宰相府第的台门，也只是九间十三进，外加后花园。据传闻，绍兴城内偏门直街31号的“两都冢宰”孙府台门，原来高高的台阶两旁还有御赐的禁牌，上书“文官下轿，武官下马”，说的是文武官员经过孙府台门都要下轿下马，步行过去。而位于鲁迅路上的“周家老台门”，因鲁迅的祖父周福清曾任翰林院庶吉士，所以又称“翰林台门”。原建筑是五间五进，由于周氏分支繁衍，房头不少，所以除大厅仍留公用，台门共同出入外，一进二进由各房分住，也就成了聚族而居的大杂院，失去官府台门的气派了。至于显赫一时的孙府台门，现在只剩一个大厅还保留着。

绍兴的官府台门因同一官衔的不少，如状元台门就分不清楚了，为了区别起见，就只能冠以姓氏来区别。张状元台门，是指现在人民西路明穆宗隆庆五年（1571）辛未科状元张元忭的府邸，其他状元台门也就分别冠以余、罗、梁、茹、史等姓氏。至于谢阁老、桑天官、刘都御等台门，则往往因他们德高望重，受人尊敬而称之。

从居住的风俗来考察，绍兴的“民居台门”可与北京的“四合院”相媲美，而品种、数量之奇，恐有过之无不及。

绍兴的民居台门，大多系明清两代建筑，追溯其源，可能脱胎于当时官绅的宅邸。所以无论门墙、内部结构等，有很多相似的地方，但又有它自己的特色。

以台门的门、框来区别，绍兴的民居台门有“石箍台门”“竹丝台门”“锐叉台门”“铁钉台门”“实拼台门”“黑漆台门”“洋铁台门”“铁板台门”“八字台门”“歪摆台门”“直台门”“横台门”“漏底台门”等。如果按规格来分，绍兴的民居台门一般有上等、中等、低等的区别。上等台门一般在七间七进以上，中等台门则在五间五进以上，低等台门大多为三间三进或二进。而同一等级中又可分上、中、下三级。间数之所以为单数，是因为台门总是以台门斗为中轴线，两旁或二或四间。有的漏底台门，其大门开在鲁迅路，而后门则在延安路，贯串着两条街道，可见规模之大。这种台门就属于上等中之上级，大抵是巨贾富商私宅或聚族而居的大姓之家。

民居台门虽有上等的台门，但毕竟是“民”，旧俗建房破土，要有避煞破邪的举措，以免对家人不利。在建造台门时，或在围墙角砌进一块“泰山石敢当”石碑，再在四面嵌上“界牌石”（如张界）；或屋顶塑出一尊“瓦将军”，镇住台门斗（一般因对面房屋是官府台门而为）；还有的在屋瓴上插一面小镜，使其闪闪发光，以照妖魔鬼怪；也有的在门斗正中嵌一虎头牌，上刻“姜太公神位在此，百邪回避”字样。据绍兴民间流传，石敢当是指明初攻打绍兴的统兵大将胡大海，此人勇猛无比，因此以之辟邪，也有流传胡大海为“瓦将军”者。凡此流传，与绍兴民居台门多系明始建筑相吻合。清承明制，则不在话下了。

至于绍兴究竟有多少台门，以前，除平屋、低房、小楼以及街上的商店屋面外，几乎都是台门。要统计出一个确切数字，绝非易事。以旧南街，现在的延安路为例，台门鳞次栉比，凡现在的大建筑物，可以说都是旧台门改建的。“老绍兴”还可能记得这样一首民谣：“绍兴城里五万人，十庙百庵八桥亭，台门足有三千零。”从中可见台门数量之多。

不问苍生问鬼神

——“锡半城”与锡文化

锡器制作技艺，在我国已经有近4000年的历史。商周时代，人们已经能够用锡与铜、铅合铸体积、容量庞大的青铜礼器。南北朝时期，王室贵族常以纯锡制作牛、马、猪、羊等器物。唐宋两朝，民间锡质茶、酒等日用器皿已开始流行，锡器从明永乐年间（1403—1424）开始盛行，并持续不断地扩展和延伸它的使用范围。

明清时期的锡器

锡是一种较软的金属，锡质温润，光亮鉴人，熔点较低（300℃），可塑性和延展性较大，是排列在白金、黄金及银后面的第四种稀有金属。它富有光泽，无毒，不易氧化，不变色，具有很好的杀菌、净化、保温和保鲜的作用。用锡茶叶罐盛茶则清香四溢；用锡茶壶泡茶则清淡幽香；用锡杯饮酒则清洌爽口；用锡花瓶插花则不易枯萎。所以，锡很受越地民间百姓的喜欢。绍兴解放前后，锡制的水壶、酒壶、香炉、烛台、茶叶罐等锡器制品已经进入到寻常百姓家庭，成为人们生活中不可或缺的日常用品。

旧时，绍兴城里有不少专门制作锡器的店铺，小具规模，一般拥有伙计、学徒七八个，除自产自销外，还接收来料加工或制作业务，为赢得信誉，经营者还在每件锡器上盖有店名硬印。每逢过年过节，雇主家有红白喜事，锡器店生意十分红火，制品供不应求，常常加班加点。农村中为数众多的打锡匠多以走村串户、上门为人打制锡器为主，那时候用锡器的人多，看到打锡匠来，不少人家都会把一些残旧的锡器拿来回炉，重新打制新的锡器。打锡匠放下货担，就在人家门道里或是房前的空地上摆开摊子，精心为各家修理或制作锡器。

锡箔，又称锡箔纸，为祭祖祀神用祭祀品，是绍兴（山阴、会稽）特殊的传统产品。绍兴的锡箔业据传始于元末明初洪武年间（1368—1398），可谓源远流长，至今已有600多年的历史。朱元璋平定天下后，未曾给予祭飨，阴兵冤鬼皆不平，长夜悲鸣，作祟民间。朱经刘伯温提议创建锡箔业，用锡箔纸焚祭诸鬼，答谢百姓和将士的亡魂。旧时绍地锡箔铺（坊）内青龙牌上大书“洪武遗风”就是明证。后来扩至民间，锡箔多为祈神祭祖必备之物，品目众多并相沿成习。每年清明、中元、冬至、岁末，祖宗家祭、神佛诞辰均需焚化纸锭，耗量日增。民间纷纷仿效制造锡箔，其打箔、造箔的人也不再是朝廷囚犯，多为缺田少地的贫困农民，成为锡箔司务，生产方式仍模仿旧习，连打箔的囚室、饮食起居也未作稍改。他们分布于绍兴城乡，受雇于箔铺、箔坊业主，在阴暗、潮湿、狭窄、充满尘埃的工房里打箔，取得微薄的工资养家糊口。

绍兴锡箔业创始于杨汛桥，后来到绍兴城里发展，于是锡箔业的中心就转移到绍兴城区。到清宣统时，得到迅速发展，鼎盛时绍兴有锡箔铺（坊）两千余家，产品二百余种，年产量愈三百万块（每块三千张）以上，生产工人二十余万人，锡箔铺（坊）遍布城区街头巷尾，打箔之声昼夜不绝于耳。旧时，为畅通供销渠道应运而生的锡箔集市大多分布在大营、东街、五福亭、龙山直街、西郭一带，当时较大的商行有福号、裕号、天源、黄吉昌等。因绍兴城乡有生产锡箔的众多作坊、店铺，锡箔制作业极其发达，故对绍兴社会、政治、经济、文化的发展产生过举足轻重的作用和影响。绍兴的锡箔业绵延数百年，产量一直占全国销量的80%以上，其从业人员之多、产业之旺、销售之巨、税收之丰为绍兴各业之首，故绍兴就有了“锡半城”之称。

锡箔制作的工具包括：精炼锡工具，如铁锅、铁“井圈”、铸锡斗；打锡箔工具，如太湖石、焙笼、牛皮垫子、火盆、专用桌凳、专用榔头、竹刀、“砑纸石”；辅助工具，如鹿鸣纸制作工具、擂粉扑粉器、剪刀、刷子。

制锡箔所使用的原材料包括：原锡，原料形态为锡锭，是制造锡箔的主要原料，产自云南个旧的称滇锡（亦称广碛），产自南洋群岛的称“南洋锡”（亦称“福足”），原锡由锡行和铜锡店经营，绍兴城内多开设于斜桥直街、诸善弄、月池坊一带，专为箔铺、箔坊配制和供应原料锡；铅，又称原勾，有软硬二种，制锡箔用软铅，锡加软铅后可增加展性，原料形态为铅锭；擂粉，是一种用旱米粉、白酒糟和石灰混合而成的粉状隔黏物质，经过霉变，去其黏性，放入石臼，用擂干擂成粉末，故称擂粉；鹿鸣纸，又称纸花，系黄褐色霉酥纸，用以褙贴锡箔，由山阴、会稽、萧山三县山区造（纸）户制造。辅助原料包括刷黄用的五倍子和明矾、染料、打包材料等。

绍兴常见的锡箔产品为锡箔纸，尺寸规格各有定制。锡箔制作成品有：银元宝（锡元宝）、银锭（锡箔制成银锭式样）、金元宝（涂金色的锡元宝）、宝船、宝塔、宝马、宝亭、荷花等。

慷慨激昂绍兴戏

——戏曲之乡的叠音流韵

绍兴戏曲源远流长，剧种丰富，曲调多样。仅就绍剧、越剧、新昌调腔、诸暨乱弹这几个现存剧种而言，就已覆盖了中国民族戏剧的三个大类。在这三大类的绍兴地方戏剧中，以调腔发生最早，乱弹次之，滩簧又次之。新昌调腔是绍兴地区唯一以南北曲为剧本和曲调体系的剧种，而且至今还搬演着一些元曲杂剧，为全国所罕见。绍剧原称绍兴乱弹，在明代中晚期，中国戏曲的主流是以南曲（剧）为体的文士剧，同时以乱弹为体的民间戏也在基层悄悄流行。明清鼎革造成了文士剧的瓦解，于是作为民间戏的乱弹便日益凸显并演进为中国戏曲的主流，绍剧的兴发即经历了这个历史过程。由滩簧衍生而来的越剧源出于清同治年间在嵊县农村出现的一种民间曲艺，叫“落地唱书”，戏班称“的笃班”或“小歌班”，以后渐流行于宁绍平原和杭嘉湖地区，民国初年进入上海，现已发展成为全国最主要的剧种之一。除了新昌调腔、绍剧、越剧之外，绍兴戏剧还包括诸暨西路乱弹、绍兴目连戏两种，这就是人们常说的五大剧种。

绍兴的地方曲艺大多出现于清代中叶，流行较广的有平湖调、鹦哥戏、词调、莲花落和宣卷，这是指的五大曲种。在历史上，绍兴还涌现出一大批著名的戏曲理论家、创作家和表演家，堪称名副其实的戏曲之乡。

绍剧俗称绍兴大班，是我国乱弹戏剧留存在绍兴的一支。绍剧大约在明末清初时期形成于绍兴等地，以坐唱形式出现，并以大锣、大鼓、大钹伴奏的腔调演唱，乾隆年间搬上舞台，后流行于绍兴、宁波、杭州、嘉兴、湖州及上海等地。

绍剧唱腔的主要曲调为“二凡”“三五七”两种。“二凡”伴奏乐器以板胡为主，斗子为辅，绍剧板胡以竹琴筒蒙以桐板，琴杆短而琴弦粗，硬弓紧拉；斗子亦称“金刚腿”“牛腿琴”，双弦并弹，音色特旺。“三五七”因其唱句以前句三字、五字而后句七字组成得名，伴奏以梆笛为主、板胡为辅。绍剧的打击乐采用大锣、大鼓、大钹，气势恢宏。锣鼓点以大锣、大钹合击，与小锣加花形成节奏对比，自成一格，粗犷、朴实，具有浙东地域风格特点，称为绍班锣鼓，俗称绍敲。

绍剧的剧目，有300多本。剧作有尺调、正宫调、小工调三类乱弹剧作，即老戏、时老戏、时戏。绍剧作为“社戏”的主要内容多在庙台、广场演出，其唱腔响亮宏大，悲壮激越，其表演豪放洒脱，文武兼备，形成了粗犷雄壮之特色。可以说绍剧在我国戏剧百花园中有着独特的历史地位，鲁迅先生也给予极高的评价，称之为“越人复仇之声”。

绍剧戏班之班名，首见于记载者，为道光年间之“长春”“五福”“老保和”。1920年后，戏班以舞台为称，最有代表性的是上海同春舞台，在中华人民共和国成立后，更名为同春绍剧团，并于1953年迁回绍兴，1956年改建为浙江绍剧团，主要演员有六龄童、七龄童等。20世纪50年代，在绍兴就有同春、同兴、新民、易风、同力、新艺等7个绍剧团，到1960年底，部分人员支援杭州，后归属萧山，现为萧山绍剧团。绍兴至今还在正常创演的是浙江绍剧团。

越剧开端于1906年，那年的新年，嵊县的唱书艺人李世泉、高炳

1947年“越剧十姐妹”合影

火等6人外出唱书，在客栈不期而遇，不经意间形成了一个演出的小群体。在乐平乡外伍村的演出中，响应村民的提议，放下“三跳板”，搬开“走台桌”，尝试着“像演戏”（实际上是“分角色唱书”）那样演出了《十件头》和《倪凤扇茶》两出小戏。演者和观者谁都不会想到，这个不经意间形成的群体尝试的演出，竟然开启了越剧的历史。

自“分角色唱书”之后，剡溪两岸的唱书艺人日益转向职业戏班。当地民众因其只有笃鼓，檀板按拍击节，取其声而名其为“的笃班”；也因其演员少，行头少，名其为“小歌班”，以有别于周边的绍兴大班、余姚滩簧等。

越剧流派唱腔的形成强化了“女子越剧”的特色，“女小生”作为台柱更是支撑了越剧艺术的殿堂。早期的“小歌班”，进行剧目演出时称为“绍兴文戏”。为与以后的“女子越剧”相区别，早期的“小歌班”又被简称“男班”。20世纪初、中期，越剧的女子科班开始出现并迅速发展，其演出偶尔也打出“越剧”的标牌。不过因为彼时“绍兴大班”的演出有时也称“越剧”，“女子越剧”的演出还较多使用“绍兴女子文戏”的名称。越剧之所以为越剧，正在于“女子越剧”或者说演出“绍兴文戏”的女子科班的功劳。尽管自越剧的发生而言是男班早于女班，而后也不断有“男女合演”的呼声，但从剧种发展，特色凸显的进程来看，正是“女子越剧”构成了越剧艺术的特色，“女小生”作为剧目演出的台柱更是将这一“特色”固化为“本色”。

流派唱腔的形成往往是一个剧种成熟的标志。20世纪20年代末女子科班的演出者仿“西皮”弦法调出作为女腔的“四工调”，为女班唱腔艺术的发展扫除了障碍；20世纪40年代初，袁雪芬与琴师周宝财合作，采用京剧“二簧”定弦，变“四工”定弦为“合尺”定弦，形成了擅长表现悲剧的“尺调腔”。正是在唱腔艺术的不断发展中，越剧的流派唱腔逐渐形成。自20世纪40年代至60年代，被确认的代表性流派唱腔逐渐形成，被确认的代表性流派唱腔有袁（雪芬）派，范（瑞娟）派，尹（桂芳）派，徐（玉兰）派和戚（雅仙）派。其中范瑞娟、尹桂芳、徐玉兰作为“女小生”更为引人注目。当京剧“四大名旦”以“男旦”流派唱腔来标志剧种的成熟与特色之时，越剧正是以“女子越剧”的流派唱腔，特别是“女小生”的流派唱腔来体现剧种的特色与成熟。以“女小生”作为台柱来支撑越剧艺术的殿堂，肇始于与袁雪芬同台主演的“闪电小生”马樟花；但奠定越剧表演这种基本格局和独特审美的，是成功塑造了许多艺术形象并创造了自己流派唱腔的尹桂芳。中国的传统演剧，如任半塘先生在《唐戏弄》中所言，“弄假妇人”（即男扮女装）的状况是由来已久；而“女子越剧”能走出剡溪、征服上海，既是女性的解放亦是戏曲的开放。所以，“女子越剧”不仅是越剧艺术的特色乃至本色所在，而且作为女性解放的产物亦奠定了越剧在不断的自我超越中实现超越传统演剧观念的“革命性”品质。

越剧发源于嵊州剡溪的“小歌班”。以剡溪为界，“小歌班”分为南北两派。就其各自的常演剧目而言，有“南记北图”之说，南派常演剧目有《箍桶记》《卖婆记》《赖婚记》等“记”戏，多宣扬伦理彰显忠奸善恶；北派常演剧目有《金龙图》《双狮图》《三美图》等“图”戏，多表现才子佳人和叙述好事多磨。当“小歌班”走出剡溪后，特别是女子科班兴起后，越剧开始了适应都市品位的变革。

早在20世纪30年代，被誉为“越剧皇后”的姚水娟在上海站稳脚跟，便通过变革剧目来进行越剧改革。或许是越剧“步入都市大道”之时正赶上中国人民的抗战，姚水娟出演了“适应时代性”的古装戏《花木兰》、尝试编演反映现实生活的《蒋老五殉情记》、据时人张恨水同名小说改编的《啼笑因缘》等。在当时的浙东抗日根据地，将“越剧的革命”服务于中国人民推翻三座大山的革命，编演了表现革命现实的时装戏《义薄云天》《桥头烽火》等，使“越剧的革命”走向“革命的越剧”。

在越剧艺术发展的历史进程中，注重演剧的原创性是其重要的美学品格。与京剧和其他许多地方戏相比，越剧较少移植而重原创。在越剧的剧目建设中，《祥林嫂》是第一部特别值得重视的原创剧目。另一部值得重视的原创剧目是《红楼梦》。这部由徐进改编、徐玉兰和王文娟主演的剧目出现在20世纪50年代末期，被誉为“使越剧名副其实的走向全国的一面旗帜”。第三部值得重视的原创剧目是《五女拜寿》，这部由顾锡东创作的剧目率先展现出越剧艺术20世纪80年代的容颜。第四部值得重视的原创剧目是《西厢记》，《西厢记》在越剧发展史上的地位，在于“古典名著现代化”的尝试，“把古典名著与现代审美意识和谐结合起来，赋予了时代的新风貌”。

越剧在嵊州生发，在上海立足并成为国内仅次于京剧的第二大剧种；在绍兴市内各地生根开花，绍兴成为越剧创新发展的主要基地。

1613年，在绍兴演武场搭台搬演《目连救母戏文》，“度索、舞絙、翻桌、翻梯、觔斗、蜻蜓、蹬罈、蹬臼、跳索、跳圈、窜火、窜剑之类，大非情理，凡天神地祇、牛头马面、鬼母丧门、夜叉罗刹，锯磨、鼎镬、刀山、寒冰、剑树、森罗、铁城、血澥，一似吴道子地狱变相。为之费纸扎者万钱。人心惴惴，灯下面皆鬼色。戏中套熟，如《招五方恶鬼》《刘氏逃棚》等剧，万余人齐声呐喊，熊太守谓是海寇卒至，惊起，差衙官侦问，余叔自往复之，乃安”。这是一场盛大的演出，张岱以妙笔生花细致形象地记录在《陶庵梦忆》中。这是由“徽州旌阳戏子”搬演的。当然也有本地的目连戏班。

目连戏的演出与中元节相关。中元节设盂兰盆会，即所谓“解倒悬”者，目连戏的演出有着驱邪解禳的意义。故而，目连戏的演出带有种种与此相关的仪式，如“起殇”“施食”“鳖吊”“烧大牌”“出黄巢”等等，“起殇”是召集游魂野鬼至台下看戏，“施食”是超度饿鬼，“鳖吊”是驱除男吊出村，“烧大牌”是敬告玉帝，“出黄巢”是除灭一切恶鬼邪魔，以保村坊太平。此俗在绍兴相沿成习。旧时，中元节前后约半月时间里，各处村镇皆要雇请目连戏班，搬演《目连救母戏文》，以驱邪解禳。

由于绍兴目连戏班是一种半职业性的班社，其班社的数量不敷各地的演出需求，于是又有绍兴乱弹班搬演“大戏”，以取代目连戏的演出，相传也能驱邪解禳，于是在绍兴乱弹班中也有“起殇”“施食”“男吊”“女吊”“鳖吊”“无常”“烧大牌”“出黄巢”等节目，此是绍兴乱弹班与目连班相通之处。

绍兴目连戏中的“男吊”“女吊”“无常”为绍兴百姓所喜闻乐见，“无常”又是绍兴地区迎神赛会中的应有角色，鲁迅先生曾撰文介绍，为大家所熟知。新中国成立以来，《目连救母戏文》中的“男吊”“女吊”“无常”各折，成为浙江绍剧团的保留剧目。

绍兴目连戏是当前浙江仅存的一支，具有独特的人文价值、民俗学价值、传承价值，是研究我国传统戏剧的活化石，现已列入国家级非物质文化遗产名录。

乌篷载酒小画舫

——古戏台和水乡社戏

绍兴古戏台的产生、发展与绍兴戏曲的孕育、发展相互依存，相互促进。绍兴戏曲历史悠久，剧种丰富，艺人辈出，拥有五大剧种和五大曲种，是一个名副其实的戏曲之乡。经过长期的发展，明朝以来，绍兴戏曲转入发展和繁荣时期，古戏台也相继出现。张岱的《陶庵梦忆》中就记载有绍兴陶堰司徒庙中古戏台演出社戏的场景。

古戏台

绍兴先民通过不断创新，反复实践，创造出了形式多样、堪称一绝的绍兴古戏台。绍兴古戏台数量繁多，形态迥异，工艺精湛。在其地域位置、构造形式、布局设施等方面无不特点鲜明，风采独具，它们构成了一种古朴绮丽的江南水乡风情，也形成了绍兴特有的社戏演出和观赏习俗。

绍兴古戏台主要类型有以下几种。

庙台。庙台是民间社戏演出最为主要的场所，多以砖、木、石建成。庙台分三种：一是社庙，即土地庙；二是城隍庙；三是先贤祠戏台，规模一般介于城隍庙与土地庙之间。

祠堂台。这是设立在宗族祠堂内的戏台形式。祠堂台的布局结构、形式特点与庙台十分相似，由戏台、看楼、正厅、后厅四个部分组成。

草台。草台是指在旷野、田畈等处临时搭建的演出戏台，这种戏台就是所谓的“草台”。

河台。河台亦称“水台”，是充分体现绍兴水乡特色的搭建在河里的一种戏台形式。它分为固定河台和随搭河台两类。其构筑或立河中，或临河而筑。固定性的河台，在绍兴有三种，第一种是台柱全立河中；第二种河台主体虽在河中，但前沿石柱却倚石岸而筑；第三种是背水齐岸而立的。

街台。街台也称“路台”或“戏亭”，它是城镇中演出时经常运用的一种舞台形式。一般设立在比较繁华热闹、人流密集的街心或路口。戏亭的石柱上凿有沟孔，闲时抽去台板，便可使行人畅通无阻地行走，演戏时则按沟孔插入台板，便是一座宽大敞阔的街心戏台。

会馆戏台。会馆是商业、手工业者行帮性聚会机构和信息中心。会馆中一般都建有戏台。

绍兴古戏台善于因地制宜，根据地理环境的变化选材择料。如水乡潮润，一般多作上木下石式，台板以下或青石实叠，或作石廊；河台因筑于水中，台基全作石墩；山乡地多干燥，多作通体木构，所用的木材也根据当地的情况而定。

绍兴古戏台的最主要特征是“三面可观，伸出庭院”。无论是寺庙戏台、宗祠戏台，无不遵循这条传统的营建规律。把戏台安置于中轴线上，三面突出于大庭广众之间，面对着正前方的神殿；以后厢楼连接左右看楼，与神殿形成一个“包围”状的矩形院落，中间的空白就是站立观众的戏坪。河台同样遵循了这样“三面突出”的营建规律，所不同的有一面是面向河心，便于在船上观看。

绍兴古戏台建筑空灵、含蓄。从主要梁架到桁枋的内外部装饰，重在借助于自然界动植物的生态美，其特点是含而不露，充分体现出江南水乡纤丽、柔和的美，在密集的雕刻群中，刀法纯熟，生动自然，布局千姿百态，出神入化。

绍兴古戏台的建造分基础、主体、屋面、装饰四个过程。它的构件，一般由台基、石柱、台板、屏风、构栏、藻井、台狮、牛腿、屋脊瓦件等组成。楹联也是古戏台的重要组成部分之一，蕴藏着丰富而深厚的文化内涵，为戏台建筑增光添彩，还承担了高台教化的功能，素受人民群众喜爱。

绍兴古戏台是绍兴古建筑中的一朵奇葩，它集木雕、砖雕、石雕、彩绘、堆塑等工艺为一体，涵盖了历史、地理、文学、建筑、绘画、哲学等方方面面，具有鲜明的地方特色，形成了浓厚的地域文化氛围。各个时期的古戏台是一部生动的实物舞台史，反映了绍兴建筑艺术的造诣和成就，具有重要的研究价值、美学和科学价值。

绍兴古戏台的存在，是绍兴历史上戏曲繁荣的象征，是戏曲文化与建筑艺术相结合的完美体现。古戏台为绍兴戏曲的形成与发展创造了有利的条件。有戏台，便有艺人的生存空间，便有艺术的交流和艺术的提高，便有众多酷爱戏曲的观众。绍兴古戏台推动了绍兴戏曲的发展，而戏曲又使绍兴古戏台流金溢彩，满台生辉。

绍兴水乡社戏是旧时在绍兴农村和城镇中组织的，具有酬神祀鬼性质的戏剧表演活动。

社戏产生的最早源头，可以追溯到远古时期的祭祀歌舞。祭祀歌

东湖水台

舞是古人献给鬼神的首份文艺礼物，也是社戏产生的最早源头。它们主要是为了农业性的生产祭祀而表演的节目。那时，最有影响的祭祀歌舞是由巫觋来表演的，而巫觋是古江南地区、特别是吴越的一大“特产”。在《越绝书》中多有巫觋墓的记载。汉以降，越觋的影响仍非常大，东汉《风俗通艺》中云：“武帝时迷于鬼神，尤信越巫。”

绍兴水乡社戏在以后漫长历史过程中，经历了音乐、歌舞、武术、杂技、人物装扮等各种艺术表演形式无数次地积累、融化、综合，在宋元时期从古老的祭祀活动与表演方式中脱颖而出，与戏曲紧密结合，使祭祀活动与戏曲表演正式结合为一个不可分割的整体，形成了一个“社、祭、戏”相统一、相融合的完善过程。春秋两季演出，盛况空前。南宋时，陆游的诗《春社》中就已经有过描写：“太平处处是优场，社日儿童喜欲狂。”可见当时绍兴乡村演社戏的盛况了。

到了元明时期，随着经济的发展和戏曲的繁荣，民间的社戏活动达到了极为兴旺鼎盛的程度。当时的人们已经把社戏演出当成了自己文化生活中一项极为重要的内容，并对它倾注了极大的热情和兴趣。特别是春祈秋报、节日盛典、迎神赛会等时日，各乡镇群众云集，戏场锣鼓喧天，极为热闹。明张岱《陶庵梦忆》中曾记有这样的绍兴地区的庙会演戏活动：“陶堰司徒庙，夜在庙演剧，梨园必请越中上下三班，一老者坐台下对院本，一字脱落，群起噪之，又开场重做。”从这里可以看出，社戏在当时已经非常普遍，观众对戏剧表演的审美要求和鉴赏水平都有了很大的提高。

至清代，乱弹戏剧成为社戏的主要演出形式。清代至民国时期，绍兴的民间社戏仍开展得如火如荼。道光十年绍兴沈香岩《鞍村杂咏·社戏》中记载：“麦满平畴菜满坡，春花有望更如何。赛神各社歌声沸，五福长春老保和。”

绍兴水乡社戏真正引起世人关注，是由于20世纪二三十年代，鲁迅写下了《社戏》《无常》《女吊》等多篇有关绍兴社戏的文章，回忆自己少年时代看社戏的情景，勾画出绍兴社戏的动人形象，才蜚声海内外。

绍兴的社戏大致可分为年规戏、庙会戏、平安戏、偿愿戏，其中以庙会戏为主，在各种神道如关帝、包公、龙王、火神、城隍、土地等等诞辰祭祀活动中演出。鲁迅、周作人等的著作中对此均有反映。其时名曰演戏酬神，它是整个祭祀活动的一个重要组成部分。

社戏演出的首尾有一定的祭祀仪式，并且演出的程式比较固定，一般按照“闹头场、彩头戏、突头戏、大戏收场”的程式进行，“彩头戏”“突头戏”一般在白天演。“大戏”即“正戏”一般在傍晚开始。“大戏”的剧目通常以历史戏和家庭戏为主，中间穿插的小戏也比较固定。

社戏的舞台可分成庙台、祠堂台、河台（水台）、街台、草台等几种，其中最具特色的是河台（水台），称之为“水乡舞台”，是一种后台在岸上，前台在水里的格局。给观众创造了一种水上、岸上可以同时观看社戏的条件，非常具有水乡特色。在鲁迅《社戏》一文中有具体的描述。

在社戏的组织、演出过程中，还充分体现了许多绍兴独特的民风民俗。绍兴社戏堪称是绍兴民众鬼神信仰、宗教观念和中国传统戏剧的“活化石”。千百年来，它除承担“高台教化”任务外，还集民间娱乐于一体，是那个时代民众最隆重、最兴奋的节日。民间艺人在这里找到了展示才艺的舞台；老百姓在这里找到了抒发情感的方式，或争相上台客串，或如醉如痴观看表演。社戏来自民间，反映民众的思想意识，形式也为民众所喜闻乐见，所以社戏极具人民性，有强大的生命力。今天，一些主流戏剧活动进入剧场，与民众的距离渐远，出现某种偏离。但在绍兴，社戏仍然深深扎根于绍兴民众，与老百姓同呼吸、共命运，盛演不衰。戏剧艺术想要回归民众，再造辉煌，民间社戏的历史经验无疑是弥足珍贵的。

小街里弄阅万象

——绍兴的茶店和当铺

绍兴以“鱼米之乡”著称，其实再被称为“茶乡”，也是当之无愧的。绍兴南部的山区盛产茶叶，平水珠茶就闻名全国。绍兴人除了喜欢喝酒，也有喝茶的嗜好，因而茶馆遍及城乡。水乡农村，每个村落大多开有茶店。至于绍兴城里，街头巷尾的茶店就更多了。鲁迅在小说、书信中曾多处写到茶馆，其中小说《药》就是以茶馆为背景的。

正像绍兴酒店的酒客有长衫帮和短衣帮之分一样，绍兴的茶馆也有贵贱之别。清末民初，绍兴有名的茶馆有花巷、县前街一带的“适庐”“镜花缘”“第一楼”等，这等高雅的场所，一般下层社会的劳动者是不敢踏进去的。因为这是经纪人的交易场所，是社会名流进行社交活动的地方。那里设备较好，还备有瓜子、糕点，供客人在呷茶品味的同时，嗑着瓜子谈生意。

还有像《药》里写的那种低级简陋的茶店，一般设在较为冷僻的街头，尤其是在船埠头更多，这样可以招徕船夫和乘客的生意。这种茶店大多店门狭小，设备简陋，各店的格局大致差不多。茶店中间是一条通路，粗劣的板桌、板凳放置在两旁，一端紧靠墙壁，呈“非”

字形。清末民初，一般是泡碗头茶的，茶具是“闷碗”，即茶碗上加一只盖。稍后，改用茶杯。到后来，许多茶店不泡碗头茶，而是泡大壶，再给茶客一只茶盅，让他们自酒自喝。这种茶馆用的茶叶是又粗又黄的老茶叶，或是茶末。大年初一，茶店供应元宝茶，就是用好的茶叶泡碗头茶，再加一颗青果或金橘。鲁迅在《药》里写到华大妈在康大叔的茶碗中加一颗橄榄，即是喝元宝茶。在这里，橄榄又叫青果。

这种茶店的茶客一般都是下层劳动者，但白天的茶客和晚上的茶客却有所不同。白天，有城市的苦力，多数是农民、船夫，或者是可以依靠子女过日子的老头儿。晚上，则多是锡箔师傅、泥瓦匠、木匠、轿夫、小商小贩、人力车夫等。他们疲劳了一天，这时一边喝茶、抽烟，一边海阔天空地闲谈。在昏暗的挂灯下，在污浊的空气中，人们暂时忘却了疲劳和苦痛，脸上露出了难得的笑容。根据这些茶客的经济条件，支付茶费的办法相当灵活。茶客一时手头拮据，茶资可以赊欠。像孔乙己欠酒钱的账一直写在粉板上一样，店主也把茶客的赊账制成一览表，公布在墙上。你的茶资付清了，就在你的姓名下贴一张小小的红纸条。否则，欠户的大名及欠资数目天天让大家“鉴赏”，弄得你不好意思再进茶馆了。

当然，茶客除了这些苦力以外，还有一批绍兴人讲的“空手党”，像华老栓茶店里的“驼背五少爷”“花白胡子”一类的老顾主和“蓝皮阿五”“红鼻子老拱”一类的二流子。他们整天无所事事，有的早上还有“茶当饭”的习惯，所以一天到晚在茶店里消磨日子。像康大叔那样在衙门当差的人，华老栓一家和茶客们就已奉为上宾了。

绍兴有许多说书和唱莲花落的艺人，由于不能登大雅之堂，往往与茶店结合：一个可以解决卖艺的场所，一个可因说唱而招徕更多的茶客。所以晚上营业的茶店几乎都有艺人的演出。茶店的说唱与书场的说唱有所不同。书场的听众多是市民阶层和有闲阶级，并且常有太太、姨太太一类女客，说唱的多是《三笑姻缘》《双珠凤》之类“私订终身后花园，落难公子中状元”的才子佳人戏。而茶店里的茶客几乎都是些粗鲁的男苦力，他们最喜欢听的是《三国演义》《水浒传》《七侠五义》和《包公案》一类故事。

茶店不仅是这些“下等人”的休息娱乐场所，而且也是一个议事、调解纠纷的“机关”。乡间街坊发生房屋、土地、山林、水利、婚姻等纠纷，就到茶店里去解决，绍兴人称为“吃讲茶”。茶店最外面的临街处摆有两张桌子，俗称“马头桌”或“马鞍桌”。这桌子一般茶客是不会去坐的，只有乡间街坊上有声望、说话能算数的人才有资格去坐。这种人往往辈分较尊，年龄较大，在群众中有相当的威信，或者有些社会背景，他们有的办事较为公道，便成了“调解员”。人们一旦发生纠纷又觉得不值得去衙门打官司，就去吃讲茶。那方式大抵这样：发生争执的双方约定时间，邀请“某店王”到茶店去，当时在场的茶客不管生张熟李，认识与否，每人都冲泡一碗茶。先由争执双方各自陈述矛盾纠纷的始末，接着由茶客分析评议，最后由坐马头桌的人裁决，茶客们再作附议性的表态：“某店王”话了算数哉！如判为甲方过错，所有茶客的茶资由甲方付清。这个规矩由来已久，是约定俗成的，谁也不能违反。

茶店里的主人、堂倌，绍兴人称为“茶博士”。茶店不同于旅馆、饭店，不仅招徕各类人物，而且也是群众议事的地方。在这里，消息灵通，比如明天衙门里要过堂审犯人、昨天某地发生凶杀案、今天早上米又涨价了等等。茶博士需要应酬各种顾客，也就结识了各类人物，他们掌握着各种各样的消息，简直像绍兴人常说的那样：“天里晓得一半，地里晓得全盘。”所以，鲁迅把茶店作为小说《药》的背景，实在选择得非常恰当。

绍兴当铺的历史据说可追溯到宋代。那时，寺院里有所谓“惠民”设施——“长生质库”。平民百姓临时急需用钱，就拿衣服之类去尚德当铺当抵押品借钱。还钱时，得付相当的利息。过期不还，质库有权变卖当品收回本息。由于这“惠民”设施能赚钱，后来，便从寺院和尚之手转到了官吏、地主和富商手里，而且成了十分兴隆的行业。在旧社会，当铺遍及绍兴城乡。1903年，有人做了调查，绍兴的当铺有64家之多，城里就有尚德、咸和、德和等70家，还在开元寺设有当业公所这一专门机构。

尚德当铺

绍兴当铺之多，正反映了农村破产，民生凋敝的黑暗现实。当铺的格局十分特别，门前墙壁上书有一个硕大无比的“当”字，大到二三平方米，真令人触目惊心。当铺四周有很高很坚固的围墙，通常用整块石板做墙脚，俗称“包沿火墙”，可防止邻居失火而蔓延的火势，当然也为了防止偷盗。当铺的大门影壁上，往往挂有“裕国便民”一类的牌子。当铺的门也很别致，门框用大石条砌成，门上钉了密密的竹条，或用铁皮包着，漆成黑色，绍兴人称它为石库台门。在门框上还挂着一块长方形的黑底金字招牌，上首横写店名，正中是一个大的“当”字，占了招牌四分之三的位置。进当铺大门后，便是天井，穿过天井，是和天井等长的廊檐，里面才是柜台。大当铺以至于小押店，均设置两米左右的特高柜台，一般身材的人须踮脚仰头，双手举直，才能到柜台去交货、接钱。高柜台上有木栅栏或铁栅栏，留有几个窗口。存放当品的地方分一般库房和首饰库房，库里装有护墙板。总之，当铺的建筑设施是一切从安全考虑的，那气派和威势，恰如一个大虎口，令人望而生畏。

当人们需要紧急用钱时，便拿可估价的物品去当抵押品，向当铺取得贷款。这种抵押品绍兴人叫“当头”。当头贵重的有金银珍宝，低劣的如被褥衣衫等。绍兴当铺有许多限制，当铺的墙上往往挂有木牌，上面写着“木器家具不当”“神袍戏衣不当”“军装号挂不当”“古玩字画不当”等等。当铺根据当头的价值估价，定出贷款额，一般是“值十当一”。如价值十元的当头，只能得一元的贷款。当然，“值十当三、四”和“以其货值之半”的也有，这多是指金银首饰、珍珠玉器或裘皮绸缎之类的贵重物品。因为这些当头的主人多是富户乡绅，他们往往是在急需巨款而一时无法筹集时才去典当，当铺尽可放心。当铺开给的凭单叫“当票”，上面记载着当头品名、数量、贷款数和日期。当票还印有当铺的若干规则。贷款的利息是月息一分到二分不等，且是利滚利。

当票上使用的是种特殊的当票字，那龙飞凤舞的字迹，当户都识不得的。据做过朝奉的周尚麟、周锡三等老人说，当票字相传是明代末年的傅山所创造。傅山是山西太原人，工书画，长于医术。他用草字偏旁创造出一种为当商专用的异体字。当铺都备有“当字簿”。学徒进当铺学生意，就要先认当字、写当字。使用这当字，也是一种残酷的剥削手段。朝奉先生写当票，不管当头质量优劣，一律冠以“破旧”字样。一件完好的衣服，每每写上“虫吃鼠咬”几个字；一件狐皮袍子，在他手下变成了“烂板羊皮袄”；一只足赤的金戒，他写成“淡金戒”；等等。这样就大大压低了当值，所谓“值十当一”，就大有油水可捞了。而且如果当头真的霉变、蚀损，那么当户去赎回时，他们就可以“概不负责”来搪塞，墙上就写着“鼠伤虫咬霉烂各听天命”的红纸告示。实际上他们的保管是十分小心的。

凡是过期不能赎取的当头叫“死当”。当铺规定：“逾期不赎，则计其货之值售之。”当铺有权对死当另行处理。他们不必自己去拍卖，自有金店、银楼和衣铺等上门来竞相争购。据内行人说，无力如期赎取的当户，占当户总数的三分之一。当铺之所以寻找各种借口压低当头的当值，就是为了从死当中牟取暴利。那时社会上流传的“穷死莫去当，屈死莫告状”的话语，反映了当铺盘剥的残酷性。

第七章

黄河源溯浙江潮

辛亥革命至中华人民共和国成立时期

浙江文史记忆·越城卷

鸦片战争以后，中国一步一步地沦为半殖民地半封建社会，民族危机日益深重。于是在古越大地上越国时代的胆剑之气又如狂飙突起，涌现出诸如徐锡麟、秋瑾、陶成章这样一批壮怀激烈、舍生忘死的革命斗士；蔡元培、鲁迅等人则在文化领域中猛烈掀起新的浪潮。进入新民主主义革命时期以后，绍兴又涌现出如周恩来、俞秀松等杰出的共产主义战士和无产阶级革命家，而竺可桢、陈建功等人则在科技领域内孜孜不倦地追求振兴中华的力量。

“鉴湖越台名士乡，忧忡为国痛断肠。剑南歌接秋风吟，一例氤氲入诗囊。”毛泽东的评价成为对绍兴历史文化精粹的一个最经典的提炼和概括。绍兴对辛亥革命有巨勋。作为当时全国三大革命团体之一的光复会的核心人物多是绍兴籍革命志士。惨烈的皖浙起义，使辛亥革命的胜利果实多了一层殷红的血色。1916年，孙中山登临卧龙山，深情缅怀和悼念秋瑾等辛亥烈士。

1937年7月7日，日本发动了全面侵华战争，日军长驱直入，大片国土沦陷。在杭嘉湖地区沦陷后，钱塘江南岸的萧绍地区成了抗日前线。8月14日，中国空军在绍兴东浦上空击毁敌机1架，俘敌机师1

人。在上虞的曹娥和余姚境内，各击落敌机1架。8月15日晨7时许，中日飞机在曹娥江上空再次发生激战，我方击落敌机6架。

1939年，周恩来以军事委员会政治部副部长的公开身份在越王台作了长达4小时的抗战演说，还亲笔写下了“生聚教训，廿年犹未为晚”的题词，极大地激发了绍兴人民的抗战热情。

1941年日军侵占绍兴地区后，肆意奸淫掳掠，激起绍兴人民的民族义愤。绍兴地区的中共党组织发动人民，开展抗日武装斗争，开辟了敌后战场。1941年7月，绍兴在皋埠的北面成立了皋北抗日自卫队，驻在樊江后堡胡家祠堂。皋北抗日自卫队集中在胡家祠堂进行了为期一个月的文化学习和军事训练。队员们上课之余，白天帮农民干活，晚上则分头到附近村庄进行抗日宣传。皋北抗日自卫队的活动很快就被汉奸通传给日军，遭到日军的偷袭后，皋北抗日自卫队基本瓦解。后堡战斗后，为了进一步开展绍兴的抗日斗争，中共绍兴县工委书记马青决定创建浙东游击大队。浙东游击大队成立后，吸取皋北抗日自卫队被偷袭的教训，积极开展游击活动。随着抗日的深入，绍兴的东部形成了浙东游击纵队三、五支队，西部为金萧支队。两支抗日队伍有1万余人，经历大小战斗上千次，成为浙东抗日的主力，取得了令人瞩目的战绩。

在解放战争期间，绍兴的党组织领导民众开展声势浩大的和平民主运动。1949年初，中共浙东临委和中共会稽临工委把绍兴作为统战和策反工作的重点地区，用文武两手为全面解放作准备。4月23日，人民解放军占领南京以后，国民党主力陆续向沿海撤退。5月6日，浙东游击纵队司令部及其所属的两个大队700余人，在司令员马青、政委张瑞昌的率领下向绍兴城进发，5月7日绍兴解放。

在整个民主革命时期，绍兴有数以万计的优秀儿女为了中华民族的独立和人民的解放洒尽热血，献出了宝贵的生命。

绍兴历代先贤在创造物质文明的同时，也给我们留下了极为丰富和宝贵的精神遗产。那些从他们的思想品德和言行事功中所表现出来并已经积淀于绍兴独特的人文面貌之中而代代相传的优秀民族精神，是绍兴历史文化遗产中最具现实价值和富有生命力的精华。大禹爱而能公、廉而能逊，过门不入、克勤克俭的精神；勾践卧薪尝胆、发愤图强的精神；王充问孔刺孟、勇敢无畏的精神；陆游“死去元知万事空，但悲不见九州同。王师北定中原日，家祭无忘告乃翁”的执着；王思任“吾越乃报仇雪耻之乡，非藏垢纳污之区”的呐喊；鲁迅“横眉冷对千夫指，俯首甘为孺子牛”的表白；周恩来“十年面壁图破壁”的自励……正是这种种卓越的精神，滋养了绍兴这一方水土、这一方人民。

白骨三年死后香

——皖浙起义英烈徐锡麟

徐锡麟是辛亥革命时期著名活动家。他矢志革命，以身许国，发动了1907年震惊全国的皖浙起义。起义失败，惨遭毒刑，惊天地，泣鬼神，成为民族革命斗争史上的英雄豪杰。

徐锡麟（1873—1907），字伯荪，别号光汉子，清山阴（今浙江绍兴）东浦人，自幼勤学，在家课读10年，后入蕺山书院学习，曾中乡试，录副贡。他爱好数学，尤能明晓天文。1901年，应邀为绍兴府学堂经学兼算学教习，不久为学堂副监督。1903年在绍兴开设特别书局，并编译、增补《代数备旨全章》一书五册，曾绘一天体星模型，径达三尺。推演勾股和三角，经常到深夜。自制望远镜，夜观星空，详加记录。又绘制《绍兴府地图》《长江电线图》，并撰写《运动指约》，阐述测量地形和炮弹射程方法。他为人仗义，常济人之困。一日在龙山见一妇人自缢，救下并赠以银两。一日又见一少年投水，急救上岸，知是某店学徒，因路上失银，遂护送至店，并代还所失。

徐锡麟是一个杰出的反清爱国者。1900年，义和团运动兴起，徐锡麟即谋划在东浦办团练以响应。他在结识蔡元培等越中杰士后，共谈越中改革，创办越郡公学，建立明道女校，以开越地风气，联络女界革命。1903年，在日本结识陶成章、龚宝铨、纽永建等人，相谈颇洽，纵论宇内大势，益坚反清革命之志。时留学生营救章太炎出狱，徐锡麟出资相助。是年夏，天主教欲侵占绍兴寺庙，徐锡麟闻之，抱病赶至大善寺演说，陈说利害，痛斥教会，听者无不动容，群起抗议，焚烧券约，使之不敢动。1904年正月，他在东浦办热诚学堂，并书写"有热心人可与共学，具诚意者得入斯堂"一联，自任教员，每日晨操毕，即往府学教课。1905年1月，在上海蔡元培处遇陶成章，加入光复会。陶成章将联络会党情况尽行告之。徐锡麟返浙，赶往嵊县、东阳、义乌、诸暨等地，交结奇人力士。是年夏，与秋瑾相识，介绍其入光复会。后与陶成章共创绍兴大通学堂，遍招金、衢、处会党骨干入学，于是各路英豪会集大通，光复会事权机关亦由上海迁至大通学堂。是年冬，与陶成章等五人捐官赴日本求入军事学校，后未成，于次年春分头行事。

1906年5月，徐锡麟回国后，先后赴北京、辽东、吉林、湖北、湖南等地，四处打通关节，以求打入官场。其间，曾往保定谋刺满大臣铁良，不成；又拟在北京创设报馆，亦不成。7月，通过汉口俞廉三，谋成安徽任职，于1906年底赴安庆，半年后，发动了惊天动地的皖浙起义。

1906年12月底，徐锡麟在杭州白云庵与秋瑾、吕公望等人话别时慷慨陈词："法国革命80年始成，其间不知流过多少血。我国在初创的革命阶段，亦当不惜流血，以灌溉革命花实。我这次到安徽去，就是预备流血的。诸位切不可引为惨而存退缩的念头才好。"到安庆后，被巡抚恩铭委任为陆军小学会办。1907年初，在安庆创办浙江旅皖公学，推为校长。不久，得恩铭信任升为省巡警学堂会办。他暗中与安徽岳王会联络，与新军中革命党人相识，以求内外呼应，共举义旗。5月间，陈伯平到安庆，负责与上海、浙江联系，互通讯息，运动会党。时秋瑾组织了光复军，推徐锡麟为统领，自己为协领，拟定皖浙同时起义。不久，马宗汉亦到安庆，协助徐锡麟行事。陈、马经常往返上海、安庆之间，购置枪支弹药，传递两地消息。徐、陈、马三人还常在假日驰马郊游，察看地形，密刻木质印信“江皖革命新军总司令部”一方，印反清传单数千张。6月，秋瑾与陈伯平面商定于7月6日（农历五月二十六）为皖浙联合起义日，加紧各方面准备工作。后因故改期为农历六月初十。一日，恩铭召徐锡麟，谓总督端方有电文，说有革命党人已招供有人打入安徽官场，并出示名单，让其缉拿。徐锡麟见内有自己化名，佯为不知，答应察访。由此知事已迫，不可久待，遂决定先发制人，定于7月8日举事。因该日巡警学堂举行毕业典礼，巡抚及诸大员必来检阅，可将其一网打尽。不料恩铭7月5日晚又通知徐锡麟，改为6日举行毕业典礼。7月6日晨，徐锡麟在操场上向学生训话：“我此次来安庆，专为救国，非为功名富贵。望诸君千万不要忘了‘救国’两字，行止坐卧，咸不可忘！”9时，典礼开始，恩铭等官员进入礼堂，徐锡麟率众立于阶前，当兵生行礼时，徐锡麟即喊：“今有革命党起事！”随之，陈伯平掷出炸弹，然未爆。徐锡麟随即拔出手枪向恩铭连发七枪，恩铭倒地，陈伯平又补一枪，恩铭重伤于当日毙命。此时各官员逃散，奸细顾松被马宗汉捉回，徐锡麟怒斥其无耻行为，当场将其击毙。随后，徐锡麟领前，马宗汉居中，陈伯平断后，

徐锡麟故居

率众学生速奔军械所。但该所门锁钥匙失去，无法开门取枪弹。此时清军巡防营包围了军械所，大多学生离去。遂派陈伯平出城联系，但城门已关。于是与清兵激战，自12时至下午4时，陈伯平中弹身亡。危急中，马宗汉建议：尚有大炮，轰军械所，与清兵同尽。徐锡麟曰："我辈欲杀满人，若焚所，则不辨黑白，全城俱尽矣。"这时，清军悬赏出万金捉拿徐锡麟。不久，清兵破墙而入，徐锡麟与马宗汉被捕。徐锡麟惨遭剖膛挖心之刑，遗体葬于城外马山；马宗汉坚贞不屈，50天后也被杀害于安庆狱前。后来，孙中山为褒扬徐锡麟，专门撰写挽联一副："丹心一点寄余肉，白骨三年死后香。"

徐锡麟故居始建于清代，是其祖父徐桐轩建造的。徐家是殷实商人之家、乡贤士绅之族，在东浦素有名望。徐锡麟是家中嫡长子，自幼勤勉好学，正是在父亲的家塾中，他完成了思想的原始积淀。自建成之日起到20世纪初，这座台门一直都安静地矗立在东浦镇的一角。直到1907年7月6日，一声具有划时代意义的枪响打破了徐家台门的宁静。这一天，徐锡麟刺杀了安徽巡抚恩铭，次日慷慨就义。在清代，谋逆之罪是要株连亲属的。

这座台门乃至整个徐家的保全要归功于徐锡麟之父徐梅生的果敢。他当机立断，将全家女眷送到娘家，几个儿子送到杭州的一处小岛，随时准备让他们逃亡海外。最有可能被牵连的徐锡麟妻儿也被他送到日本。他自己则前往府衙投案。最后，在绍兴地方开明人士的努力下，他终于被保释出来，由此保存了徐家。台门因人而兴，更因人才而名，这座从风口浪尖上抢夺下来的徐家台门从此更因徐锡麟而令人敬仰。

谁言女子非英物

——巾帼英雄秋瑾

秋瑾是中国民主主义革命著名活动家，中国妇女解放运动先驱。她从一个官宦少妇，走上革命道路，最后慷慨就义，成为闻名中外的巾帼英雄。

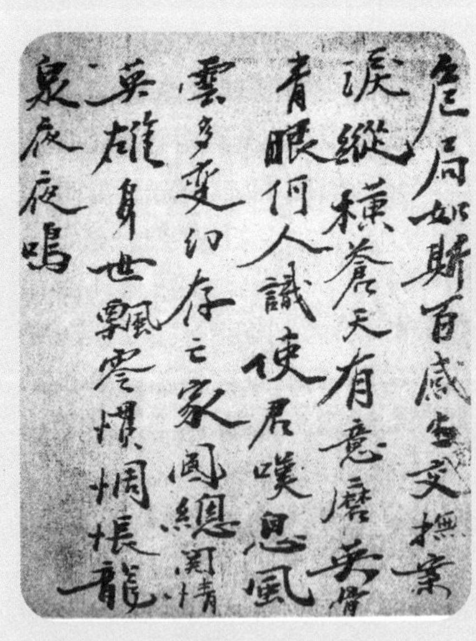

秋瑾诗作手迹

秋瑾（1875—1907），字璇卿，号竞雄，称鉴湖女侠，清山阴（今浙江绍兴）福全人。自幼读私塾，好文史，能诗词，骑马习剑，性直明决。1906年底，秋瑾在杭州白云庵与徐锡麟把酒话别后，即在杭城联络弁目学堂、武备学堂及赤诚公学中师生，吸收其加入光复会。1907年1月，秋瑾到绍兴大通学堂任督办，以大通学堂为中心，为举行皖浙起义做好浙江方面的各项准备工作。她曾往诸暨、义乌、金华、兰溪等地联络会党，组织群众。在杭州新军中联络党人，借会党之气，鼓舞军界、学界；又去沪出版《中国女报》，交结沪上人士。为笼络官方，在大通学堂开学典礼上，请知府贵福等人出席并致辞。学堂每日兵操，跑到几里路外的大校场操练，风雨无阻，十分严格。各科教学均很认真，赢得社会好评。不久，她又赴永康、缙云联络会党，筹备起义。并在绍兴创办体育会，有八九十名会党头目参加。经过一番艰苦筹划，至4月中旬，秋瑾已组成了有四五万人的光复军，推徐锡麟为首领，自己为协领，设八军，分别用"光复汉族，大振国权"八字为记号；又任张恭、竺绍康、王金发等为分统领。又撰七绝诗："黄河源溯浙江潮，为我中华汉族豪。不使满胡留片甲，轩辕依旧是天骄。"以诗中"黄"字到"使"字的次序，分光复会职员为十六级。议定了起义路线：先由金华起义，处州应之，待杭城清兵出兵金、处两地时，即以绍兴义军渡江袭杭城，由杭城军界、学界为内应，之后与徐锡麟之皖义军会师金陵，若杭城不拔，则入金华，经处州，出江西，会师安庆。紧接着，秋瑾草拟了《光复军军制稿》《光复军起义檄稿》《告国人书》等文件，又编写了《同胞苦》《叹中国》《某富人传》《爱华说》等诗文宣传品。为筹划起义经费，秋瑾先赴湘潭夫家取款三千元，后赴崇德徐自华处征得金饰一批约三十两，并对徐三嘱"埋骨西泠之约"，涕泣分手。6月中，秋瑾赴上海，会晤陈伯平、马宗汉，定于7月6日（农历五月二十六）为皖浙义举之日。但返绍兴不久改日期为农历六月初十。后由于嵊县、缙云、武义等地少数党人与县衙发生冲突，引起官府注意，而金华等地仍以农历五月二十六为起义之日，结果引来清兵扑杀。又由于党人叶仰高在沪被捕叛变，供出有革命党人打入官场。这样徐锡麟和秋瑾均感到危机已迫，不可再等，于是徐锡麟因故于7月6日在安庆匆促举事，壮烈牺牲。

安庆事败传来，有绍兴劣绅向知府贵福告密，谓秋瑾、王金发将于六月初十起事。贵福星夜赴杭，面禀浙江巡抚张曾敭。秋瑾知悉，悲痛不已。时沪来人，劝秋瑾避沪，秋瑾谢绝曰：“我怕死就不出来革命。”抱定必死决心。秋瑾既知事不可免，遂回家于密室焚毁文件，处理种种机密事宜。清兵抵绍后，学生又劝秋瑾速避。秋瑾毅然曰：“革命要流血才会成功。如果他们将我绑赴断头台，革命至少可以提早五年！”农历六月初四下午四时，清兵包围大通学堂，秋瑾与教员程毅等19人被捕。当晚，知府贵福与山阴、会稽知县合审秋瑾，秋瑾一语不发。六月初五上午，山阴知县再审秋瑾，秋瑾书“秋雨秋风愁煞人”七字，再无他语。贵福再派他人严讯，秋瑾正色道：“革命党人不怕死，要杀便杀。”时贵福接浙江巡抚电令：“秋瑾即行正法。”即令山阴县执行处斩。六月初六凌晨三时，秋瑾在绍兴古轩亭口英勇就义。然而起义火焰不绝，四年后，辛亥革命一举成功。秋瑾领导的浙江起义，成为中国近代史上光耀史册的大事件。

1912年12月，孙中山在杭州秋社挥毫题写“巾帼英雄”。又撰联一幅：“江户矢丹忱，感君首赞同盟会；轩亭洒碧血，愧我今招侠女魂。”

秋瑾生性豪侠，22岁与湘潭富商王廷钧结婚，不久，王廷钧在京捐官成，秋瑾随居北京。此时正值八国联军入侵中国之时，目睹帝国主义势力横行不法，清廷仰承鼻息，俯首听命，政客们花天酒地，醉生梦死之状，秋瑾义愤填膺、忧心戚戚。秋瑾深感妇女地位不保，国家前途无望。作词云：“身不得男儿列，心却比男儿烈……俗子胸襟谁识我，英雄末路当磨折。”

1904年夏，秋瑾冲破丈夫阻挠，离家别子，赴日本青山女子实践学校补习日语，积极参加社会活动，与友人兴办“共爱会”、组织“演说练习会”，并加入“三合会”，被封为“白扇（军师）”。1905年3月，回国筹措学费，经陶成章介绍，在沪结识蔡元培，后回绍兴与徐锡麟相识。应徐之邀，去绍兴明道女校任教。6月，由陶、徐介绍，加入光复会。7月，再次东渡日本。8月，经宋教仁引见，在黄兴寓所会晤孙中山，对孙中山的革命主张和方略，大为信服，经冯自由介绍加入同盟会，被推为同盟会评议员和浙江主盟人。

1906年回国后，秋瑾先与友人创办中国公学。2月，经陶成章介绍，到湖州南浔镇女校任教，结识校长徐自华，结为莫逆之交。5月，辞职去上海，与陈伯平、尹锐志等组织“锐进学社”为会党联络之所。在上海秘制炸弹时，不慎炸伤，险遭逮捕，遂回绍兴养伤。是年冬，投入紧张的皖浙起义准备工作。

作为中国妇女解放运动的先驱，秋瑾在反清斗争中总是与反封建婚姻反封建伦理结合在一起。秋瑾在一篇题为《精卫石》弹词中控诉缠足、包办婚姻等陋习对女子的严重束缚和摧残，提出女子当奋力自救，呼吁“二万万女同胞当负此国民责任也。速振！速振！女界其速振”。期望妇女同胞在改造旧中国、旧世界中发挥作用。周恩来1939年视察绍兴时说：秋瑾是个新女性，自从秋瑾带头打破“三从四德”这种封建束缚以来，社会风气为之一变。在反帝反封建的口号还没有喊出来之前，她敢于仗剑而起，和黑暗势力战斗，真不愧为一个先驱者。

秋瑾留在绍兴的遗迹主要是故居、大通学堂和纪念碑。秋瑾故居是典型的坐北朝南五进江南民居格局，从大门起经轿厅、客厅、正房到后房，两侧有书房、卧室，屋后有花园。建筑色彩上多为白色、黑色和中性灰色。在这个大台门里，秋瑾读书习武、练拳舞剑，度过美好的少女时代。

和畅堂

大通学堂

秋瑾在越城的遗迹，还有著名的大通学堂。大通学堂，全称大通体育师范学校，位于绍兴市区胜利西路，曾是光复会训练革命党人、培养军事人才的地方，也是我国最早创设体育专修科的师范学校。此建筑原为宋代贡院，清代改作豫仓。清光绪三十一年（1905），徐锡麟、陶成章在此创办大通学堂。1907年2月，秋瑾接任大通学堂督办（校长）。虽然大通学堂办学前后不过两年，但培养出了大批军事人才，为辛亥革命积蓄了力量，加速了旧民主主义革命的进程。

湖山八百并争光

——实有巨功的革命党人陶成章

陶成章（1878—1912），字焕卿，曾用汉思、起东、志革等名，清会稽（今浙江绍兴）陶堰人。自幼好学，熟读先贤遗著。甲午战争中国惨败，由此萌发投笔从戎、反清革命之志。1902年8月，得蔡元培之助，赴日本留学，先后入清华学校和成城学校，并加入中国留学生拒俄义勇队和军国民教育会。1903年12月，受浙学会指派，回国组织秘密团体。起草了《龙华会章程》，作为联络会党、实行武装起义的文告和规章。1904年一年中，陶成章先后四次深入浙江内地，侦知各地会党内情。

陶成章在联络会党时，将调查、开导与宣传三者结合起来。每到一地，了解民情风俗，勘察山川地形；以《龙华会章程》统一会党思想，既有一致号令，又充分照顾原有山头权力和活动范围；同时将《浙江潮》《革命军》《警世钟》《新湖南》等革命刊物和书籍暗中分送，使革命思想遍布浙江内地，传播于中下社会。经过他艰苦、细致的工作，各地会党团结起来，思想觉悟和认识水平也有很大提高，成为革命队伍中的重要力量。

1906年，陶成章又在芜湖安徽公学联络安徽最大的会党岳王会，并由此去南京联络新军中革命党人。是年夏，又与皖、赣、闽、苏、浙会党头目联络，成立五省十军，即江左江右、浙东浙西、江南江北、皖北皖南、闽上闽下十军，陶成章被推举为五省都督。1908年春，为重组皖浙起义失败后的革命力量，又潜回浙江，联络金、衢、严、处、杭、嘉、湖等地会党头目，将五省会党统一组织，定名为“五省革命协会”，并修改了《龙华会章程》，后为筹措起义经费，化名去南洋各地募捐。

由于陶成章的会党联络工作卓有成效，1907年皖浙起义时，秋瑾就以此为依托，迅速组成了一支强大的光复军。1911年在攻占上海、光复杭州，特别是组成江浙联军，攻克金陵战斗中，会党是基本力量，不少会党头目成为重要骨干，陶成章功不可没，被周恩来誉为“浙江革命党魁”。

八国联军侵入北京，陶成章曾两次北上，欲在颐和园谋刺慈禧太后，以倡导革命。后事未成，旋赴奉天、蒙古等地，考察地理，以图他日举事之用。1903年12月，他为联络会党，风餐露宿，蓬头垢面，奔走在万山丛中。在掌握会党情况基础上，1904年10月，与蔡元培、龚宝铨等在上海成立光复会，推举蔡元培为会长，陶成章负责各地联络工作。

1905年底，陶成章等5人捐官去日本。在日本先后三次求入军事学校均不成，于是只好分散行事。回国后，他联合五省会党，拟作大规模行动，不料从安徽返杭城时已有传言，谓陶成章已招八府义士三千，于9月中袭取省城，于是清兵四出搜捕，他只好避居日本。1906年冬，陶成章加入同盟会，为留日会员浙江分会会长，时应南京军人之邀潜回杭州，拟集内地会党，由严州、湖州潜入南京，以策应兵变。不料为清吏侦知搜捕，只得又避走日本。1907年初，同盟会发动萍醴起义，陶成章再次回国，发动响应，但起义失败，不得已再避日本。1907年皖浙起义后，陶成章曾几次潜回国内，与金、衢、严等地志士研究进取之法，又拟入山东，仿大通学堂办法，组织震旦公学，但由于清廷到处缉拿他，又有叛徒四处指认，无法立足，避隐日本。

为筹措《民报》经费和五省革命协会经费，1908年秋，陶成章以代烧煤工劳动抵船票值，赴南洋各地向华侨募捐。起初身无分文，陷入困境，后通过努力，终于打开局面，取得许多华侨以巨款资助国内革命。1910年陶成章与章太炎重组光复会，章太炎为会长，陶成章为副会长。1911年春，广州起义加紧进行，陶成章赴香港与李燮和共商进取之法后潜回杭州，以谋响应。10月，武昌首义，陶成章回国号令浙江旧部起义。上海光复后，陶成章返杭州，被委为浙江军政府总参议，他建议成立“浙军”，与江苏、上海等地革命军一起向南京进军。在南京慕府山、乌龙山等战斗中，带病参战，冒着枪林弹雨，奋勇登阵，无役不上。金陵攻克后返沪，陶成章认为北虏未平，于是抱病而起，与友人共谋北伐之举，设北伐筹饷局。时浙督汤寿潜调离，浙人推举陶成章继任。但陶成章意在北伐，力辞不就。孰料忌恨者为一己私利，竟于1912年2月14日深夜2时将陶成章杀害于上海广慈医院，制造了民国初震惊全国的谋杀案。陶成章一心革命，矢志不渝，艰苦卓绝，百折不挠，被鲁迅称为“真正的革命实干家”。

陶成章故居

陶成章在绍兴的遗迹有陶社和故居。陶成章牺牲后，乡贤陶浚宣将东湖东端自己住宅正厅开辟出来作为纪念专祠。1914年，绍兴各界人士将原东湖通艺学堂改作烈士祠，更名为陶社，以此来纪念陶成章烈士。抗日战争时，陶社毁于战火。1981年择地重建，原为三开间歇山建筑，现改为三开间硬山建筑。

位于陶堰镇陶堰村西上塘自然村的陶成章故居是陶成章出生和居住地。进入园区，四面粉白围墙，双扇黑漆大门上方悬有匾额，刻有全国政协原副主席孙孚凌题的“陶成章故居”五个金色大字。折入门厅，有一尊陶成章先生的半身塑像。

仗义奉公真名士

——辛亥志士陶浚宣、陶冶公

辛亥革命中，涌现了一大批先驱、义士，其中，从陶堰镇走出的还有陶浚宣和陶冶公两位志士。

陶浚宣是晚清与赵之谦齐名的书法大家。在现实中，相对于书法的知名度，淘浚宣更是一个仗义执言、热心公益的开明绅士，是一位著名的园林艺术家和教育家。他开办学堂、兴办教育；伸张正义、声鸣“秋案”；刊发图书、营建东湖；造福乡里、为世所重；名遍江南、感动中国。

陶浚宣（1846—1912），清绍兴陶堰人。原名祖望，字文冲，号心云，别号东湖居士、稷山居士，自称为东晋“陶渊明第四十五代孙”。他7岁丧父，由叔父抚养长大。清光绪十二年（1886）会试挑取朕录方略馆誊录，议叙级别为知府，递升三品衔花翎候补道员；光绪十七年任广东潮州广雅书院山长。后又任职湖北志书局，曾在福建漳州开过煤矿，在会稽白米堰办过丝厂，因不善经营，皆丧其财，但他矢志不渝，又把精力投向园林与教育，终于成就大业，造福桑梓。

陶浚宣早年在广东广泛接触华侨，同情革命，认为救国必须提倡教育，进行政治革新，曾资助陶冶公东渡日本留学。在营造东湖园林的同时，陶浚宣又变卖家产，负债创办了东湖通艺学堂（后改名为法政学堂），聘请何阆仙、寿孝天、周作人、谢飞麟、陶成章等越中名流为教师，陶浚宣自任监督，由陈威（公猛）任学监，堂分四斋，设史学、子学、算学、译学，有日籍教师两人，朝鲜籍留学生两人，为中国最早出现的两所私立政法学堂之一。曾在通艺学堂就读的学生中，有不少人后来成为闻名中外的人物，如竺可桢、刘大白、陶冶公、陈仪等。

陶浚宣在校内经常传播新知识、新思想，秋瑾、徐锡麟等经常在东湖聚会、练习划船等，使东湖成为光复会的秘密联络点之一。1912年陶成章在上海遇害，陶浚宣在悲愤之余特将东端住宅正厅辟作纪陶专祠，以供后人瞻仰。

陶浚宣精于书法，亦工画人物、长诗词。年轻时即已闻名乡里，后更名重一时，有“诗文风骨健举，结响亦道，意在嘉隆七子”之誉。陶浚宣书法“上自秦汉，下迄六朝，无所不学。每临一碑，辄至数千百遍，临池之勤，自幼年至晚年，不辍寒暑”。其真草篆隶皆精，尤工魏书，笔力雄劲，气象阔大，笔法壮丽，为人所推重。大学士、书法家翁同龢（光绪皇帝老师）深服其书，派人持手书相邀，并申明“免去官礼，彼此轻衣小帽相见”。另外，梁启超对陶书也甚为推重。

苏州“寒山寺”“寒山拾得”碑刻、长江宜昌崖壁“柏湾”两字，即为陶公所书；东北沈阳故宫内所悬字画亦有其手书题词。清光绪时所铸银圆、角子、铜圆上，“光绪通宝”模字，亦出其手笔。他还著有《稷庐文集》《百首论书诗》《稷山文存》《稷山读书札记》《通艺堂诗录》等。

清光绪三十三年（1907）夏，发生了震动全国的“秋案”。浙江巡抚张曾敭、绍兴知府贵福等将尚未举事的革命党人秋瑾“就地正法”，激起江浙舆论一片哗然。民间舆论坚持以宪政精神为思想武器，抨击浙江和绍兴官府处理“秋案”的种种胡作非为，使之穷于应付，使贵福之流身败名裂。“秋案”发生后不久，陶浚宣奋笔疾书，以《浙江合郡绅、商、学界公启》的名义和方式，发表约五千字的《驳浙抚致军机处电》。他根据浙江巡抚张曾敭致军机处奕劻电文的八项主要内容，逐一严词驳斥，公开宣言：“无一证可以成立，即无一人可以成罪。夫大通学堂之枪，既奉官奏有案，即不得为私藏军火；学生并不开枪拒捕，即不得为匪党。而两生之枪毙者为冤死，十余人之受伤拘禁且受非刑拷讯者为冤狱。秋瑾既不开枪，又无证据、无口供，以提倡女学之人，而死蒙恶名，身遭惨戮，冤莫大焉。”陶浚宣原为清政府同一营垒中人，在清廷大开杀戒的腥风血雨之中，敢于仗义执言，抨击张曾敭、贵福“草菅人命”“破坏立宪”，这在当时是难能可贵的，充分反映了他对秋瑾等革命党人乃至孙中山领导的辛亥革命的同情和支持，也充分体现了他的正义感和大无畏精神。

东湖

绍兴东湖与杭州西湖、嘉兴南湖并称为浙江的三大名湖，这当中，陶浚宣可谓居功至伟。

清光绪二十二年（1896），陶浚宣到离县城约6公里的箬篑山考察，发现此处的悬崖峭壁千姿百态，有孤立者，有倒悬者，有对峙如洞者，有奇危不可名状者。查阅历史资料，这里原是一座青石山，据旧经记载，秦始皇东巡至越，将此处为住驾饮马之地。汉代以后，民间石匠开山取石，箬篑山成了石料场，经过千百年的凿穿斧削，形成了高达50余米的岩面。不仅如此，历代石工还开凿到地下20多米深处，逐渐形成了长约200米、宽约80米的深潭。他觉得这是一处不可多得的自然景观，如果开发得当，可以为越中增加一处绝妙的风景胜地。但他是个破了产的儒商，虽有心开发，却缺少资金，于是将此事与陶在铭、陶在宽两位堂兄商量。两位堂兄对陶浚宣的规划十分赞同，为他筹得8000银圆，购得地产，开始了对东湖园林的巧妙设计。陶浚宣设想把原来岩石景观中最具审美价值的部分凸现出来，在箬篑山麓筑堤200余丈，堤外为河，堤内藏湖，利用采石形成的峭壁、水塘，造桥筑路，营宅建亭，点缀为仙桃洞、陶公洞、听湫亭、桂岭、万柳桥、稷庐等胜景。所有景观都有陶浚宣的题刻。整个东湖建筑工程于光绪二十五年完成。“勿谓湖小，天在其中”。经过陶浚宣营建的东湖，宛如一使人玩味无穷的水石盆景佳作，其巧夺天工之奇观，令人陶醉。

陶冶公（1886—1962），原名延林，字稚翼，号成之，后改名为铸，字冶公，号望潮，别号洁霜，绍兴陶堰人。陶冶公出身书香之家，生于福建厦门，在闽地度过童年。他5岁开蒙，读四书五经，受教孔孟之道，打下国学基础。时逢八国联军入侵，国难重重，各地多有提倡教育救国者，福建也办起了一所“蒙学新舍”，陶冶公应考入学。同学之中有一位即是后来随同徐锡麟举行安庆起义的绍兴同乡陈伯平，两人意气相投，相处融洽。清光绪三十年（1904）陶冶公自闽返浙，先入绍兴东湖通艺学堂，后又考入浙江高等学堂（今浙江大学）预科肄业。这时，徐锡麟和陈伯平正准备去日本学习陆军，陶冶公和徐锡麟在杭州相晤，两人一见如故，各倾肺腑，兴奋之余，陶冶公亦萌生了东渡留学之志。在其嗣父陶在铭及堂伯父陶心云的资助下，陶冶公离别故乡东渡日本。抵日本后，因志在革命，先由其族侄陶成章介绍加入光复会，继又由章太炎、宋教仁介绍加入同盟会，曾代理同盟会评议部部长。经过一段时间的日语补习，陶冶公进入经纬学堂。在求学的同时，他担任在东京出刊由章太炎主编的《民报》发行工作，成为一名热心的会务工作者。同时他还接受同盟会派遣，参与试制炸弹的任务。为了获取化学知识，他在经纬学堂毕业之后，考入了长崎医学专门学校药科。在医专读了两年，武昌起义爆发，陶冶公奉同盟会之命立即回国，在上海参加攻打江南制造局之役。不久，陈英士出任沪军都督，成立沪军先锋队，陶冶公被任命为第五队指挥官，随即会同浙军参加攻克金陵之役。短短几个月之内，他以一名在校的大学生身份返回祖国，投笔从戎，在沪宁两地躬与其役，立下战功，为辛亥革命的胜利作出了重要贡献。

1912年8月，陶冶公返日本长崎医专继续攻读，直至第二年7月毕业。学成之后回国，曾应北京医学专门学校校长汤尔和之邀，被聘为该校教授，终因其志在军旅，不久即弃医从武，进入北洋政府陆军部任职，负责编辑军事法规、清理营产等工作。其间，还曾往返南北，一度与友人合编《民国新闻》，宣传新思想，1923年加入国民党。他还参加过“二次革命”，反对袁世凯的倒行逆施。

1926年7月，国民革命军誓师北伐，陶冶公深受鼓舞，立即南下，加入国民革命军。先至徐州总司令部陈仪部下任咨议，后又去军事委员会训练部任职。北伐军攻占武昌后，邓演达任命陶冶公为汉口市卫生局局长。不久他去职从事军务，出任第四集团军前敌总指挥部政治训练部少将主任。在北伐过程中，徐州战事一度失利，军阀孙传芳部偷渡长江，妄图卷土重来。在紧急关头，陶冶公在李烈钧的领导下，主动联系李宗仁、白崇禧所部，一同投入了著名的龙潭战役，一举歼灭了孙传芳主力，使南京转危为安。

当北伐军攻占济南时，发生了令全国人民激愤的五三惨案，其中，国民政府外交特派员蔡公时也被日军杀害。汉口随即组织成立了对日外交后援会，陶冶公被推为该会主席。他发出号召，动员民众抵制日货，各地热烈响应。为此他曾遭到日本报纸的指名攻击。

九一八事变后，国民党元老蔡元培鉴于国难深重，提议召开“国难会议”。这次会议于1932年1月在洛阳召开，罗致全国贤豪共商国是，对于团结一致共御外侮起了一定作用。陶冶公也应邀参加这次会议。在会上，他慷慨陈词，发表自己爱国抗日的主张。1933年，陶冶公由覃振等人推荐，被任命为司法院所属的中央公务员惩戒委员会委员。从此，他长期在南京、重庆两地担任国民政府的文职要员。

陶冶公一生任过许多文武官职，为人刚直，作风清廉，学识渊博，道德高尚。从1933年8月起，他担任中央公务员惩戒委员会委员、主席委员之职长达16年之久。其职责是掌管全国“荐任”以上公务员以及中央机关“委任”以上公务员的惩戒事宜，每一案件都要经过调查、申辩，直至最后作出议决处分书。在国民党政府吏治黑暗的情况下，为了振肃风纪、保障国家和人民的利益，陶冶公能秉公执法，认真查处，坚拒说情行贿。他的清廉和刚正赢得一片赞誉，受到同事和下属的尊敬和支持。

解放战争时期，他从中国共产党的节节胜利中看到了新中国的曙光。1949年春，中国人民解放军百万雄师即将南下的转折关头，在中共地下党员的宣传和说服下，陶冶公不顾国民党政府的胁迫，毅然决然拒绝去台。陶冶公以中央公务员惩戒委员会主席委员兼代理行政之职权，毅然率部迎接解放，这一义举得到南京市军事管制委员会的高度评价，军管会的领导挽留他在南京参加工作，但他认为自己年事已高，决意暂行返乡。临别时他对机关的同事们讲了这样一席话：“行政机构不属于军事范围，将来中央人民政府成立，一定还要正式接收。你们好生保管，赶造表册，准备移交。”

陶冶公从南京返回故乡绍兴时，唯一的随身物件是十几箱珍贵的古书，有人曾劝他出售变钱，贴补家用，他均婉拒。他深知这些书刊和文物具有学术和研究价值，为此他亲笔上书绍兴专区政府，表达要全部捐献的意愿。为了使捐献的书刊保持完整，他节衣缩食，每月支付30元报酬，专门请了一位老先生替他整理，花费几个月的工夫才全部完成。1962年陶冶公病故后，遵其遗嘱，移风易俗，丧事从简，遗体送往杭州火化，十余大箱共一万余件古籍、书刊、手稿、文物，其中包括蔡元培、鲁迅等人手迹以及古书、字画、佛经、佛像等，由鲁迅纪念馆、绍兴市文管会、绍兴图书馆分别接收。

我以我血荐轩辕

——新文化运动旗手鲁迅

20世纪初，中华大地掀起了以反对封建文化为己任的新文化运动。鲁迅即是新文化运动的旗手，1918年5月，鲁迅发表的白话小说《狂人日记》，对吃人的封建礼教进行了血泪控诉和无情鞭挞，树立了把文学革命的形式和内容相结合的典范，开拓了中国新文学的道路。

鲁迅画像

鲁迅（1881—1936），原名周树人，字豫才，绍兴人。鲁迅是他众多笔名中用得最多的一个。鲁迅出身于一个破落的封建士大夫家庭，12岁进私塾三味书屋读书，师从名师寿镜吾，接受近乎苛刻的传统教育。他从小聪颖，勤学好问。课余爱看具有爱国思想和反抗精神的野史、笔记。越文化的熏陶，陆游、王思任等乡贤思想的影响，寿镜吾等师友愤世嫉俗的言行，较多机会接触农村、亲近农民，以及家庭变故的现实，都对青少年时期的鲁迅产生了重要影响。

1898年，鲁迅离乡，先后进南京江南水师学堂、江南陆师学堂附设的矿路学堂读书。其间，他接触了西方资产阶级民主主义思想和近代自然科学知识，初步形成了将来必胜于过去、青年必胜于老年的社会发展观，这也是青年鲁迅反帝反封建的主要思想武器。

为了寻求救国救民的真理，1901年，青年鲁迅毅然东渡日本留学。1904年在东京弘文学院完成学业后，进仙台医学专门学校习医，想以此解救国人疾苦，并促进他们对于维新的信仰。两年的仙台医专的学习生活，那些颇具狭隘民族主义思想的日本同学对来自弱国的鲁迅的无端歧视、凌辱，使这位热血青年深受刺激。特别是在一次放映日俄战争的时事幻灯片时，鲁迅看到一个被指控为俄军侦探的中国人被日军抓捕后砍头示众，而围观的许多同胞麻木不仁，这极大地刺痛了他的心灵。鲁迅痛感学医并非一件紧要的事，认为凡是愚弱的国民，即使体格如何健壮，也只能做毫无意义的示众的材料和看客。他认为第一要务是改变国人的精神，而善于改变精神的武器首推文艺。于是，鲁迅毅然弃医从文。

1909年，鲁迅回国，先后在浙江两级师范学堂和绍兴府中学堂、山会初级师范学堂担任教职，并在故乡参加了辛亥革命。不久，全国政局逆转，鲁迅极度失望，不得已于1912年2月离乡赴北京教育部工作。

俄国十月革命的胜利，给正在沉思、探索的鲁迅以强烈的震动，使他看到了“新世纪的曙光”和人民革命的希望。当新文化运动刚拉开序幕时，鲁迅就用他犀利的杂文和新颖的小说为新文化呐喊奔走，成为新文化运动的先驱和旗手。1918年5月，鲁迅在《新青年》上发表了第一篇白话小说《狂人日记》，揭露封建制度和孔孟之道的吃人本质，发出“救救孩子”和推翻这个社会的号召。并从此一发不可收，在时代赋予的全新意义上，连续创作了《药》《孔乙己》等优秀短篇小说和大量匕首投枪式的杂文，以彻底反封建的思想和犀利冷峻的艺术风格，显示文学革命的实绩。在北京工作期间，鲁迅因支持学潮、愤

鲁迅故里

怒声讨北洋军阀政府的凶残和御用文人的无耻而横遭迫害。1926年8月，他被迫离京，先后到厦门大学和广州中山大学执教。在经受了大革命的洗礼和四一二反革命政变的考验后，他纠正了只信进化论思想的"偏颇"，在严酷的斗争中开始由一个革命的民主主义者根本性地向伟大的共产主义战士转变。

1927年10月，鲁迅到上海定居，从此专门从事文学创作和革命文艺运动。在随后的文学论争中，鲁迅比较系统地学习了马克思主义，深刻地进行自我剖析，确信"惟新兴的无产者才有将来"，并开始了他一生最光辉的战斗历程。鲁迅早在日本留学期间就开始接触马克思主义，到上海后系统地学习了《共产党宣言》《社会主义从空想到科学的发展》《唯物史观》和《国家与革命》等马克思主义理论著作，翻译和主编《马克思主义文艺论丛》等许多马列主义文艺理论著作。他的可贵之处在于理论联系实际，用马克思主义指导革命实践，写下的近600篇闪烁着辩证唯物主义和历史唯物主义光芒的杂文，就是他的学习成果和战斗记录。

大革命失败后，中国共产党在上海领导开展了新兴的左翼文化运动，遭到了国民党政府的残酷迫害和镇压。鲁迅不顾国民党政府的严重迫害，积极参加并指导革命文艺运动。他以犀利的笔锋揭露国民党的反动统治，批判各种反动思潮；以满腔的热情讴歌共产党领导的革命，宣传进步思想，成为左翼文化运动的旗手。根据形势和斗争的需要，鲁迅的后半生主要写杂文。这些放射出鲁迅爱国爱民、为国为民思想光芒的杂文在中国文学史上像一颗颗光辉夺目的明珠，深受民众的欢迎和喜爱。毛泽东评价鲁迅后期的杂文“最深刻有力，并没有片面性”。这些杂文均编入《而已集》《三闲集》《二心集》《南腔北调集》《伪自由书》《准风月谈》《花边文学》《且介亭杂文集》《且介亭杂文二集》《且介亭杂文末编》等文集中。

鲁迅用一生的文学、文化实践与实绩，昭示了具有现代意识的中国知识分子反对封建专制，反对国内外压迫，争取人的解放和民族的解放的历史方向，为中国和世界留下了800多万字的皇皇著译，这是一份具有永久魅力与价值的精神遗产。

鲁迅故里包括周家老台门（鲁迅祖居）、鲁迅纪念馆、周家新台门（鲁迅故居）、百草园、三味书屋、土谷寺、长庆寺、鲁迅笔下风情园等。

三味书屋

博爱功追墨翟风

——从绍兴中西学堂到北大的蔡元培

蔡元培是中国近现代伟大的民主革命家、教育家、科学家。他从思想学术上为国人开导出一股新潮流，冲破了几千年的旧有习俗。他的“兼容并包，思想自由”思想，使得新文化有了立足之地，科学民主有了传播土壤。

蔡元培（1868—1940），字鹤卿，号孑民，出身于山阴县一个商贾之家。他17岁考取秀才，18岁设馆教书，后中举人、取进士、点翰林、授编修，是科举时代极负盛名的才子。

1894年，蔡元培由庶吉士升补翰林院编修。在甲午战争战败后，清政府签订了屈辱的《马关条约》，使他对清政府的腐朽本质有了清醒的认识。受民族危机的刺激和维新思潮的影响，他开始接触西方资产阶级的“新学”，成为康有为、梁启超领导的维新运动的同情者。在戊戌变法运动失败后，蔡元培“知清适之不足为，革命之不可已，乃浩然弃官归里，主持教育，以启民智”。他认为变法失败是由于“不先培养革新人才”，这是他教育救国思想的最初萌芽。蔡元培弃官回绍兴，任中西学堂监督，这是他投身教育、服务新式教育的开始。由于蔡元培等一批名士的努力，绍兴成为除上海等大城市以外，最早创办新式学堂的地方。当时在学堂的教员中有新旧两派，新派笃信进化论，不同意尊君卑民、重男轻女的旧习，常与旧派发生争论，蔡元培因支持新派遭旧派忌恨。后蔡元培不满旧派干涉，愤而辞职。1902年，蔡元培与叶瀚、蒋观云等人在上海发起成立中国教育会，任会长。教育会的目的是“欲造成理想的国民”，还明白提出了与“奉谕建设大中小蒙各学堂”“实行奴隶教育”进行对抗，揭示了革命的教育方针。

1904年，蔡元培与浙江革命志士一起，在上海成立了光复会，并主持了同盟会，把上海作为辛亥革命的基地。同时，联络徐锡麟、秋瑾、陶成章等革命志士，把绍兴建成一个皖浙革命的基地，把绍兴大通学堂建成一个培养军事人才的基地。

1911年，武昌起义的炮火和辛亥革命的胜利，极大地鼓舞了正在德国留学的蔡元培，他立即提前回国，直接投身于创建民国的伟大事业。

1912年1月，蔡元培出任南京临时政府教育总长，在其主持下起草出台了一系列教育法令与法规，如“新定普通教育暂行办法”“大学令”等，对清时学制进行渐进式改革。他对忠君、尊孔、尚公、尚武、尚实的传统封建教育方针进行修正，倡导以国民教育、实利主义教育为急务，以道德教育为中心，以世界观教育为终极目的，以美育为桥梁的资产阶级民主主义的教育方针。

1917年至1923年，蔡元培担任北京大学校长。正是由于他提出“思想自由，兼容并包”，章士钊、胡适、陈独秀、李大钊、鲁迅、钱玄同、吴梅、刘半农等具有新文化、新思想的代表人物进入了北大，北大也因此成为中国思想活跃、学术兴盛的最高学府。李大钊、陈独秀等高举科学与民主的旗帜，与封建主义思想文化展开斗争。在蔡元培的提倡下，北大成立了各种学会，如“少年中国学会”“马克思主义研究会”“新闻研究会”“书法研究会”等，其中由他亲自批准成立的“马克思主义研究会”更是成了中国传播马克思主义的基地和中国共产党诞生的摇篮。校内还经常举办讲演会、辩论会，思考和讨论之风盛行，在教师和学生中，既有共产主义者、三民主义者、国家主义者，也有无政府主义者等，研究学问和关心国家前途命运的人越来越多。在北大学生参与的几次学潮中，蔡元培对参与的学生从不采取严厉的处分，而且还会尽力组织对被捕学生领袖的营救，并尽可能阻止政府对学生领袖的迫害。

蔡元培任职北京大学校长时，正值北洋军阀政府推行封建专制主义统治时期，作为最高学府的北京大学仍被“学而优则仕”的传统理念所笼罩，被视为奔向官场的直通车或捞取钱财的捷径。针对这种局面，蔡元培在他就任校长和开学式时就提出了“大学者，研究高深学问者也”，以及“大学为纯粹研究学问之机关，不可视为养成资格之所，亦不可视为贩卖知识之所”的观点，把大学宗旨定为纯粹研究学问的机关。他提倡学与术分校，认为治学者为大学，治术者为高等专门学校。针对文理分科的弊端，他认为治学者不可局守一门，应当沟通各科界限，文与理应通科。1919年他在北大进一步废止文、理科的科别，将各科所属的十四门专业一律改称为系。在系与系之间教授能够流动，并要求习文科者必须兼习理科的一种，而习理科者也必须兼习文科的一种。同时改“学年制”为“选科制”，使学生能“专精之余，旁及种种有关系之学理”。提出“教育独立”的主张，“教育事业当完全交与教育家，保有独立的资格，毫不受各派政党或各派教会的影响”。他按照学有专长、献身学术研究的兴趣和善于引导学生的标准来选聘教员。他要求学生要以研究学术为天职，要兼听不同学派的课，要具有自由思考和独立研究学术的能力。所以李大钊、陈独秀、胡适、钱玄同、刘半农、陈汉章、刘师培、辜鸿铭等才能一起在当时的北大同持教鞭。他还推行了教授治校制度，校长是“无为而治”，并进行了招生制度改革，开了女生入大学的先河等。蔡元培在北大的这一系列的改革，实际上是在当时中国的高等教育领域内发动的一场革命，是教育制度、教育思想以及学术思想的一场破旧立新的革命。

通过这一系列的改革，北大从“官僚养成所”转变为一所具有既吸纳、保存和发扬本国文化传统，又追求文化自主性理念的大学，为塑造中国的大学精神开辟了一个正确的方向。

1927年，蔡元培倡议成立大学院作为全国最高学术教育行政机关，并任大学院院长。1928年，他参与和主持了一直沿用到新中国成立后的“六三三制”学制的制订工作。蔡元培为改革中国几千年来传统的封建教育所做的大量开创性工作，使科学的教育思想体系和教育制度在近代中国得以确立。

蔡元培还是中国近代科学事业的开拓者，他很早就提出了科学兴国的口号。他一手创建的中央研究院，汇集了诸如竺可桢、李四光、陈寅恪等世界上第一流的科学家，在极其困难的历史条件下，为中国近现代的科学事业组建了一支高素质的先遣队。

蔡元培作为一名革命家，以一名翰林的身份投身反封建斗争，在中国历史上仅此一人；作为一名教育家，以领导好一所大学进而对一个民族、一个时代起到转折作用，在世界上仅此一人；作为一名文化人，在他诞辰100周年的时候，被联合国冠以“世界文化伟人”称号，在中国现代文化名人中也仅此一人。

蔡元培故居

蔡元培故居隐于一条深长且狭窄的青石板路小巷里——绍兴市区萧山街笔飞弄13号翰林台门。故居门厅坐西朝东，建筑风格低调内敛，一如蔡元培之为人处事。门厅上悬刘海粟手书“蔡元培故居”匾额，抱柱楹联“学界泰斗，人世楷模”则是书法家沈鹏根据毛泽东同志对蔡元培的赞誉题写。

抗日烽火连三月

——1939年周恩来故乡行

1939年春，中共中央军事委员会副主席兼南方局书记周恩来以国民政府军事委员会政治部副部长的公开身份，辗转来到东南抗日前哨绍兴。周恩来向绍兴国民党军政官员和绍兴地方著名人士宣传了党的抗日民族统一战线政策，发展了绍兴的抗日民族统一战线，推动了抗日救亡运动的开展。周恩来在绍兴发表了大量关于抗日必胜的演讲，激励了处于抗日前哨的绍兴人民的抗战斗志。周恩来的绍兴之行虽然时间很短，却是绍兴近代史上的一件大事，具有深远的历史意义。

1939年2月，周恩来辗转抵达皖南泾县云岭新四军军部，传达六届六中全会精神，确定了新四军“向南巩固，向东进攻，向北发展”的战略方针。3月17日，周恩来到达浙江金华，一路视察抗日情况。3月28日凌晨3点半，周恩来坐汽轮抵达绍兴。绍兴是周恩来的祖籍所在地，绍兴三区专员贺扬灵将周恩来安排在城区小校场商会中厅楼上下榻，周恩来名义上是来绍探亲访友，祭扫祖坟，实际上是开展抗日民族统一战线工作。周恩来与到访者恳谈团结抗战，强调建立广泛抗日民族统一战线的必要性，提高执行统战政策的自觉性。周恩来向三区政工指导室主任兼战旗杂志社社长曹天风等人反复说明建立和加强抗日民族统一战线的必要性，明确指出真心抗战就要团结一切愿意抗日的力量。周恩来邀请地方爱国人士聚餐座谈，畅言团结抗战，增强抗战必胜的信心，还应邀出席了在绍兴龙山越王殿举行的座谈晚会，宣传团结抗战。绍兴军政首脑、各界人士和民众代表200余人出席了会议。会上检阅了抗日队伍，绍兴专员、县长及各界代表相继致辞，最后，周恩来作了长达4小时的总结演讲，称赞杭嘉湖沦陷区的青年在绍兴汇集成“向祖国运动”的洪流，希望浙江青年做抗日的先锋，拯救民族的危亡，努力奋斗，致力于中华的解放事业；并再次强调只要团结民众力量，抗日胜券必操我手，着重阐明了中国共产党团结抗战、全面抗战、抗战到底的立场，宣传了持久抗战和抗日民族统一战线政策。他还分析了当时的国际形势，报告了当时日本帝国主义对我国的政策和战略，详尽地对比了敌我双方的特点，并对大家提出的问题作了回答。

周恩来还利用视察兵营和游览古城名胜之机，宣传团结抗战。周恩来在贺扬灵、曹天风、乐培文等人陪同下，巡视了绍兴三区政工指导室、战旗杂志社，视察了三区政工队、青年营、少年营，并作了简要的演讲，阐述了当时的形势和任务，强调部队要有严格的纪律，才有战斗力，才能打胜仗，并以越王勾践和秋瑾的奋斗精神，勉励大家“冲过钱塘江，收复杭嘉湖”。周恩来还给绍兴妇女协会会长任芝英写了“妇女解放须从民族解放中得来”的题词。周恩来在贺扬灵、沈焘等人陪同下，游览了府山，登上望海亭，眺望绍兴全貌，观赏稽山镜水，触景生情，赞叹绍兴是个好地方，水乡山脉连绵，峰峦起伏，地势重要，能够成为抗日根据地。周恩来看到越王勾践卧薪尝胆的遗迹时，与陪同人员兴奋地谈起了越王勾践卧薪尝胆、报仇雪耻的故事，说明只要大家艰苦奋斗，抗战必定取得胜利。归来途经风雨亭时，周恩来高度赞扬了秋瑾的爱国精神和为国献身的英雄气概，鼓励大家学习秋瑾，发扬秋瑾的革命精神，夺取抗战最后胜利。周恩来转道禹陵时，对大禹为解民于倒悬之苦，立志根治水患，三过家门而不入的精神尤为称赞，并在大禹陵前摄影留念。周恩来到西鲁村访问办事和游览东湖时，与途中路过的樵夫、渔夫和挑夫亲切地聊起了家常，了解群众生活和抗战情绪。周恩来深有感触地称赞，前方有英勇抗敌的战士，后方有勤劳质朴、痛恨敌人的人民，不仅可以收复杭嘉湖，而且一定能够打败侵略者，光复中华。周恩来还向亲属和工人宣传团结抗日的主张。

3月31日，周恩来带着警卫员步行到诸暨枫桥，受到近千名群众的热烈欢迎。周恩来站在枫桥大庙庙台上，发表了演讲，满怀信心地宣告，我们全国亿万军民团结一致，打消耗战、打游击战、打持久战、打人民战争，坚持到底，最后的胜利是属于我们的。4月1日，周恩来到达金华，在即将离开浙江之际，向前来采访的新闻记者谈了浙江之行的感受，表示浙东、浙西一般民众抗战情绪热烈，冲过钱塘江，收复杭嘉湖之声浪响彻云霄，且浙西来自沦陷区域之青年干部，正磨砺以待，有不复河山誓不休之气概。4月底，周恩来到达桂林后，接受了《救亡日报》记者的采访，高度称赞了绍兴妇女营渡江杀敌的壮举。《救亡日报》以“浙东前哨的绍兴”为题，对绍兴人民的抗战进行了长篇报道。

周恩来在绍兴宝祐桥河沿尚有一幢朴素的祖居。它原是一座非常典型的单轴三进的绍兴明代台门建筑。第一进门屋，第二进祖堂，第三进是两层的楼房，建筑高度上逐进升高。各进之间间隔以天井，天井两侧设廊和厢房。走近祖居，我们可以发现它所采用的是绍兴古民居常用的乌漆墙。六扇竹丝门也一并刷上了乌黑色。

宝祐桥周氏是明嘉靖年间迁居于保佑桥河沿的。这一支周氏最著名的人物即是周恩来。据传他们的祖先是宋代理学宗师周敦颐。周恩来祖居的堂名号“百岁堂”。这个堂名的由来，有一个流传久远的故事。百岁堂原称锡养堂，传到周懋章，寿九十一岁，其妻王氏寿至康熙戊寅年（1698），寿百岁，当时的巡抚送“百岁寿母之门”匾额一方

周恩来祖居

作贺。从此百岁堂之名盖过了原先的锡养堂。

周恩来在世时，曾多次极力劝阻修祖屋。1959年，已经风雨飘摇的祖屋在当时的浙江省省长周建人的主持下被进行了简单的维修。20世纪80年代，经过大规模的整修，祖屋终于重焕光彩。近年来经过多次维修，除了上述三路轴线之外，又在祖居东面、南面分别建成周恩来纪念馆、周恩来纪念广场。

痴心爱国浑忘老

——爱国将领陈仪

陈仪是民国时期中国政坛、军界叱咤风云的人物，台湾光复后首任行政长官，为清除台湾的日本殖民化影响、建设新台湾作出了重大的贡献。在中国何去何从的关键时刻，他勇敢地以实际行动奔向光明，靠向人民，直至献出自己宝贵的生命。

陈仪（1883—1950），字公侠，号退素，绍兴人。1902年东渡日本，入日本士官学校炮兵科学习，在此期间加入光复会。1907年回国，先后在陆军部、浙江都督府、陆海军大元帅统率办事处担任军职。1917年，再度赴日本陆军大学深造。1920年回国后，曾一度从事实业和金融业。1925年，孙传芳任浙江督办，委陈仪为浙军第一师师长。1926年，转任浙、苏、闽、皖、赣五省联军第一军司令，浙江省省长。此时，认清形势的陈仪公开主张与国民革命军合作，秘密接受国民革命军第十九军军长职务。不料，被孙传芳发觉，将其软禁于南京。后经多方活动，才获释。

1927年，国民政府定都南京后，陈仪先后出任国民政府军事委员会委员、军政部兵工署署长、政务次长、福建省政府主席兼福建省保安司令、福建省绥靖主任等。陈仪在闽执掌军政大权长达8年之久，为革除官场弊病做了大量工作。日本投降后，陈仪被委任为台湾行政长官，之后兼任警备总司令。1945年10月25日，陈仪代表国民政府及同盟国，在台北市接受台湾日本总督兼司令安藤利吉的投降。从此，被日本侵占了50年的台湾重归中国主权管辖之下，开启了台湾历史的新时代。

作为台湾光复后的首任行政长官，陈仪认为，台湾经日本长达50年的殖民统治，“顶要紧的是根绝奴化的旧心理，建设革命的心理，为主的要靠教育”，“接管后之文化设施，应增强民族意识，廓清奴化思想，普及教育机会，提高文化水准”。因此，以他为首的国民党台湾省政府在抓紧重建战后经济，使遭到战争严重破坏的农业、工业逐渐得到恢复的同时，大力推广国语教学，废除日文教材，清除日本殖民主义的影响。他聘请大批专家、学者编纂中小学教科书、教学参考书和《光复文库》，设立国语推行委员会，培训国语师资，推行民众识字运动，摄制国语教学片等，“使国语标准化、普及化，深入于民间日常生活之中”。这次台湾文化教育的祖国化运动，使中华民族的历史文化发扬光大，使广大台湾同胞特别是青少年较快地消除了日本“皇民化”思想的影响。

台湾光复后，经济上实行统制政策。除了将日本人留下的企业大部分收归国有经营外，还规定米、盐、糖、煤油等民生产品，由官方统一定价收购，对烟、酒、火柴等物品的专卖加强限制。政治方面，在当时政策下，原有职位多改由大陆抵台人员担任。

1947年5月，陈仪改任国民政府顾问，闲居上海。其间，他深居简出，纵览进步书刊，认为“共产党有是有非，责任分明”，开始对共产党有了正确的认识。

1948年6月，陈仪出任浙江省政府主席。当时，国民党在军事上节节败退，国统区大小军政人员人心惶惶，而陈仪深受人民战争胜利的鼓舞。在任上，他释放政治犯、保护进步学生、制定浙江发展计划，做了大量有益于人民的工作。他在浙江的言行，招来国民党特务的不满，也引起蒋介石的注意。然而他已将一切置之度外，依旧我行我素，并加快准备起义、迎接解放的步伐。他动员和规劝国民党京沪杭警备总司令汤恩伯认清形势，弃暗投明，不想却被汤恩伯出卖。1949年2月24日，陈仪不幸被捕，先被软禁在衢州，后被押解台湾。在囚禁期间，许多国民党军政要员和故交旧属前往探望，规劝他向蒋介石认错服罪，均被他严词拒绝。他理直气壮地说："我有何错？我无错可认。"1950年6月18日，陈仪被以"勾结共党，阴谋叛乱"罪名在台北枪杀。

陈仪被捕后，曾对家人说过："我一生糊涂，只有这次做对了！你们不要为我难过，我死亦无憾。"他在写给其他亲友的信中也同样表达了为国为民、为追求真理而把生死置之度外的思想："我一生淡泊，别无希冀，所念兹在兹者，为人民，为国家，想把我未尽之生命，作涓滴之贡献。"他还以诗言志，曾写下了这样一首诗："平生事业悲剧多，循环历史究如何。痴心爱国浑忘老，爱到痴心即是魔。"

纵观陈仪的一生，固然有错综复杂的一面，但他青年反对腐败的清政府，中年反对孙传芳等封建军阀，晚年反对国民党黑暗统治，他始终以实际行动奔向光明，靠向人民，直至献出自己宝贵的生命，"以死唤起国人"，激励了千千万万国人的斗志。

光明共见心如月

——爱国和平老人邵力子

邵力子是我国现代历史上一位著名的爱国民主勇士，中国共产党的早期党员。他为中华民族的团结统一、和平昌盛，为促进国共两党的团结合作不遗余力，几十年如一日，被誉为“爱国和平老人”，是民主进步人士的表率。

邵力子（1882—1967），绍兴人。初名景奎，字促辉，进校时改名为闻泰。力子是1910年办《民立报》时开始使用的笔名，“取义于《后汉书》‘游子天所弃，力子天所富’，游子谓游惰之人，力子谓勤劳之人。其后取消名号，即用力子为名”。

邵力子自幼聪颖好学，5岁就能读《大学》《中庸》，7岁开始在私塾就读，接受中国传统文化的熏陶。1898年，他“受戊戌维新影响，始至上海入学校，初入严开第所办求志学堂”。但是未过一年，这所学堂因经济困难而停办。邵力子考入“广方学馆”学习法文。后又考入苏州中西大学堂，即江苏高等学堂。不久因家庭经济日渐窘迫，不得不中途辍学，到江苏吴江县盛泽镇去任教。

1902年，邵力子参加浙江乡试，中举人。但他不想再走科举之路，第二次到上海，考入了南洋公学的“特班”，后因学潮退学，应聘到吴兴县南浔镇一所学校担任教员。1905年，邵力子再入上海震旦公学学习，后来创办复旦公学，并在复旦公学任教，兼管行政和教育。

1906年10月4日，邵力子和于右任征得马相伯校长同意，赴日本学习和研究新闻学，努力吸取同盟会在东京创办的机关报——《民报》的有益养料，明确办报方向，并从当时留日学生创办的《醒狮》《晨报》《复报》《云南》等革命报刊吸取有益经验。1907年春动身回国。在上海创办《神州日报》，接着创办《民呼日报》等革命报纸。

1910年，邵力子又与于右任等人一起筹办了《民立报》，接着参加辛亥革命。1914年7月，参加孙中山的中华革命党。1916年，邵力子和叶楚伧在上海创办了《民国日报》，后以《民国日报》为阵地参加五四运动。邵力子在五四运动中，始终以复旦大学为中心，以上海学联为阵地，以评论为武器，指导和鼓动青年学生深入工商界，为在上海掀起大规模的“三罢”斗争作出了积极的贡献。同时，在五四运动中，他自己也找到了革命的根本力量和应走的道路。正如邵力子本人所说：“我参加共产党是受十月革命和五四运动的影响。”

1920年5月，邵力子与陈独秀、陈望道、俞秀松、李汉俊、施存统等人在上海发起组织了马克思主义研究会，积极研究和传播马克思主义。同年8月，他与陈独秀等一些马克思主义研究会的同志发起成立了上海共产主义小组。邵力子是以国民党员的身份跨党参加共产党组织的。1921年7月，中国共产党成立后，他曾先后与邓中夏、瞿秋白、向警予、林伯渠、张太雷等一起过组织生活，勤勤恳恳地为党工作。邵力子是中国国民党的元老，又是中国共产党的早期党员，是一位兼有双重党籍的人物。他非常清楚国共两党的内情，所以特别致力于两党合作，齐心抗敌，共同建国，尽力为国共合作奔走呼号。

1924年1月，由于中国共产党的积极倡导和大力推动，孙中山在广州召开了中国国民党第一次全国代表大会，李大钊、林伯渠、毛泽东、李维汉、夏曦、王烬美等共产党人和苏联顾问鲍罗廷出席了会议，大会通过了共产党人所起草的以反帝反封建为主要内容的宣言，确定了联俄、联共、扶助农工的三大政策，并以三大政策为灵魂，重新解释了三民主义，从而把三民主义发展为新三民主义。大会确认了共产党员、社会主义青年团员以个人身份参加国民党的原则，选举出由李大钊、谭平山、毛泽东、林伯渠、瞿秋白等10名共产党人参加的国民党中央执行委员会。邵力子因上海《民国日报》事务缠身，未能去广州参加这一盛会，然而鉴于他反帝反封建的坚定立场和对促进国共合作的积极贡献，仍被选为国民党第一届中央候补执行委员。中国国民党第一次全国代表大会的召开，标志着以国共两党合作为基础的民族民主革命统一战线的正式建立。

1925年，邵力子因参加领导五卅运动，遭通缉被迫离沪赴广州。6月被任命为黄埔军校秘书处处长。不久，邵力子受任军校秘书长、"军校筹备校史编纂委员会"主席、政治部主任，尽心尽职把军校办成培育国共两党革命军人的摇篮。

1926年6月，邵力子任北伐军总司令部秘书长。1936年西安事变时，邵力子为陕西省政府主席，他不计较个人得失荣辱，推动了西安事变的和平解决。国共两党第二次合作的实现，标志着以国共两党为基础的抗日民族统一战线正式形成。这当中，邵力子可谓居功至伟。

重庆谈判时，邵力子起草《会谈公告》，最后修改成为《国民政府与中共代表会谈纪要》，即《双十协定》。《双十协定》有利于人民的和平要求而不利于蒋介石的内战政策。这是共产党代表坚持正确的斗争方针和有理、有利、有节原则的结果，和邵力子秉持公正态度也是分不开的。

1949年3月24日，国民党何应钦内阁决议组织南京政府和平商谈代表团北上进行和平谈判。代表团由邵力子、张治中、黄绍竑、章士钊、李蒸等组成，邵力子坚辞首席代表，改由张治中担任。4月2日，国共代表开始一对一单独会谈。毛泽东和李宗仁互通了电报，交换了和谈意见，李宗仁同意以毛泽东提出的八项条件为谈判基础。南北首次通电，给双方和谈代表定了基调。经国共双方代表多次交换意见，反复商榷，4月15日，会议正式通过了《国内和平协定》细则草案8条24款，并确定4月20日为签字日期。但蒋介石认为“和平协定就是投降条件”而拒绝签字，和谈破裂。解放军即行渡江，以排山倒海之势向南挺进。在南京政府和平商谈代表团讨论去留问题会上，邵力子首先表示不回南京而留北京的坚决态度，同时尽心尽力协助周恩来做张治中的工作，最终代表团全体成员决定留在北平。

邵力子故居

邵力子在绍兴有两处故居，一处位于绍兴陶堰镇陶堰村，是他早年生活过的地方，另一处位于几千米之外的邵家溇，是他的诞生处，两处故居均充满着浓厚的乡韵。

邵力子热爱故乡，生活俭朴的他对故乡的教育总是慷慨解囊。他先后出资兴办了运川小学、棠荫小学和稽山中学，还亲书“卧薪尝胆”四字作为“稽山中学”校训，并不时把新思想、新文化、新理念推介到绍兴。

要为乾坤扶正气

——新文化运动众名士

出生于古城绍兴的新文化运动名士，除了鲁迅以外，还有新史学宗师范文澜、现代贤儒许寿裳、“新文化运动的垦荒人”章锡琛。

范文澜（1893—1969），生于绍兴城内锦鳞桥范家台门。出身于诗书门第的他5岁即入塾发蒙，习读诗书。自1907年起，又先后就读于绍兴、杭州、上海等地学堂，接受新式教育。1913年至1917年在北京大学学习。1922年至1927年，范文澜应南开学校校长张伯苓聘请，赴南开中学任国文教员，后又被聘为南开大学教授。在此期间，他以笃实的作风和功底，渐渐在国内文史学界崭露头角，1925年《文心雕龙讲疏》出版，被称赞为有关《文心雕龙》的辑注“以范注最为详备”。

1926年在中共天津地委的鼓励帮助下，范文澜加入了中国共产党，从一名曾两耳不闻窗外事的书斋学者成长为一位坚强的共产主义革命斗士。1927年，天津地下党组织遭到破坏，范文澜在张伯苓的掩护下逃到北京避祸，与党组织失去了联系。从1930年至1935年间，范文澜因参加左联、支持进步学生运动等原因，遭宪兵多次逮捕和监视。1937年7月，全国抗日战争开始，范文澜积极撰稿宣传抗日主张，举

范文澜故居

办抗敌工作训练班，编印出版《游击战术》。1938年参加新四军抗日游击队活动。1939年9月，范文澜在确山竹沟镇重新履行入党手续。10月，自确山去延安，开始了马克思主义史学理论和实践的探索。

1940年至1942年，由范文澜编写的《中国通史简编》上、中两册出版，在以后又经过多次修订，这部最初只是为提高延安干部的文化知识而编写的中国通史，成为中国第一部运用马克思主义理论系统论述历史的完整通史著作。1946年，范文澜又完成了《中国近代史》上编第一分册的撰写并出版。

《中国通史简编》与旧史书的不同之处，一是肯定了劳动人民创造历史，否定了旧史书以帝王将相作为主角的唯心史观；二是把阶级斗争理论作为研究历史的基本线索，讴歌了农民起义和反抗外族侵略的斗争；三是运用社会发展规律来分析中国历史，对中国封建社会进行了科学的划分；四是重视生产斗争的描述，充分肯定中华民族久远的创造性和科学传统以及所取得的丰硕成果。该书出版后，范文澜又屡作修改，形成了一些新的观点，诸如强调中国是个多民族的统一国家，应平等对待各个民族；更加重视文化史的描述，各个朝代都有专论文化的章节；尽量吸收考古发掘的新成果；根据历史唯物主义观点，对帝王将相进行科学分析，力求做到恰如其分；等等。

范文澜的《中国近代史》一书，在研究大量史料的基础上，运用马克思主义理论，对历史进程进行了系统的叙述和分析，恢复了中国近代史的本来面目，从而把中国近代史的研究也纳入了科学的轨道。该书的另一个特点是和通史一样，突出了阶级斗争，热情歌颂了人民群众的革命运动，阐明了近代中国社会的主要矛盾是帝国主义和中华民族的矛盾，是地主阶级、买办阶级和人民大众的矛盾。当时有许多人就是因为读了范文澜的《中国近代史》之后奔赴革命圣地延安的。该书在抗日战争后期和第三次国内革命战争时期发挥了巨大的战斗作用。

许寿裳（1883—1948），字季茀，又作季芾，号上遂，绍兴东浦人。清光绪二十八年（1902）许寿裳留学日本，入读东京高等师范学校，曾主编《浙江潮》。清宣统元年（1909）四月回国，历任浙江两级师范学堂教务长、南京临时政府教育部参事兼译学馆教授、江西省教育厅厅长、中央研究院秘书长、北京大学女子文理学院院长、考试院专门委员会委员等职。先后执教于北京大学、北京高等师范学校、北京女子高等师范大学、中山大学、西北联大、成都华西大学、台湾大学。1946年起任台湾省编译馆馆长、台湾大学国文系主任。

许寿裳一生辛勤执教，以渊博的学识和崇高的人格教育、影响着学生，为中国培养了大量人才，是名副其实的“桃李满天下”。许寿裳是光复会首批会员，后来，他又加入了同盟会。辛亥革命后，在孙中山领导下，同盟会联合其他一些小政党成立了国民党，许寿裳也加入了国民党。但他从不以“党国元老”的身份为自己谋求什么好处。他一心教育，远离政坛的争权夺利，始终保持学者与文人的本色。但他在政治上又头脑清楚，是非分明。20世纪20年代他反对“清党”，30年代他反对迫害鲁迅和左翼作家，对日军的步步入侵，他反对“不抵抗主义”，主张对日本要“一口咬住不放”。

许寿裳一生以教育为职业，曾经在几十所高等院校任教和执掌教务，并多次在教育行政机关任职。他排除封建教育陋规，推行西方教育体制，坚持民主进步的办学方针，延聘著名学者到校任教，为此遭到反动势力的排挤与迫害。但他一如既往，坚持正义，追求真理，赢得了社会进步舆论的广泛赞誉。

许寿裳在担任浙江两级师范学堂教务长时，聘请鲁迅、夏丏尊等进步人士任教，对顽固守旧的监督夏震武要教员以封建社会官场中下属参见上司的规矩参拜他的行为进行坚决的抵制，终于迫使夏震武辞职，时人称为“木瓜之役”（夏震武绰号“木瓜”）。

1924年，“女高师”改名为北京女子师范大学，由杨荫榆继任校长。次年，爆发“女师大风潮”，要求撤换杨荫榆。许寿裳与鲁迅共同支持学生运动，发表《对于北京女子师范大学风潮宣言》，并发动进步师生护校，另觅校址、义务上课，许自任教务长，生徒麇集，感激泣下。这样一直坚持了三个月。

1946年，他在任台湾省编译馆馆长时，为清除日本军国主义的文化影响，促进台湾文化中国化建设，组织编辑出版了各级学校课文、社会读物及中外名著，并潜心研究台湾文化，作出了令人瞩目的开拓性贡献。

许寿裳一生治学谨严，通晓日、英、德文，无论新学旧学，皆有根底。他不仅是一位杰出的教育家，还是一位文字学家、传记作家和鲁迅研究专家。所著《章炳麟传》是国内最早、最完善的章太炎评传。他的《鲁迅年谱》《亡友鲁迅印象记》《我所认识的鲁迅》是研究鲁迅的第一手资料。另著有《俞樾传》《中国文字学纲要》《李慈铭秋梦乐府本事考》《传记研究》《怎样学习国语与国文》《历代考试制度述要》《周官研究》《三民主义述要》等，多有重大建树。

章锡琛（1889—1969），原名锡熏、锡椿，又字君实，字雪村，绍兴人。1909年毕业于绍兴山会师范学堂。1912年经杜亚泉介绍进上海商务印书馆，任《东方杂志》编辑。其后9年间在《东方杂志》发表译文和著作近300篇。1919年接任《妇女杂志》主编。后另行创办《新女性》杂志，继续宣传妇女解放思想。

1926年8月，章锡琛、章锡珊兄弟在上海创立开明书店。不久，原在商务印书馆任编辑的叶圣陶、王伯祥等先后脱离商务到开明工作。“不开明中出开明”，创办开明书店是被逼出来的，但它是一个划时代的跨越，是社会大动荡、大分化、大改变的产物。章锡琛成了新文化运动的排头兵。

开明书店先后出版了数十种中小学各科教本，在重庆国定本教科书联合发行中，承供教科书数量占总量的7%。林语堂编的《开明英文读本》在早期的教科书中最为畅销。《活叶文选》是开明的一个创新：选择历代名篇，加以分段标点，折叠成帖，编上号码，单篇出售，供学校选购作为讲义或课本，十分方便。青少年读物有《开明青年丛书》，包括朱光潜的《谈美》《给青年的十二封信》，夏丏尊、叶圣陶合著的《文心》《阅读与写作》等。《世界少年文学丛刊》包括叶圣陶创作的童话《稻草人》《古代英雄的石像》，徐调孚翻译的《木偶奇遇记》，夏丏尊翻译的《爱的教育》等。《开明文学新刊》包括茅盾、老舍、叶圣陶、巴金、夏丏尊等著名作家的小说、散文、戏剧集，如朱自清的《背影》、叶圣陶的《倪焕之》等。文学方面还出版了茅盾的《蚀》《虹》《三人行》《子夜》，巴金的《家》《春》《秋》《灭亡》《新生》，高尔基著、沈端先译的《母亲》等名著。早期出版的刊物除《新女性》月刊、《文学周刊》以外，还有立达学会的刊物《一般》，其中《中学生》是影响最大、发行期最长的刊物。

开明书店在古籍和工具书方面，也出版了数种颇有影响的大部头书，其中《辞通》《二十五史》《六十种曲》为开明的三大看家书。《六十种曲》采用的是明末毛晋汲古阁的版本，开明不但考证了版本，还介绍了每一种曲的作者和内容特色及前人的评价，对曲艺、文学艺术研究很有价值。

中华人民共和国成立后，章锡琛任出版总署处长、专员，先后调任古籍出版社编辑、副总编辑，中华书局副总编辑，还参加了《资治通鉴》的点校工作。1956年转入中华书局任副总编辑。1958年章锡琛被错划为“右派”，虽然在1960年摘掉了“右派”的帽子，但这位擅长经营而又不辞劳苦的出版大家，终于没能逃过“文化大革命”的劫难，于1969年离开了人世。1988年，章锡琛得到平反，恢复名誉和原职务、级别，骨灰安葬于八宝山革命公墓。

篆隶高能世莫知

——近代书法家徐生翁

徐生翁是我国近代被人们公认的异军突起、风格独特的艺术家。他在诗、书、印诸方面成绩卓然，尤以书画名世。他初学颜真卿，后宗北碑。他的字结体奇崛、生拙古辣，别具情趣，格调高古。他的画一如其书，极重气韵，亦极讲究布局、章法，非常得势。

徐生翁（1875—1964），浙江绍兴人。因出生后不久就被寄养在外婆家，外婆家姓李，故获李姓。他早年署名李徐，中年署李生翁，晚年68岁以后，署徐生翁。

徐生翁出身农民家庭，家境贫穷，少年徐生翁天资聪颖，喜欢书法，却又缺少纸笔，只能用父亲从商店讨来的废纸旧簿习文识字，直到10岁才入私塾。可是未满一年，又因耳朵重听、目疾（近视）而辍学。他在家自习书画，从颜字入手，进步神速，到13岁时，他用端正的颜体为家中新置的桌椅板凳书写年月名号，他父亲见了很是欢喜，勉励他努力，苦练成名。

徐生翁牢记父亲的教诲，对读书练书画更加发愤。家里很穷，无钱购买碑帖，只有经常自己揣摩。他在81岁时写的《我学书画》一文中回忆说：“我幼时体弱多病，目患近视，耳重听。10岁开始就私塾读书。塾距家远，往返不便，父复早卒，家多事故，断续不到一年废学了。没有学过生意做过其他事业，因为我生性疏野，不晓世故。不过我从小爱好书画，但家无藏品，乏师友为之指导。今兹略有获，多靠自己钻研得来。”

越乡有一位收藏家周季贶，是诗人，又喜爱书画，青年徐生翁与他有交游。从周季贶的书画收藏中，徐生翁大开眼界，得益甚大。此后，他的书法由学习颜真卿遂转入专攻汉碑，他认为唐代书法法度太谨严，束缚自由发挥。他对汉隶用功最勤，《石门颂》《礼器碑》《石门铭》《爨龙颜碑》《史晨碑》都是他经年临习不辍的碑帖。他的行楷是以北魏和六朝墓志铭为学习范本，行草则是篆书笔意为基础再出之以隶法，篆书纯以西周、秦汉金石文为蓝本。

徐生翁46岁时，一位好友张钟湘以《流沙坠简》一书相赠，他如获至宝。他将《流沙坠简》反复研究，深为活泼灵动的笔势、欹侧多变的体势、夸张浪漫的点画而惊叹不已，尤其是厚重、质朴、简率、稚拙的笔法，韵味更足。真是“踏破铁鞋无觅处，得来全不费工夫”。徐生翁后来形成独具一格的“孩儿体”，便是由此悟得了天机。

徐生翁一生布衣，从不趋炎附势，不求闻达，以鬻书画为生，虽生活清贫，但不失君子之风。北洋军阀重金收买其字，他不为所动，严词拒绝，后有汉奸日寇以巨资购其手迹，他宁死不屈，坚决拒绝。“书如其人”在他身上得到了很好的体现。好学不倦，虚怀若谷，一生勤勉，直至垂暮之年，仍在砥砺而行。

黄宾虹和潘天寿在世时，都对徐生翁的书画艺术有很高的评价，并邀请他去浙江美术学院任教。但徐生翁喜爱清静，随着年岁增长，他越来越不想离开文化古城绍兴。

中华人民共和国成立之后，1953年，浙江省文史研究馆成立，马一浮任馆长，徐生翁时年79岁，被聘为馆员。徐生翁晚年屡为地方题匾额，表达对先贤、烈士之敬仰，对少年儿童的关心和勉励。1964年

4月，徐生翁因病不治，以90高龄离世。

徐生翁的书法被誉为“丑书”，学者评论说：“在‘丑书’的现代实践方面，徐生翁无疑是一个真正意义上的现代开拓者。他的‘丑书’在20世纪后20年产生了引动潮流的巨大影响，从而使徐生翁成为20世纪中国书法影响最大的人物之一。”

徐生翁的书法法古不泥、独标一格。他在自述学书经历时说“天地万物，无一非书画粉本”，这和徐渭的“天地无物非草书”义相近。作书深入传统但不拘成法，具有独创精神。“观今以鉴古，无古不成今。”留心徐生翁一生的翰墨书迹，尽管在不同时期有些改变，但谨守两汉，质朴大气的书风贯穿了一生。

徐生翁偶而兴笔随意画几笔画，他的绘画有书法的笔法和力度，有书法结构的章法，这种章法，力度藏而不露，含有骨力和内涵的美。如果把他的绘画和书法对照起来看，也许更能看出他们之间的内在联系。徐生翁的书画是相通的，书是画、画是书就是他的艺术特征。

徐生翁篆刻笔意稚拙，从不经意处入手，用刀简约，浑穆劲健，自成家法，不以剥蚀残缺、颓然古趣为能事。他晚年所刻印章，气息淳古，看似平淡，但浑朴盎然，得返璞归真之妙，邓散木评为“单刀正锋，任意刻画，朴野可爱，与齐白石异曲同工”。毕生所作书画的所用印，皆出自己手，书印合一。

徐生翁一生，不仅书法、绘画、治印成就斐然，诗文也颇有造诣，其书写内容皆为自撰联，富含人生哲理，极具教育启发意义。

第八章

鉴湖越台名士乡

中华人民共和国成立至建党一百周年

浙江文史记忆·越城卷

绍兴城市自筑城至今已经有2500多年了，城市已经从8.3平方千米的蠡城，发展成为有近200万人口的大城市。分析绍兴城市建设发展的历史，可概括为“从山阴会稽时期进入鉴湖时代，再迈向杭州湾时代”的三部曲。

“山会”时期又可称为平原孤丘时代，它记录着绍兴城市从筑城到繁荣再到衰落的曲折历程。范蠡把城址选择在平原与山区交界处，靠山近水、联系便捷，利用府山、蕺山、塔山等山地孤丘，于公元前490年“筑城立廓，分设里闾”，形成“勾践小城”，后又扩展成“山阴大城”。由于城市长期受政治、军事、经济、文化等因素影响，城市建设发展十分缓慢，至20世纪70年代末期，城市用地规模一直徘徊在“山阴大城”以内。

1983年，国务院批复同意绍兴地市合并，实行市管县体制：撤销绍兴地区行政公署，绍兴市设立越城区，恢复绍兴县建制，将原绍兴地区的上虞、诸暨、嵊县、新昌和绍兴县划归绍兴市管辖，越城区作为建制区诞生。随着越城区经济社会的迅速发展，城市也不断向四周拓展，城市建设由山会时期跨入了鉴湖时代。

2013年，市委、市政府抓住机遇，启动绍兴市行政区划调整工作，历时6个月获国务院批复："撤销绍兴县，设立绍兴市柯桥区，以原绍兴县（不含孙端镇、陶堰镇、盛镇镇）的行政区域为柯桥区的行政区域；撤销上虞市，设立绍兴市上虞区，以原上虞市行政区域为上虞区行政区域；将原绍兴县的孙端镇、陶堰镇、富盛镇划归越城区管辖。"绍兴市从原来的"一区五县（市）"调整为"三区三县（市）"，市区面积由362平方千米扩大到2942平方千米，其中越城区498平方千米，柯桥区1041平方千米，上虞区1403平方千米。越城区获得了更大的发展空间。

随着融杭（州）联甬（波）通沪战略的实施，越城区成为杭州湾大湾区建设的重要节点，人们把这一时期称为城市发展的杭州湾时代。

越城区的发展走的是传统产业提升和发展新兴产业相结合的道路。在纺织、机械、酿造、制药等传统产业发展的同时，引进发展芯片等高科技产业，2020年高新技术增加值达到55.5%。

在经济社会高速发展的同时，古城保护、文化发展和水城建设结合并举，创造出古城保护"绍兴模式"的同时，全面开展"五水共治"，扎实开展"无废城市"建设。

2020年，越城区国民生产总值首次超过1000亿元，人均生产总值

魅力古城

达到13万元，城乡居民收入达到6.19万元和3.86万元。当前越城区正在大力发展高新科技，古城和水城保护建设双轴并驱，朝着共同富裕的目标大步迈进。

越王台下春风暖

——历史文化名城的保护和发展

绍兴古城历史悠久，风貌独特，遗存丰富，被称作“一座没有围墙的历史博物馆”。自春秋末期建立越国都城至今，2500多年来城址未变。灿若星辰的历史文化名人，更使绍兴钟灵毓秀。1982年，绍兴被国务院列入全国首批历史文化名城，这不仅是对绍兴历史遗存和文化沉淀的肯定，更是拯救恢复这些历史遗产的重要契机。之后，古城保护开始纳入城市总体规划之中，名城保护的进程在文物古迹保护、河道水系保护、历史街区保护中逐步推开。

1982年11月，《绍兴市城市总体规划》经过省政府批准实施。《规划》将绍兴城市性质定为“具有水乡风光的历史文化名城和旅游城市，以酿造为特色的轻工业城市”。为了更好地建设历史文化名城，加强文物保护工作的落实，1984年3月开始，文化、城建部门在越城区开展文物普查工作，核实了包括古建筑、古水利设施、名人遗迹、革命遗址等在内的文物史迹900余处。6月，绍兴市旅游、文物、园林发展规划工作领导小组成立。10月，根据市首次党代会报告中提出加强文化建设，逐步建设“一园、二湖、三山、八馆”的要求，制定《绍兴市发展旅游、文物、园林事业的规划》，围绕文化陈列馆选建、名人故居修复、风景名胜古迹修复等进行总体部署，对沈园、兰亭、蔡元培故居、吕府、禹陵、青藤书屋、快阁等历史遗存收归、维修等工作作出具体安排。1985年，绍兴市根据《中华人民共和国文物保护法》对城区11处省级文保单位和24处市级文保单位的保护范围和建设控制地带进行划定，确保其免受新建设施的影响。

兰亭乾隆御碑

1989年2月，新修订的《绍兴市城市总体规划》经批准后开始实施。《规划》中把建立“点、线、面相结合”的古城保护体系作为原则列入，确定了文物古迹、河道水系与古城传统风貌保护的总体框架。其中提到的“点”即各级各类的文物保护单位、文保点和有价值的历史建筑；“线”即古城内的路网结构、河流水系和空间视廊；“面”即具有重大历史文化价值、整体风貌保存又较完好的街区。

2001年12月，经省政府批准，《绍兴市历史文化名城保护规划》正式实施。《规划》划定8.32平方千米的绍兴古城为历史地段、古城格局、传统风貌的保护与延续的重点地区。强调实行“点、线、面”保护的总体框架，通过串联起古城内近三分之二的文保单位和重要历史街区，构筑系统，增强整体性。提出通过保护18条河道组成的城市水系、保护“一河一路”“一河两路”的水乡风貌带、控制古城范围内建筑高度和整体色彩、规划保护“视线走廊”、疏解古城范围入口、保护古树名木、恢复“老字号”店铺、建立纪念馆和博物馆等措施，维护、延续古城格局和风貌特色。确定了越子城、八字桥、蕺山、鲁迅路、西河、新河弄、石门槛7片历史街区，并针对性地细化保护规划。对古城范围内的37处文保单位、范围外的24处文保单位的保护范围、建设控制地带以及保护措施详细说明，对83处文保点的保护提出要求。此外，还把继承和发扬城市的优秀文化传统作为名城保护的重要措施。

太平桥

城市是历史文化的载体，也是现代文明的使者。通过古城保护，绍兴展示了深厚的文化底蕴，保护了悠久的历史记忆。特别是经过修缮保护的7个历史街区，以整体协调的环境风貌，展示着城市某个历史时期的特色，处处充满着浓厚的文化氛围，到处散发着浓郁的文化芳香。如修缮后的仓桥直街2003年获得了联合国教科文组织亚太地区文化遗产保护优秀奖。评委会专家认为，“仓桥直街在保护历史文化名城绍兴的独特水乡风貌方面，迈出了重要一步”，“成功地展示了绍兴历史文化名城的生命力，成为中国遗产的一个活生生的充满生机的展示地”。

随着古城保护工作的推进，绍兴城市基础设施不断改善，城市广场等一批城市休闲工程、环城河等一批城市防洪工程、绍兴大剧院等一批文化发展工程相继实施，有力拓展了城市的居住、休闲、文化、旅游、商贸等功能，提升了城市综合竞争力。仓桥直街也已成为集生活、旅游、购物为一体的特色街区。

公祭大禹陵、鲁迅文化艺术节、国际兰亭书法节、水乡风情旅游节、中国越剧节等节会活动，也有效扩大了绍兴的对外交流合作，为经济发展搭建了重要平台。绍兴市相继被评为中国优秀旅游城市、最佳中国魅力城市、中国大陆最佳商业城市等。

通过古城保护，城区范围内300多家工厂外迁，五分之一人口被疏散，古城原有的功能性负担得以减轻，过重的交通压力得以缓解，过重的环境压力得以宽松。城区道路、排污、供水、文化、休闲等设施的建设和改善，优化了城市环境，提升了城市品位。同时，修缮沿街居民住宅、改善市政设施、增设配套服务设施等措施使居民的生活环境明显改善，生活质量不断提高。

特别是与古城保护结合的市区环城河综合整治，既保护了古城风

书圣故里夜景

貌又提升了市民的生活质量。市区环城河综合整治工程是一项以城市防洪为重点，以整治古城水环境为中心，紧密结合城河周边环境改造，挖掘整理沿线历史文化内涵，展现古城传统特色风貌，创建市民休闲娱乐空间，适应中心城市城建格局的城市基础建设工程。工程自1999年7月18日开始，至2001年7月28日全部建成，历时740天，拆除沿河旧房64万平方米，新建沿河公园绿带面积54万平方米，建成了八大公园景点，新砌了高标准河坎。工程的建成对改善城市环境、提升城市品位起到了极为重要的作用。

湖山清映越人家

——从“清水工程”到“五水共治”

水，造就绍兴“心动的美丽”。古城绍兴是一座独具魅力的江南水城。鉴湖水系汇集会稽山三十六源之水，河流纵横，水巷交叉，平畴沃野，水网密布，开门就见水，举步可登舟。尤其是鉴湖、浙东古运河等水利工程建成后，一如书圣王羲之所感叹——“山阴道上行，如

镜湖之美

在镜中游”。

水多必然桥多，清光绪年间，绍兴府城面积为7.4平方千米，城内有桥229座，平均每平方千米31座。水更与绍兴的产业有关，独特的水土环境，使绍兴成为稻作文化的发源地。优质的鉴湖水酿就酒中珍品绍兴黄酒。纺织业和印染业的发展也离不开水，早在汉唐时期，越绫越罗精妙绝伦，巧夺天工，被当时世人称奇。可以说，水旺了绍兴经济，近代绍兴三缸产业“酒缸、酱缸、染缸”都与水有关。甚至绍兴十大风情中的“水乡社戏”“鉴水乌篷”“水乡集市”“枕河人家”“曲水流觞”“龙舟竞渡”等都与水有关。

然而，随着工业化的不断推进，绍兴的水出了问题，于是治水、亲水成为当代人最重要的使命。为了让人民群众喝上一泓清水，1995年绍兴决定举全市之力推进建设小舜江供水工程。2001年1月，小舜江工程一期建成供水。2006年6月，小舜江供水工程全部完工。此工程建成后，绍兴形成“双路供水、多点进水”的供水网络，进一步增强了供水系统应对突发管网事故的抗风险能力，为真正实现“不间断供水”提供了有效保障。整个管网线长达数千千米，供水面积1000余平方千米，受益百姓300多万，相当于再造一个鉴湖，从根本上解决了广大人民群众的安全饮水问题。

为了让河水清起来、活起来，2006年起绍兴推进实施“清水河道”建设，2011年提出新时期治水目标，主要采取“截、堵、清、疏、引”五策，努力改善河网水质。截就是截污，堵就是堵污水源，清淤是河道保洁，疏浚是畅通水系，引流就是引入清洁水源到市区。

近年来，为解决水资源约束趋紧、水生态环境恶化和水污染严重等问题，绍兴积极贯彻浙江省委、省政府“以治水为突破口倒逼转型升级”和“五水共治”（即“治污水、防洪水、排涝水、保供水、抓节水”）的战略思路，作出了“重构绍兴产业、重建绍兴水城”的决策部署，围绕“五水共治”开展了大量工作，取得了积极进展。

为了更好保护水文化，绍兴把治水工程与“造景”相结合，与改善居民生活相结合。在城区环河的整治中，按照城市防洪、城建配套、环保、文化、旅游等五大功能，建起了稽山园、鉴水苑、治水广场、西园、百花园、迎恩门、河清园和都泗门等景区景点。建成了水清岸绿，环境优美，历史文化特色鲜明的旅游线和休闲带，重现“蓝天碧水”。

在浙东古运河上，还建起了运河园，建设理念是保护优先，建成融历史、文化、风情、生态于一体的“运河纪事”“运河风情”“古桥遗存”“唐诗之路”“浪桨风帆”“缘木古渡”等景点，成为运河文化保护的典范工程。

由范蠡筑城，经过历代修建，凿河浚港，造桥筑路，创造了绍兴水路、陆路两套相辅相成的交通系统，并构成以水系为骨架、水陆平行的城市格局，充分反映了以水为中心的城市规划思想，构成了“条条水路通家门”的典型水乡城市风貌。其布局多采用河路对景的办法，将山水、园林、路桥、民居、古迹巧妙而自然地结合在一起，依河而建的街坊，傍水而造的建筑，布置灵活，风格多变，构成了丰富多彩的水城景观。这种街河相邻的街坊规划布局，为人民生活、生产创造了方便的条件，并在雨水排泄、美化环境等方面发挥了多种功能作用。

在市民亲水的同时还让游客亲水，这就要优化水城旅游布局。立足得天独厚的河网水系资源优势，充分利用古城内河部分河道、鉴湖人文自然景观、镜湖新城生态河道、曹娥江下游宽阔水域等优质旅游资源，提升江南古城水乡风情游、镜湖湿地生态养生游等精品水上游线，开发鉴湖文化休闲游、滨海水上运动体验游、“唐诗之路”和“运河遗产”古风水韵游等休闲水上游线，展现绍兴水城特有的水生态、水文化和江南风情。

绍兴还将特有的历史名人文化、戏曲文化、黄酒文化、美食文化、石桥文化等融入水城旅游中，深化开拓水上餐饮、滨河娱乐、特色住宿等休闲旅游项目，开设绍兴风情商铺、特色水街，有效延长产业链。在现代水城核心区域、大型水域周边，规划开发各类经济型产业，沿河布局各类商业商务建筑，形成各种依托水环境的经济圈、文化圈。

柳暗花明又一村

——“城中村”改造的绍兴模式

“城中村”改造是指通过拆迁补偿、建设安置、土地征用、资产处置、身份转换、培训转移、机构转换、教育管理等途径，使农村变为城市，农民变为市民的软硬件改造过程。随着绍兴城市化的不断推进，城市地域范围的扩大，原先城郊农村为城市所包围，成为“城中村”。20世纪90年代开始，绍兴根据形势需要有序对“城中村”进行改造，逐步将落后、散乱的农村居民点改造成为配套设施完善、生态环境优美、居住条件舒适、生活文明有序的高标准城市社区，基本实现“农村变城市，农民变市民，分散变集中，残缺变完美（指基础及配套设施）”，并在此过程中探索形成了一套行之有效、科学合理的制度体系和流程，被誉为“城中村”改造的“绍兴模式”。

2003年，绍兴市“城中村”改造办公室成立，专门负责“城中村”改造的拆迁、征地建设安置、改制以及管理等环节的工作，着手进行“城中村”改造。同年3月，《绍兴市城中村改造建设规划文本》出台，明确采取“撤、扩、并”的手段，运用易地改造与就地改造相结合成组团的方式，以达到“从村庄走向社区，从分散走向集中”的

古城风貌

目的。“城中村”改造办公室从拆迁程度、建设地段、投资主体、同一小区安置村的数量、拆迁数量、拆迁顺序、同意村民是否集中安置、安置房建设市场化程度等八个方面来考察“城中村”改造，并形成整拆整建型、就地改造型和异地迁建型相结合，以及政府投资型、多村组团型、先建后拆型、集中安置型、拍卖回购型的“城中村”改造模式。之后，各相关部门也相继制定出台市区集体土地上房屋拆迁补偿标准、补偿安置办法、操作规程等政策规定。

越城区“城中村”改造涉及城区二环范围内41个行政村，约1.5万户，近5万村民，需拆迁旧房建筑面积约235万平方米，建设安置房建筑面积250万平方米，建设用地600余公顷，人均用地面积约为140平方米。在改造过程中，按照“推进城乡一体化，建设新社区、培育新农民、建立新生活、倡导新风尚、构筑新体制”的要求，设立新小区。同时，构建被征地农民享受养老保险、农村最低生活保障和基本生活保障等为主要内容的新型社会救助体系，安置小区的水、电、煤、有线电视、宽带连接到户，公建配置、绿化环卫、小区保安、物业管理以及公共设施、基础教育、医疗卫生、社区商贸等众多公共事业与城市接轨。

至2006年年底，越城区41个“城中村”基本完成拆迁安置工作。越城区的实践为全市提供了丰富的改造经验，起到了很好的示范作用。之后，“城中村”改造由市区向绍兴市下属县（市、区）整体推进，全面展开。

共来百越文化地

——诗画江南飘墨香

成为历史文化名城以后，绍兴的文化取得了加速发展。绍兴对名人文化的研究发掘做了许多积累性的工作：为最有影响的150位左右的名人撰写了传记，有的还修了故居、拍了电影以及召开国际学术研讨会等。

比如，针对鲁迅开展研究并出版了很多书，在鲁迅故里拍了很多电影，且几乎每年都要开一次有关鲁迅的国际性的研讨会。对陆游、徐锡麟、秋瑾、陶成章、蔡元培、周恩来的研究等工作做得都很好。在绍兴古城，省级、国家级的名人故居有15处以上，每处都得到了良好的保护。

有较大影响的是对印山越王陵的抢救性保护挖掘。印山越王陵在兰亭，原来叫“木客大冢”，是勾践父亲越王允常的墓。

绍兴古城在整体破碎的情况下，留下7个片区作保护，也就是7个历史街区：越子城、八字桥、蕺山、鲁迅路、西河弄、新河弄、石门槛。在约9平方公里的古城里，一些名人故居建起来了，一些台门也保护起来了。包括古桥、古街、古寺庙、当铺、会馆等文化遗址也得到了良好保护。

绍兴被称为书法之乡，自从有了兰亭王羲之曲水流觞这个故事以后，绍兴就成为一个书法圣地。第一届兰亭书法节于1981年举办，至今已举办了41届兰亭国际书法节。

绍兴是戏曲之乡，曾被称为中国的戏台。改革开放以来，绍兴每个县区都成立了越剧团，市里成立了浙江绍剧团，使在绍兴传承的五大剧种和五大曲种依然保持很旺盛的生命力。2005年绍兴办了第六届中国越剧节，为全中国越剧事业的发展作出了贡献。绍兴大剧院排演了明星版的《梁山伯与祝英台》，这台戏曾在全国巡演，也到世界各地演出，影响很大。

2010年，绍兴举办了第六届世界合唱比赛，是中国有史以来最大规模的一次合唱比赛，来自国外的参赛者就有1万多人，加上国内的共有25000人以上，比赛共进行了半个月。

绍兴堪称电影艺术之乡，影视艺术家众多，2012年还承办了第31届“金鸡百花电影节”。

近年来，绍兴涌现了一批文化产业重点企业和平台。如金德隆文化创意园、东城智库文化创意园、鉴湖水街文化创意园、伟丰文化创意园、1051文化创意园等一批文化产业集聚区，为文化产业的发展创造了有利条件。

如今，绍兴的文化产业门类齐全，文化产品制造、文化创意、新闻传媒、影视制作、出版发行、印刷复制、广告、演艺娱乐、文化会展、动漫游戏、新媒体、网络文化和数字内容等产业都有涉及。

最有胸怀和气派的创意是将古城开放给世界的全城游决策。千岩竞秀、万壑争流、水木清华，诗画绍兴已成为中国江南水乡的象征性地标。拥有古运河、八字桥、八字桥街区、古纤道等四处大运河世界文化遗产点的绍兴，正在挖掘中国最古老的运河文化内涵，打造绍兴独具特色的运河历史街区、运河民俗文化乐园，成为流淌着江南水乡独特韵味的活着的“历史时光隧道”。

绍兴传统文化底蕴深厚，人文精神丰富。从大禹的因势利导、敬业治水，到勾践的卧薪尝胆、励精图治；从章学诚的明道明德、经世致用，到竺可桢的科学救国、求是一生；无论是王充、王阳明的批判、自觉，还是黄宗羲、蔡元培的开明、开放等，都展示了绍兴的文化底蕴，凝聚了绍兴人民求真务实的创造精神。绍兴的人文精神就是绍兴人的文化基因。这几年来，绍兴注重区域人文精神的挖掘提炼，通过公祭大禹陵等节会活动、对越文化的研究发掘以及对名人思想文化的提炼，绍兴的文化基因得到了展示和弘扬。

不拘一格降人才

——名士乡里的文化名人

“鉴湖越台名士乡”，绍兴古城近现代名人辈出，思想家、史学家、艺术家众多。有代表性的如生物学家、社会活动家周建人，作家柯灵，郦学家陈桥驿，等等。他们从绍兴走出，在各自的岗位上为社会发展作出贡献。

周建人（1888—1984），字乔峰，鲁迅三弟，绍兴人。曾在绍兴跟随大哥鲁迅参加反清的革命文学团体“越社”，组织学生发起“剪辫运动”，参加武装演说队，这是他早期的革命起点。

1921年，周建人进上海商务印书馆，与早期共产党人沈雁冰和杨贤江成为莫逆之交。1923年，经沈雁冰介绍认识共产党人瞿秋白，结为知心朋友。上海工人第三次武装起义期间，周建人鼓励工人要用五四的精神、五卅的热血反对帝国主义和封建军阀。1935年，瞿秋白在福建长汀被国民党军队逮捕关押，周建人与鲁迅、杨之华等曾积极设法营救。

1932年12月，宋庆龄、蔡元培等发起成立中国民权保障同盟。中国民权保障同盟是中国共产党影响下建立的民主进步组织，在白色恐怖下，经过艰苦努力，曾营救了包括陈赓、廖承志、丁玲、潘梓年、罗登贤、陈独秀、许德珩、牛兰夫妇等一大批著名的共产党员和爱国民主人士，在国内外产生了很大影响。这当中，周建人发挥了积极的作用。

1945年12月，周建人与马叙伦等人在上海发起成立以促进民主政治的实现为宗旨的中国民主促进会，为反内战、谋和平进行积极斗争。1946年7月，蒋介石集团指使特务在昆明暗杀了著名民主人士闻一多、李公朴之后，又查封了《民主》《周刊》等一大批进步刊物，还疯狂地镇压工人运动和学生运动。周建人毫不屈服，以“预备死”的大无畏气概，连续发表了《论内战应立即停止》《再论内战必须立即停止》《论反民主逆流急须遏止》《论半殖民地法西斯的特质》《论美国干涉中国内政》等针对性、战斗力很强的政治论文，同蒋介石集团展开了英勇顽强的斗争。

1948年4月，在白色恐怖十分严重的岁月，经艾寒松介绍，由中共中央特批，周建人在上海加入了中国共产党，成为一名忠诚的共产主义战士。1949年6月，周建人以上海人民团体联合会首席代表的身份参加了中国人民政治协商会议筹备会。

1949年10月1日，周建人应邀参加了庄严的开国大典。10月19日，被任命为中央人民政府出版总署副署长，协助胡愈之主持新中国的出版事业，开创了人民出版事业的新局面。1954年10月，周建人担任高等教育部副部长后，努力改进高校思想政治工作，致力于培养大学生的勤奋学风和踏实的科学态度，为造就新中国第一代知识分子倾注了无数心血。

周建人一生的活动是多方面的，他不仅是著名的教育家、生物学家，而且是一位杰出的社会活动家。中华人民共和国成立后，他先后担任过中央人民政府出版总署副署长，教育部副部长，浙江省省长，全国人大常委会副委员长，全国政协副主席，民进中央副主席、代主席、主席等重要职务，为中国人民的解放事业和社会主义建设事业作出了重要贡献。

柯灵（1909—2000），原姓高，名隆任，字季琳，原籍绍兴，生于广州。著名作家、剧作家、电影评论家。早年在家乡朱储等小学任教。1924年出版《儿童时报》。1934年参加左翼影评小组，始用柯灵笔名撰写影评。先后主编《明星半月刊》等报纸杂志，曾与马叙伦、周建人等发起成立中国民主促进会。参与创办香港《文汇报》。1950年加入中国共产党。先后任《文汇报》副总编辑、上海电影家协会副主席。1976年后，先后任《大众电影》主编，《收获》编委，上海电影家协会常务副主席，上海电影局顾问。著有《柯灵电影剧本选集》《柯灵杂文集》《电影文学丛论》《柯灵散文精编》等。曾获全国散文荣誉奖、电影特殊贡献奖和高雅艺术奖。2000年6月19日在上海逝世。

柯灵散文清丽如水，有口皆碑。有文学评论家说："柯灵先生散文之漂亮，无论是文字之精美，还是意境之考究，都被公认为独树一帜。"然而清词丽句，仅仅靠雕琢是不可能得到的，它一方面固然得益于柯灵深厚的学养，另一方面亦与他的经历与人品有关。他要求自己的文章"以天地为心，造化为师，以真为骨，以美为神，以宇宙万物为友，以人间哀乐为怀，以崇高闳远的未来为理想"。

柯灵历经坎坷，一生所受灾祸都在他的思想中化作学问。文学评论家钱谷融曾说柯灵"处境遭遇，自然也是甘苦升沉，屡经变迁。但不管年龄、境遇如何，作者严肃执着地追求正义美好的心意始终不变。读其文，想见其为人，我感到十分庆幸地结识了一位志行高洁而心地极其宽厚的人"。作家余光中也为之倾倒。他曾说，柯灵散文"意到笔随，无词不宜，真是从心所欲而不逾矩，达到藏富于俭之境"。现代文学史家秦贤次也认为，柯灵与沈从文是我国现代作家中因家贫失学，靠刻苦自学走向文学道路，最后皆以文字淬炼达到炉火纯青地步的两位典型人物。而柯灵不但是我国现代杰出的散文家和电影剧作家，也是一位成功的报人，先后编过多种报纸副刊和杂志，在国内外产生过很大的影响。美国中国历史专家夏志清说："柯灵文笔之活，是大家称赞的。他同我先后评过张爱玲，建立了海外盛誉，可说是文坛佳话。”

柯灵散文有三大特点：一是他的作品是真正的美文，文字造诣极高、精雕细琢、鬼斧神工、大气磅礴、令人佩服；二是他的文章不仅言之有物，而且文中有骨，他运用的是高超的技巧，表达了很多对历史、对社会、对文学的真知灼见，显示了爱国知识分子的良心和骨气；三是从他的散文见人品，文品与人品相得益彰。

柯灵的文章评人论事，常有极为精辟的议论，除了评论张爱玲、傅雷之外，他还对李健吾、梁实秋、钱钟书、夏衍、郁达夫、李恩绩的为人为文，写过专文，作了独到的评述。他敢于直抒己见，说真话，不说假话，最恨说违心的话。尽管这些被评论的人物所经历的道路并不一样，柯灵的评论却都采取同样的态度：不屈从于时尚，不受舆论支配，披胆沥肝，直谈自己鲜明的看法，不但思想深邃，而且字字推敲，鞭辟入里。

柯灵不但以他的几十部著作（52部文学作品、14部电影、3部戏剧，以及多种单行本）给中国文坛提供了精品，还以他的全部写作过程，展现了一个在任何时期都不随波逐流的坚强的爱国者的崇高形象。

陈桥驿（1923—2015），出身于绍兴的一个书香门第，桥驿是他后来的笔名。

陈桥驿的祖父是清末举人。他5岁时由祖父发蒙，7岁上私塾。小学毕业后进当地一所教会学校，初二插班进入省立绍兴中学后，把大量时间花在阅读外国名著上，从初三开始读中华版《辞海》和商务版《标准英汉辞典》，还翻译了当时颇为流行的一本《纳氏文法》第四册。

1942年元旦，在日军大举进攻下，读高二的陈桥驿辍学，旋即被聘为绍兴柯桥阮社小学校长。1943年7月，他辞去校长职务，在嘉兴一所职业学校教英语，一年后转到新昌中学。当时的新昌中学人才济济，教师队伍实力雄厚，著名地球物理学家陈宗器、教育家张梦旦等人都在那里任教。24岁时陈桥驿被任命为教务主任。

北魏郦道元的《水经注》是中国古代历史地理名著，古今中外研究此书者极多，著作繁多，内容庞杂，形成了一门世界性的学问“郦学”。在新昌当教师的几年中，陈桥驿研究《水经注》成果斐然：《淮河流域》《黄河》《祖国的河流》3部专著相继出版。《祖国的河流》一书4年内竟9次再版，成为十分畅销的地理书，陈桥驿因此出名，后被调到浙江师范学院（后改为杭州大学）地理系。

1985年，陈桥驿首部郦学专著《水经注研究》出版后马上引起轰动，著名地理学家谭其骧教授致信陈桥驿云：“《水经注研究》的出版，势必大大推进国内郦学研究，深为郦学将进入一个新时代庆幸。”北京大学侯仁之教授来信称：“这一著作为专攻历史地理学的青年提供了一个研习经典著作的范本，为此，又不能不为后来者称庆。”1990年，陈桥驿的《水经注疏》出版，再次引起强烈反响，谭其骧称：“此书问世，实为郦学史上一巨大里程碑。过去治郦学必置备七八种乃至十余种版本，今后有此一本，即可尽束刊于高阁，而所得反有过之。如此好书，百年难得有几种。”

陈桥驿先后出版了《水经注研究》一、二、三集，《郦道元与水经注》等25部郦学专著，被公认为中国的郦学泰斗。他对《水经注》的研究，涉及许多领域，概括起来主要有以下九个方面：《水经注》版本学的研究，《水经注》地名学的研究，郦学史的研究，《水经注疏》版本及校勘的研究，赵（一清）、戴（震）《水经注》案的研究，对历代郦学家的研究，《水经注》校勘、考据与辑佚研究，《水经注》地理学的研究，《水经注》地图学的研究。

陈桥驿在城市历史研究上也成就斐然，著有《中国六大古都》《中国历史名城》《当代中国名城》等等，许多专著或论文被翻译成外文介绍到国外。此外，他在地名学和方志学方面也取得了卓著的成就。

在谭其骧、侯仁之、史念海三位前辈大师的推荐下，陈桥驿于1985年出任中国地理学会历史地理专业委员会主任，成为继谭其骧、侯仁之、史念海之后当代中国历史地理学科的领军人物。1991年被国务院评为“为发展中国高等教育事业作出突出贡献”的学者，1994年，陈桥驿因其卓著的成就以及严谨治学的精神，人事部发文公布其为终身教授。

陈桥驿因博览群书而博古通今，因博通经籍而博洽多闻，因博采众长而博大精深，研究领域广涉我国古代的政治、经济、文化，天文、水文、人文，地理、地质、地名，山川、田野、城市，民族、宗教、神话，历史、方志、牒谱，终于到达了“究天人之际，通古今之变，成一家之言”的境界，共出版著作70余本，约2000万字，创造了难能可贵的文化财富。

邃密群科济世穷

——影响中国的科学巨子

辛亥革命前后，绍兴一批又一批优秀学子出国留学，探寻科学救国的道路，他们回来后有的成为国家的科学巨子，有的成为行业翘楚，为中华民族伟大复兴挑起了大梁。

陈建功（1893—1971），浙江绍兴人。1916 年毕业于日本东京高等工业学校和东京物理学校。1921 年毕业于日本东北帝国大学，1929 年获该校理学博士学位。中华人民共和国成立后，任杭州大学副校长兼复旦大学教授。

20 世纪 20 年代至 40 年代，陈建功的研究工作主要是在三角级数论方面。由于他抓住了当代分析数学发展的主流和主流中的核心问题，取得了不少重大成果。

1926 年，陈建功再次考入东北帝国大学研究生院攻读博士学位，导师藤原松三郎指导他专攻三角级数论。当时，作为傅里叶分析主要部分的三角级数论，在国际上处于全盛时期。陈建功在两年多的研究中获得许多创造性成果。1930 年，陈建功在自己研究工作的基础上，综合当时国际上最新成果，用日文撰写了专著《三角级数论》。该书不仅内容丰富，而且许多数学术语的日文表达均属首创，数十年后仍被列为日本基础数学的参考文献。

与此同时，在研究三角级数的绝对收敛与绝对求和方面，陈建功也作出了卓越的贡献。早在1928年，他就证明：三角级数绝对收敛的充要条件是它为杨氏（Young）连续函数之傅里叶级数，解决了当时国际上许多数学家都在研究的三角级数绝对收敛的特征问题。同年，英国数学家哈代与尚利特尔伍德于德国《数学时报》上也发表了同一结论，但后者发行广泛，世人常称之为哈代一利特尔伍德定理。还其本源，此定理当称为陈一哈代一利特尔伍德定理。

1950年，陈建功为了在国内开展单叶函数论的研究，发表了题为《单位圆中单叶函数之系数》的论文，全面评述了国内外关于此问题的进展。此后，他又在浙江大学和复旦大学组织了这方面的研究。国内关于单叶函数论的研究成果与日俱增。1955年和1956年，陈建功又相继发表了《单叶函数论在中国》与《复旦大学函数论教研组一年来关于函数论方面的研究》的综合性论文，介绍和评述了我国学者的研究成果，推动了我国学者在这方面的研究。

1956年，陈建功开始了复变函数逼近论的研究，他还在p级整函数逼近以及德国数学家闵可夫斯基不等式方面作出了重要贡献。1964年，陈建功又建立了傅里叶绝对蔡查罗可求和的新定理。20世纪80年代我国函数逼近论及其应用的大量成果，与陈建功的工作是分不开的。同时，他还培养了一批函数逼近论的研究生。

20世纪50年代末，根据当时科学发展的形势与国家的需要，陈建功又在我国率先开拓了拟似共形映照方向的研究。1959年和1960年，他连续发表了关于拟似共形映照函数的赫尔德连续性论文，发展了外国学者于1958年所得到的成果。在陈建功的指导下，复旦大学与杭州大学拟似共形映照的研究队伍也逐步形成。

20世纪60年代，已是古稀之年的陈建功将自己数十年在三角级数方面的研究成果结合国际上之最高成就，写成巨著《三角级数论》。这部著作系统地阐述了三角级数论中的基本概念和重要成果，这是留给后人研究三角级数论的珍贵财富。

金宝善（1893—1984），字楚珍，绍兴人。14岁考入绍兴府中学堂，17岁考入南京江南水师学堂，后转入杭州医科专门学校。1911年考取官费留学，东渡日本，先在千叶医科专科学校学习了5年，主攻内科，毕业后又进入东京帝国大学传染病研究所研究传染病及生物制品，前后历时8年。

金宝善是我国生物制品研究机构的创建者。1919年，金宝善从日本学成归国。当时国内瘟疫流行，北洋政府正在筹建中央防疫机构，金宝善受命担任技师。他克服经费匮乏、设备简陋等困难，研制出白喉、抗毒素、免疫血清、牛痘等各种疫苗，为我国第一个生物制品研究机构的成功创建和运作作出了重大贡献。1920年，东北发生大规模鼠疫，金宝善的同事在防疫中染病身亡，金宝善冒着生命危险坚持工作，终于使疫情得到了控制。1934年，金宝善主持在兰州建立西北防疫处，制造各种人用、畜用生物制品。翌年，又主持建立了蒙绥防疫处，侧重于兽疫的调查、扑灭及兽疫血清疫苗的制造。

金宝善也是中国收回海港检疫主权的促成者。20世纪30年代初，经过各方反复讨论，国民政府决定收回海港检疫权，在上海成立全国海港检疫管理处，统一管理全国检疫行政和业务事宜。1930年7月1日，全国海港检疫管理处在上海正式成立，金宝善主持制定了《海港检疫章程》，这是我国第一部统一的卫生检疫法规。随后，各地卫生检疫机构从海关中分离出来，成为一个独立的部门。

金宝善还是中国公共卫生体系的缔造者之一。1925年，中国近代第一个公共卫生机构——“京师警察厅公共卫生事务所”（亦称北平第一卫生区事务所）成立，事务所由中央防疫处、京师警察厅及协和医学院卫生科三机关合办，第一任所长由方石珊兼任，金宝善以中央防疫处技师的身份兼任课长。中国的公共卫生事业亦由此起步。自1927年从美国约翰·霍普金斯大学公共卫生学院深造回国，到1947年辞去政府职务的20年间，金宝善先后出任杭州市卫生局局长，卫生部保健司司长，卫生署副署长、署长，卫生部次长、部长。其间，他积极推行《全国卫生行政系统大纲》，到1947年，全国已有26个省设立了卫生处，各省辖卫生机关214个，14个市设立卫生局，1013个县设立了卫生院，县设卫生院达1440所，区卫生分院达353所，乡镇卫生所达783所，县级医疗机构共有病床11226张。卫生署还筹办了中央卫生实验院、兰州中央医院、广州中央医院、精神病防治院、东南鼠疫防治处、黑热病防治处、中央防疫实验处、生物制品制造所、中央生化制药实验处、药品食物管理局等全国性的卫生研究机构和药品管理及制药机构。在抗日战争时期，卫生署还制订了非常时期救护工作纲要，促使各地卫生、医疗机关和公共团体组织救护队，以应战时之急。一套从中央到地方的公共卫生体系基本建成。

1948年，金宝善旅居美国，担任联合国善后救济总署儿童急救基金会医学总顾问，并成为世界卫生组织的发起人之一。1951年3月回到祖国。金宝善回国后先后在卫生部和北京医学院等部门任职，提出了“卫生工作应以预防为主”的思想。其间，还撰写了《中华民国医药卫生史料》《中国近代卫生事业》等书籍，为新中国的卫生事业作出了贡献。

俞大绂（1901—1993），祖籍绍兴，生于江苏南京。1924年毕业于南京金陵大学生物系。1928年赴美国留学，1932年获依阿华州立大学哲学博士学位并回国。1948年当选为中央研究院院士，1955年选聘为中国科学院生物学部委员。北京农业大学教授、校长、名誉校长。主要著作有《蚕豆病害》《粟病害》《植物病理学和真菌技术汇编》《微生物学》等，发表论文110余篇。

早在20世纪二三十年代，俞大绂就开始从事禾谷类作物抗病育种及种子消毒的研究，育成抗黑粉病的小麦品种、抗荚疫病的大豆品种、抗稻瘟病的水稻品种等，并和同事们研究小麦条锈病和禾谷类作物黑粉病。这些20世纪30年代后期的研究结果发表在美国的专业杂志上。

他还和同事们首先报道小麦秆黑粉菌具有生理分化性，开了我国生理小种研究的先河；首先对粟病害和蚕豆病害进行了多方面的研究，并出版了专著。

20世纪40年代，俞大绂克服种种困难，取得了多项突出的研究成果。如他对我国作物病毒病害和细菌病害作了深入的研究，首先研究并发表了《中国植物病毒病害的观察》《豌豆耳突花叶病毒》《蚕豆细菌性茎枯病》等多篇研究论文，这些成果在当时中国植物病理学研究领域具有开创性。

1951年，在我国东北地区发生了严重的苹果树腐烂病，并迅速蔓延。当时，300多万棵苹果树濒临死亡。俞大绂带领防治小组奔赴病区，对发病规律及侵染循环进行了深入的调查研究，制定了有效的防治措施。在俞大绂和防治小组及广大群众的共同努力下，病害的蔓延得到了控制，果树又恢复了生机，他们受到了党中央、国务院和当地政府的嘉奖。不久，俞大绂和中国科学院微生物所的同事一起又承担了防治谷子红叶病的任务。他们奔波于华北、西北等地，采集标本，深入生产第一线反复试验，终于找出了药物防治和抗病育种的有效措施。这项工作不仅在我国谷子红叶病的防治方面取得了成果，而且在病毒病害的深入研究以及学科的发展方面，也作出了贡献。

20世纪50年代中期，俞大绂又主持开创了我国植物抗疫工作。开办了植物检疫培训班，培养了首批检疫人才，为发展我国植物检疫工作，从组织上和普及植物检疫知识上打下了基础，在学科上也填补了空白。在此期间，俞大绂还带领学生到浙江黄岩，以柑橘疮痂病作为主要检疫对象进行防治和检疫工作，与当地密切合作，终于控制了病害，从而增加了出口量，支持了国家建设，同时也培养了一批检疫技术干部。在这一时期，他还为四川防治柑橘溃疡病做了大量的工作，受到农业部和四川省人民政府的表彰。

20世纪60年代以后，俞大绂主持开展了真菌的遗传变异研究，特别是异核现象的研究，在微生物遗传学方面开辟了新领域。他和助手们先后以水稻恶苗病菌、玉米叶斑病孺孢菌、棉花枯萎病菌和炭疽病菌为材料，研究真菌变异性、异核现象、致病力以及菌种在自然界中形成异核或进行准性生殖对抗病育种的影响等问题。1966年在水稻恶苗病菌的异核遗传研究中，揭示了水稻恶苗病菌在自然界中以三种不同核型组成异核体，证明各异核菌系在赤霉素产生量和寄生力上均有差异，为解决抗病育种问题提供了理论上的依据。论文《赤霉菌的自然变异研究》发表在当年的《中国科学》（英文版）上。这类研究，当时只有少数几个先进国家有所开展，俞大绂及其助手们的研究成果处于世界先进水平，深受国内外同行的重视。

“文化大革命”期间，俞大绂受到了不公正的对待，研究工作被迫中断，但他对研究微生物遗传学的意志丝毫没有消沉。1973年他又开始了赤霉菌的遗传变异研究工作。1978年北京农业大学迁回北京原校址，俞大绂带领他的助手和研究生继续进行了大量的真菌遗传变异的深入研究。这项研究在1980年获农业部科技成果奖。

徐光宪（1920—2015），绍兴人，父亲徐宜况精通《九章算术》，在徐光宪很小的时候就开始对他进行数理化知识的启蒙。徐家在父亲病逝后逐渐败落。16岁时，徐光宪为了能早日工作养家，考入浙江大学代办浙江省立杭州高级工业职业学校土木科学习。后因抗战爆发随校转入宁波高等工业学校，1939年以优异的成绩毕业后，应聘到昆明叙昆铁路当练习工程员。但行至上海时，领队卷款潜逃，徐光宪被迫滞留上海投靠亲友，以当家庭教师为生。在做家庭教师的余暇，复习高中课程，半年后，考入上海交通大学。当时上海交通大学借用位于法租界的震旦大学的教室上课，学生们没有宿舍，化学系的实验室是一间很小的已关闭的工厂，虽然条件比较差，但老师要求严格，重视基础课的教学，学生读书也都格外努力。

1946年，徐光宪通过全国赴美留学生考试，获得公派自费留学美国的资格。先入圣路易斯华盛顿大学化工系研究院，半年后考入哥伦比亚大学化学系，主修量子化学，并获得哥伦比亚大学的“校聘助教”

奖学金。在哥伦比亚大学，他仍然每年都考第一名，仅两年零八个月，就获得了博士学位，并先后当选美国荣誉化学会会员和荣誉科学会会员。

1951年回国后，徐光宪夫妇在北京大学从事教学和科研工作。徐光宪开授《物理化学》《核物理导论》等课程，培养了新中国第一批放射化学人才。1957年8月，徐光宪服从国家需要从北大化学系调到原子能系任副主任，从事核燃料萃取化学研究，为中国培养了一批核燃料萃取化学的骨干人才。1972年，徐光宪被调回化学系，接受了一项军工任务——分离稀土元素中性质最相近的元素镨和钕。一直以来，稀土的十几种元素被美国、日本等国列为20世纪的战略元素，这些元素广泛用于通信、激光、航空、航天、制导等各种领域。邓小平曾说，中东有石油，中国有稀土，中国的稀土资源占世界已知储量的80%，其地位可与中东的石油相比，具有极其重要的战略意义，一定要把稀土的事情办好，把我国的稀土优势发挥出来。当时，作为稀土资源大国的中国没有自己的稀土分离工艺，只能低价出口稀土原料，同时高价进口高纯度稀土产品。面对国家的需要和要为中国人争口气的志向，52岁的徐光宪再次改变了自己的研究方向，接下了这个任务，开始了一项“前无古人”的尝试。徐光宪住实验室，啃干面包，在北京、包头等城市间来回奔波，通过百倍的辛劳与磨砺，他发现了稀土溶剂萃取体系具有“恒定混合萃取比”的基本规律，建立了具有普适性的串级萃取理论。此理论改变了稀土分离工艺从研制到应用的试验放大模式，实现了设计参数到工业生产的“一步放大”，引导了中国稀土分离科技和产业的全面革新，使中国稀土分离技术和产业化水平跃居世界首位，实现了从稀土资源大国到生产和应用大国的飞跃。串级萃取理论的广泛应用，打破了国际垄断，提升了中国在国际稀土分离科技和产业竞争中的地位，被国际稀土界称为“中国冲击（China Impact）”，影响十分深远。如今中国单一和高纯度稀土的产品已经占到了世界市场的80%以上。

2009年1月9日，鉴于徐光宪在稀土化学研究方面取得的突出成就，他被授予2008年度国家最高科学技术奖。

潘家铮（1927—2012），绍兴人。1950年大学毕业后，潘家铮先后在燃料工业部钱塘江水力发电勘测处、浙江水力发电工程处和电力工业部华东水力发电工程局等单位任技术员。1954年，潘家铮调到北京水电建设总局，继续从事黄坛口水电站的设计工作。写出了诸如《木笼围堰的理论和设计》《连续拱之新分析法》《角变位移方程的研究》《调压井衬砌的力学计算》等一系列专业论文，发表在有关学报和著名刊物上，在国内水电界崭露头角。

1957年，他出任新安江水电站设计副总工程师，这是中国第一座自己设计、自制设备并自行施工的大型水电站，其装机容量、工程规模和难度都超过日本人在东北修建的丰满水电站。从1958年初至1960年，潘家铮兼任现场设计组组长，常驻工地，深入现场，具体领导工程的设计与施工技术工作。他在工作中创造性地对原设计进行了科学论证和修改，解决了施工中的许多难题，抢回了进度，并发展了相应的理论，在技术上为大坝提前封孔蓄水创造了条件，使水电站在短短三年内建成投产，大大缩短了中外水电技术的差距。1959年4月，周恩来总理在视察电站工地时，写下了“为我国第一座自己设计和自制设备的大型水力发电站的胜利建设而欢呼！”的题词，高度评价了电站的建设成就。新安江水电站的建成，为新中国的水电事业树立了第一座丰碑，上面凝聚了潘家铮的智慧和心血，记下了他的卓越贡献。

1964年，潘家铮响应支援三线建设号召，义无反顾地告别江南，奔向荒无人烟的雅砻江和大渡河，负责并参加锦屏、龚嘴等水电站的设计工作。在此期间，他先后发表了30余篇论文，并出版了近200万字的学术著作，迎来了他设计生涯中的一个高峰。

1978年3月，潘家铮调京，出任水利电力部规划设计总院副总工程师。后又晋升为总工程师和水利水电建设总局总工程师。1985年，出任水利电力部总工程师，成为水电系统的最高技术负责人。在此期间，他参与规划、论证、设计以及主持研究、审查和决策的大中型水电工程不计其数，如安康、铜街子、东江、岩滩、葛洲坝、龙羊峡、广州抽水蓄能……

从20世纪50年代初开始，到1992年4月全国七届人大五次会议审议并通过了国务院关于兴建三峡工程的提案，新中国关于三峡工程的勘测、科研、设计和试验工作持续进行了近40年。从参与长江三峡水利枢纽工程的可行性论证并担任论证领导组副组长和技术总负责人，到担任国务院三峡枢纽工程验收专家组组长，潘家铮是三峡工程设计、研究、论证及开工建设的重要见证人。事实证明，中国人有能力依靠自己的力量建设三峡工程。三峡工程创造了许多世界纪录，也实现了潘家铮平生最大的夙愿。2003年7月，三峡工程蓄水、通航、发电成功；2008年11月，三峡工程初步设计的26台机组全部投产；2009年是三峡工程设计工期的最后一年，这一举世瞩目的水利工程圆满完工。

虽然终日为水电事业操劳，潘家铮对自幼便热爱的文学并未忘情。他进行科技著述之余，还创作了不少文学作品，尤其在科普作品方面，取得了突出的成就。1993年，当他的第一部科幻小说集问世时，有人欣喜地评论道：我们终于有了一本中国科学家亲自动笔写出的科幻小说。由于作者在科技界的地位，以及富于科学素养和学者眼光，其影响已远远超过了作品本身。2006年12月，《潘家铮院士科幻作品集》由中国少年儿童出版社出版。他寄语青年人：树立一步登天的雄心壮志，准备做步步登天的努力。

主要参考文献

高占祥主编:《二十五史》,线装书局2011年版。

杨伯峻编著:《春秋左传注》,中华书局1981年版。

董初平:《吴越文化新探》,浙江人民出版社1988年版。

陈桥驿:《吴越文化论丛》,中华书局1999年版。

绍兴市地方志编纂委员会编:《绍兴市志》,浙江人民出版社1996年版。

金普森、陈剩勇主编:《浙江通史》,浙江人民出版社2005年版。

陈高华、徐吉军主编:《中国风俗通史》,上海文艺出版社2001年版。

李永鑫:《绍兴名人传略》,宁夏人民出版社2007年版。

绍兴市越文化研究会编:《越文化丛书》,西泠印社出版社2008年版。

鲁孟河主编:《影响中国的绍兴名人》,中央文献出版社2007年版。

鲁孟河主编:《感动中国的绍兴名人》,中央文献出版社2009

年版。

绍兴市政协文史资料委员会编:《绍兴越王城》,中国文史出版社2009年版。

胡源:《越中书法史》,中国社会科学出版社2011年版。

绍兴市档案馆编:《越地记事》,上海人民美术出版社2012年版。

李永鑫:《绍兴通史》,浙江人民出版社2013年版。

任桂全:《绍兴城市史》,中国社会科学出版社2017年版。

李永鑫:《心灵导师王阳明》,国际文化出版公司2018年版。

冯国庆主编:《探寻绍兴文化基因:悠悠鉴湖水,浓浓古越情》,国际文化出版公司2018年版。

李永鑫:《绍兴大师爷》,国际文化出版公司2018年版。

李永鑫:《绍兴传:鉴湖越台名士乡》,新星出版社2020年版。

张水根、徐一鸣:《走进绍兴名人名屋》,西泠印社出版社2020年版。

李永鑫编著:《大禹传》,中国文史出版社2021年版。

后　记

自从接受中共绍兴市越城区委宣传部布置给我的《浙江文史记忆·越城卷》写作任务起，已经一年过去了。今天，《浙江文史记忆·越城卷》终于完稿了。感谢中共绍兴市越城区委宣传部对我的信任和支持，感谢各位同人的协助和鼓励。

《浙江文史记忆·越城卷》与《浙江文史记忆·绍兴卷》同时写作，有利的方面是避免了人物和事件的交错，不利的方面是有些重要人物和事件只能在市级卷和区级卷当中分开撰写。当然，市、区两卷和其他县（市、区）卷同时出版，可以互相补充，使这份文史记忆更臻完善。

《浙江文史记忆·越城卷》是以近年来绍兴众多文史专家公开发表的研究成果为基础的再创作，可以作为绍兴文史研究的阶段性成果。根据《浙江文史记忆》丛书编委会的要求，同时为了使《浙江文史记忆·绍兴卷》与《浙江文史记忆·越城卷》各有侧重，本卷着重从古城区挖掘内容，以各个时期的城市发展情况为主线，兼顾其他人文事件，以此摘取古城文史的精彩、经典记忆。此外，本卷在创作过程中大量吸收了绍兴文史界的既有研究和创作成果。

《浙江文史记忆·越城卷》的插图和照片由中共绍兴市越城区委宣传部和绍兴博物馆提供。在此对大家的支持表示衷心感谢!

李永鑫

2022年5月5日

图书在版编目（CIP）数据

浙江文史记忆．越城卷 / 李永鑫著 ；王永昌主编．—杭州 ：浙江人民出版社，2023.7

ISBN 978-7-213-11015-3

Ⅰ．①浙… Ⅱ．①李… ②王… Ⅲ．①区（城市）-文化史-绍兴 Ⅳ．①K295.5

中国国家版本馆CIP数据核字(2023)第044964号

浙江文史记忆·越城卷

ZHEJIANG WENSHI JIYI YUECHENG JUAN

李永鑫 著 王永昌 主编

出版发行 浙江人民出版社（杭州市体育场路347号 邮编 310006）

市场部电话:(0571)85061682 85176516

责任编辑 申屠增群

责任校对 姚建国

责任印务 程 琳

封面设计 王 弋 王 芸

电脑制版 杭州兴邦电子印务有限公司

印 刷 浙江新华数码印务有限公司

开 本 660毫米×960毫米 1/16

印 张 24

字 数 310千字

版 次 2023年7月第1版

印 次 2023年7月第1次印刷

书 号 ISBN 978-7-213-11015-3

定 价 96.00元